T0222192

Anke Grube
Gesund werden im Krankenhaus

Münchner Studien zur Kultur- und Sozialpsychologie

herausgegeben von Heiner Keupp

Band 18

Gesund werden im Krankenhaus

Eine Frage der Passung zwischen
subjektiven Erwartungen und
angebotenen Widerstandsressourcen

Anke Grube

Centaurus Verlag & Media UG 2009

Zur Autorin:
Anke Grube, geb. 1972, Dr. phil., Dipl. Sozialpädagogin (FH), studierte Sozial-pädagogik an der Fachhochschule München mit dem Schwerpunkt Gesundheits-hilfen. Sie arbeitete als Sozialpädagogin in München und promovierte bei Prof. Dr. Heiner Keupp in Sozialpsychologie an der Ludwig-Maximilians-Universität Mün-chen. In diesem Rahmen absolvierte sie einen Forschungsaufenthalt in New York, USA.

Die vorliegende Arbeit ist unter dem gleichen Titel von der Fakultät 11 der Ludwig-Maximilians-Universität München als Dissertation angenommen worden.

Die Deutsche Bibliothek – Cip-Einheitsaufnahme

Grube, Anke:
Gesund werden im Krankenhaus : Eine Frage der Passung
zwischen subjektiven Erwartungen und angebotenen
Widerstandsressourcen/Anke Grube. – Freiburg: Centaurus-Verl., 2009
  (Münchner Studien zur Kultur- und Sozialpsychologie; Bd. 18)
  Zugl.: München, Univ., Diss., 2008
ISBN 978-3-8255-0742-8   ISBN 978-3-86226-410-0 (eBook)
DOI 10.1007/978-3-86226-410-0

ISSN 0942-9549

Umschlaggestaltung: Jasmin Morgenthaler
Umschlagabbildung: Paul Klee, Engel bringt das Gewünschte, 1920, 91,
    aquarellierte Lithographie, 20,3x14,5 cm. © VG Bild-Kunst, Bonn 2009.

Satz: Vorlage der Autorin

Vorwort

Alle Hoffnungen von Menschen, die ein Krankenhaus aufsuchen müssen, richten sich auf die Möglichkeit zu „gesunden", aber zugleich gelingt es kaum, die Erfahrungen in der Institution mit Gesundheit zu assoziieren. Das Krankenhaus ist der Ort unabdingbarer Eingriffe, um bedrohliche Folgen von Krankheiten zu beseitigen oder unter Kontrolle zu bekommen. Das Krankenhaus dann wieder verlassen zu dürfen, ist eher mit der Hoffnung auf Gesundung verbunden. Hier lässt sich die Frage anschließen, wie denn ein Krankenhaus aussehen sollte, das aus der Sicht von PatientInnen gesundheitsförderlich wirkt. Diese Frage hat Anke Grube mit ihrer Untersuchung zu beantworten versucht. Sie hat sich für die Befragung von Personen entschieden, die sich auf Grund ihrer Tumorerkrankung in einer existentiell bedrohlichen Lebenssituation in eine Klinik begeben mussten und sie befragte sie in der poststationären Phase in Bezug auf ihre Erlebnisse und Erfahrungen in der klinischen Phase.

Zunächst konstruiert Anke Grube den begrifflichen Rahmen, in dem die eigene Fragestellung und die dann später präsentierten empirischen Befunde eingeordnet werden können. In einem klassisch-biomedizinischen Krankheitsverständnis hätte die Frage nach einem gesundheitsförderlichen Krankenhaus auf die sachgerechte medizinische Intervention reduziert werden müssen. Sozioklimatische und institutionelle Arrangements des Krankenhaussystems wären zu vernachlässigen. Ebenso wäre die subjektive Befindlichkeit der PatientInnen ohne Bedeutung. Da nicht nur die Alltagserfahrung, sondern auch eine Fülle medizinsoziologischer und –psychologischer Befunde, die gesundheitsrelevante Bedeutung dieser Bedingungen aufgezeigt haben, ist die Suche nach einem Gesundheits-/Krankheitsverständnis geboten, das die Wirkungen dieser institutionellen Bedingungen, aber auch die subjektive Perspektive der Betroffenen miteinschließen kann. Die Autorin entscheidet sich nach einem kurzen Streifzug durch unterschiedliche Gesundheits-/Krankheitsdiskurse für das Salutogenesemodell von Aaron Antonovsky und stellt dieses ausführlich und kritisch dar. Es erfüllt am ehesten die genannten Theorieanforderungen. Sie greift Anregungen zur Theorieerweiterung des Salutogenesekonzeptes auf und integriert in dieses das Gesundheitsbewusstsein und die Identitätsrelevanz von Gesundheit. Diese Erweiterungen sollen den Blick auf die aktiven Gestaltungsmöglichkeiten der Subjekte im Zusammenhang mit Gesundheit und Krankheit schärfen.

V

Insgesamt rückt Anke Grube die „Passung" zwischen der subjektiven Seite in Gestalt der Erfahrungen, Empfindungen und Handlungsmöglichkeiten der PatientInnen einerseits und dem institutionellen Gefüge des Krankenhauses als mögliche und nicht immer gegebene Ressourcenquelle zur Stärkung der Handlungsfähigkeit der PatientInnen andererseits in den Mittelpunkt der Analyse.

Auch das favorisierte Salutogenesekonzept richtet den Blick nicht nur auf die Handlungsmächtigkeit der Subjekte, sondern auch auf Ressourcenzugänge, die durch institutionelle Rahmenbedingungen ermöglicht (oder auch verhindert) werden können. Mit diesem Aspekt rückt die Institution Krankenhaus ins Zentrum. Anke Grube gibt einen knappen Überblick über vielfältige historische und medizinsoziologische Analysen und landet relativ schnell in der Gegenwart, in der offensichtlich der betriebswirtschaftliche Steuerungsdiskurs die Definitionsmacht über die Abläufe in den Kliniken erlangt hat. Die Kostendämpfung, die im Zentrum des sog. „Gesundheits-Modernisierungs-Gesetzes" steht, versucht die PatientInnen zu „KundInnen" zu machen. Bezahlt wird nur, was den Nachweis der Evidenzbasierung erbringen kann und mit der Definition von „clinical pathways" werden Effizienzkriterien gesetzt, die der subjektiven Eigenlogik von Erkrankungen und Gesundungen mit einer radikalen Durchstandardisierung keine Rechnung tragen kann.

Es lohnt sich dieses Buch zu lesen. Es präsentiert die reiche Ernte einer gelungenen empirischen Studie. Ein erster interpretativer Zugang ist rund um die Passungsfrage herum angelegt und zeigt auch in überzeugender Weise, dass diese eine sinnvolle ordnende Perspektive eröffnet. Als Ausgangspunkt wählt Anke Grube die individuellen Erwartungen, die PatientInnen in Bezug auf ihren Krankenhausaufenthalt mitbringen. In diesen Erwartungen spiegeln sich sowohl alltagsweltliche Krankheitsvorstellungen, die ja gerade bei Krebserkrankungen – wie uns Susan Sonntag eindrucksvoll aus eigener Betroffenheit zu vermitteln verstand – auch einen untergründigen moralischen Diskurs transportieren. Es macht auch für das Erwartungsprofil einen Unterschied, ob es sich um eine Ersterkrankung handelt oder ob schon frühere Klinikaufenthalte notwendig waren. Natürlich spielt auch das diagnostische Bild eine wichtige Rolle. Von erheblicher Bedeutung sind weiterhin der biographische Hintergrund der Person und ihre Bildungskarriere.

Im nächsten Schritt fragt dann die Autorin, auf welche generalisierten Widerstandsressourcen PatientInnen zurückgreifen können und welche Bedeutung dafür der eigene lebensweltliche Hintergrund und die Arrangements der Klinik haben. Anke Grube findet aus der Liste von Antonovsky vor allem Belege für die Kategorien Wissen, Copingstrategien, soziale Unterstützung und Ich-Identität. Ein erheblicher Teil von den Interviewbelegen, die für eine gute Passung heranzuziehen sind, lassen sich nicht im allgemeinen Salutogenesemodell unterbringen und das ermuntert die Autorin zu der sinnvollen Hypothese, dass es für die gute Bewältigung der Krankenhaussituation noch „spezifisch wirkende Widerstandsressourcen" geben dürfte. Sie benennt die Erfahrung der institutionellen Achtsamkeit für die eigene Person, die Zeit, die man sich nimmt, den Grad personaler Autonomie, die Umgangsweise mit Schock und Angst, die Qualität der Behandlung und der räumlichen Situation und schließlich auch noch die Auswirkungen der aktuellen Gesundheitspolitik.

Die von Anke Grube vorgelegte Studie liefert uns wichtige Einsichten über die individuellen Befindlichkeiten und Erwartungen von Menschen mit einer lebensbedrohlichen Erkrankung. Man würde sich wünschen, dass solche Ergebnisse auch im klinischen Alltag ankommen und entsprechende Konsequenzen gezogen werden.

Im Frühjahr 2009   Heiner Keupp

Inhaltsverzeichnis

1 Einleitung

Unser höchstes Gut ist unsere Gesundheit. Diese Aussage, tausendfach in der Werbung beschworen, regelmäßig durch EMNID-Studien belegt, Gemeinplatz in der Fach- und Populärliteratur, wird jedes Mal von Neuem aktuell, wenn ein Mensch erkrankt. Krankheit kann uns zutiefst treffen, unser Leben, unsere Identität, unsere Zukunft erschüttern; vielleicht ist nichts mehr so wie es zuvor war. Begibt sich dieser kranke Mensch nun in seiner individuellen Betroffenheit und mit seinen persönlichen Vorstellungen zu Gesundheit und Krankheit – zum Beispiel individuelle Erklärungen dazu, wie und warum die Krankheit entstanden ist und wie sie geheilt werden kann – ins Krankenhaus, dann trifft die Person meist auf eine Institution, deren Abläufe und deren Organisation nicht auf die Individualität der einzelnen Patientin oder des einzelnen Patienten abgestimmt sind. Diese charakteristische Ausformung der Institution Krankenhaus ergibt sich einerseits aus ihrer historischen Entwicklung, aber andererseits aktuell auch aus den von politischer Ebene verordneten Sparmaßnahmen im deutschen Gesundheitswesen. Durch diese sei *Zuwendung unwirtschaftlich* geworden. Dies beklagen neun kommunale Großkrankenhäuser, die kürzlich eine Protestkampagne gegen die Gesundheitspolitik in Bund und Ländern gestartet haben (Bundesärztekammer, 2008, 1670) und kritisieren damit die durch Kürzungen verschärfte unindividuelle Behandlung und Betreuung im Krankenhaus.

Der momentan favorisierte Weg, den finanziellen Engpässen im Krankenhaussektor beizukommen (wobei betont werden muss, dass es sich um eine aktive Entscheidung handelt, dass es derartig große finanzielle Engpässe gibt; vgl. Braun et al., 1998), ist der einer Übertragung der marktwirtschaftlichen Qualitätsdebatte auf das Gesundheitswesen. Diese Ökonomisierung beinhaltet Modelle des Qualitätsmanagements auf verschiedenen Ebenen. Die Konsequenzen, die aus dem Diktat der Ökonomie gezogen werden, reichen von Einsparpotentiale aufzeigenden Verschlankungen der Administration sowie Standardisierungen von Behandlungsabläufen bis hin zu Versuchen, das Gesundheitswesen im Allgemeinen und das Krankenhaus im Speziellen, zu „eventisieren". So schreibt Riegl in seinem Artikel über das *„ideale Erlebniskrankenhaus"* in Bezug auf die „zukunftssichere Klinik", also auf die Absicherung auf finanzieller Ebene:

„In Zukunft geht es um den Wettbewerb zur idealen Traumklinik, um Gesundheits-Festivals, um Clubs mit ehemaligen Klinikgästen, um Gästebücher auf den Stationen und um Fans unter den ehemaligen Behandelten" (Riegl, 1995, 360).

Auch wenn es sich dabei um ein außergewöhnliches Beispiel handelt, bleibt festzuhalten, dass die Qualitätsdebatte derzeit zweierlei vermischt. Qualität im Gesundheitssystem wird durch den *Preis* (gut ist, was wenig kostet) definiert, den Gesundheit hat, und nicht durch die *Qualität* der Gesundheitsleistungen selber. So waren die *Gesundheits*reformen der letzten Regierungen auch immer nur *Finanzierungs*reformen.

Damit möchte ich nicht einen Reformierungsbedarf im Gesundheitswesen verleugnen, sondern die Problematik betonen, die entsteht, wenn inhaltliche Fragen nicht getrennt von Kostenüberlegungen beantwortet werden (vgl. Teuber; Stiemert-Strecker; Seckinger, 2000, 132). Auch die Kosten bedürfen dringend einer kritischen Prüfung, doch der Rang, den sie momentan in der Debatte über das Gesundheitssystem innehaben, muss in Frage gestellt werden. Und so sollen hier Gesundheit unterstützende Aspekte der Behandlung und Betreuung im Krankenhaus zunächst unabhängig von ihrer ökonomischen Bedeutung diskutiert werden.

Die Konzeption dieser Untersuchung verschiebt die derzeit vorherrschenden Prioritäten noch auf einer weiteren Ebene. Die Bestimmung, was eine unterstützende und gesundheitsförderliche Behandlung und Betreuung im Krankenhaus ausmacht, erfolgt hier durch die Betroffenen selbst. Die Datengrundlage, auf der in dieser Untersuchung gearbeitet wird, sind Interviews mit Menschen, die über ihre Erfahrungen berichten, die sie im Zuge von Krankenhausaufenthalten gesammelt haben. Sie gelten hier als die eigentlichen Expertinnen und Experten, wenn es darum geht, Qualität im Krankenhaus zu definieren. Die zentrale Frage lautet, wie das Krankenhaus unterstützend auf die Gesundheit einer kranken Person einwirken kann. Der sozialwissenschaftlichen Ausrichtung der Studie entsprechend geht es hier um Aspekte der Behandlung und Betreuung im Krankenhaus jenseits der medizinischen Diagnostik und Therapie.

So soll die hier vorliegende Untersuchung einen Beitrag zur Diskussion darstellen, wie das Krankenhaus neben medizinischen Bemühungen kranke Menschen bei ihrer Gesundung unterstützen und so „heilsame Ressourcen" (Antonovsky, 1993, 10) zur Verfügung stellen kann. Dabei sollen die Erfahrungen von Patientinnen und Patienten im Zentrum des Interesses stehen. Die Nutzung ihres Wissens über Gesundheit unterstützende, aber auch Gesundheit behindernde Aspekte der Behandlung und Betreuung im Krankenhaus soll der Debatte über die Finanzierung vorgeschaltet werden. Erst dann, wenn Klarheit darüber besteht, welche Maßnahmen gesundheitsförderlich sind – und zwar auch in den Augen der Betroffenen – sollte darüber diskutiert werden, was sich unsere Gesellschaft davon leisten möchte. Es könnte auch gut sein, dass sich auf diesem Weg auch Einsparungspotentiale eröffnen lassen, da eine umfassend unterstützte Gesundheit vielleicht weniger Folgekosten verursacht.

Nun soll der Blick jedoch auf die Betroffenen gerichtet werden, weg von der Finanzierungsdebatte des Gesundheitswesens. Denn sie stehen hier, mit ihren Bedürfnissen und Erwartungen, die sie an das Krankenhaus richten, im Zentrum des Interesses – wo sie auch immer öfter in der gesamten Debatte über Qualität im Gesundheitswesen stehen sollten. Ihre Erfahrungen sind es, die den Ausschlag für die Ergebnisse der Studie geben. Wie sehen Patientinnen und Patienten das Krankenhaus in Bezug auf seine Unterstützung für die eigene Gesundung?

Bevor ich die Ergebnisse aus der Interviewstudie aufzeige, bedarf es einer Analyse der Rahmenbedingungen, unter denen die zu untersuchende Behandlung und Betreuung im Krankenhaus stattfindet. In *Kapitel 2* findet deshalb einerseits eine Auseinandersetzung mit den Begriffen Gesundheit und Krankheit statt, sowie auch mit den Auswirkungen von Krankheit auf die betroffenen Menschen. Andererseits gilt es, das Krankenhaus in seiner heutigen, historisch wie politisch bedingten Ausformung zu beleuchten. *Kapitel 3* widmet sich dem Forschungsprozess, der dieser Studie und ihren Ergebnissen konstituierend zugrunde liegt. Ziel dieser ausführlichen Methodendarstellung ist eine möglichst umfassende Nachvollziehbarkeit des Forschungsvorgehens. Die Interviewpartnerinnen und -partner, die bei dieser Studie mitgewirkt haben, werden in *Kapitel 4* vorgestellt. Diese Porträts sollen dem besseren Verständnis der einzelnen Äußerungen dienen, mit Hilfe derer die Auswertung der Interviews in *Kapitel 5* dargestellt wird. Auch verdeutlichen sie das individuelle Erleben der Krankenhaussituation jeder einzelnen betroffenen Person. In *Kapitel 6* werden Konsequenzen formuliert, die sich aus der Auswertung der individuellen Sichtweisen der Interviewten auf das Krankenhaus ergeben: Wie lassen sich die „Befunde" im heutigen Krankenhaus realisieren? So sollen Ergebnisse vorgestellt werden, die auf der Basis einer theoretischen Analyse der Situation „kranker Mensch im Krankenhaus" durch die Expertenmeinungen von Betroffenen ein Bild vom Krankenhaus zeichnen, in dem Gesundheit nicht *trotz* des Krankenhauses[1] sondern *mit Hilfe* des Krankenhauses erreicht werden kann.

---

[1] Der Begriff „*gesund werden trotz Krankenhaus*" entstand im Forschungskolloquium von Prof. Heiner Keupp, als es um die Ergebnisse dieser Studie ging.

2 Theoretischer Rahmen der Untersuchung

Die Ausgangsfragen dieser Forschungsarbeit lauten: Wie kann die Situation von schwer kranken Menschen im Krankenhaus derart verbessert werden, dass mehr und nachhaltigere Gesundheit entstehen kann und welche Rolle spielt dabei das Krankenhaus? Die Untersuchung findet also im Spannungsfeld *Individuum und Institution* statt, wobei der gesundheitliche Zustand des Individuums dessen besondere Lage charakterisiert.

Um dieses Themenfeld fundiert bearbeiten zu können, sind einige Begriffsklärungen auf beiden Seiten – von Krankheit betroffene Person und Krankenhaus – vonnöten. Deshalb verstehe ich diesen theoretischen Teil der Arbeit als Ort, an dem notwendige Begriffe expliziert und der jeweilige Stand der Forschung der grundlegenden Theorien dargestellt wird.

Im ersten Abschnitt steht der Themenkomplex Gesundheit – Krankheit im Zentrum der Betrachtung, bestehend aus einer Zusammenschau der wichtigsten Elemente der einschlägigen aktuellen Theorien. Im zweiten Abschnitt soll die Institution Krankenhaus eingehend beschrieben werden, ihre historisch bedingte Ausformung, ihre rechtlichen Grundlagen, aktuelle Tendenzen sowie verschiedene kritische Betrachtungen, zum Beispiel von Seiten der Medizinsoziologie. Als eine Art Synthese dieser beiden Teilbereiche ist es das Ziel des dritten Abschnittes, die Situation kranker Menschen im Krankenhaus von theoretischer Seite zu beleuchten.

2.1 Der Themenkomplex Gesundheit – Krankheit

Um darüber diskutieren zu können, was Gesundheit stärkt, und wie Gesundheit gefördert werden kann, bedarf es zunächst einer eingehenden Analyse der beiden Begriffe *Gesundheit* und *Krankheit*, da es sich mitnichten um einheitlich definierte Phänomene handelt. Diese Begriffe wurden und werden in unterschiedlichen Kulturen und wissenschaftlichen Traditionen sehr verschieden konzeptionalisiert.

„Gesundheit und Krankheit können als leere Worthülsen verstanden werden, die sich
aus den Blickrichtungen verschiedener Kulturen und historischer Epochen jeweils neu
füllen" (Schachtner, 1999, 36).

Diese Uneindeutigkeit ist hier von so großem Interesse, da sich aus dem jeweiligen
Verständnis von Gesundheit und Krankheit auch der jeweilige Umgang mit diesen
Phänomenen herleitet.

„Die impliziten und expliziten Definitionen haben einen bedeutenden Einfluß darauf,
welche Maßnahmen und Verhaltensweisen als kurativ notwendig und gesundheitsförderlich erachtet werden und welche Einflußmöglichkeiten und Verantwortlichkeiten
dem Individuum zugeschrieben werden. Sie determinieren, welche technologischen,
professionellen, sozialen, kulturellen, ökonomischen und ökologischen Ressourcen als
angemessen und notwendig für Wiederherstellung, Erhalt und Förderung von Gesundheit angesehen werden" (Bengel; Belz-Merk, 1996, 24).

Im deutschen Gesundheitswesen besteht ein Spannungsfeld zwischen der vorherrschenden medizinisch-naturwissenschaftlichen Definition von Krankheit und
Gesundheit (daraus folgend der Umgang damit) und dem Bild, das sich inzwischen
in den meisten anderen angrenzenden Wissenschaftsdisziplinen durchgesetzt hat:
ein dynamisches, mehrdimensionales Verständnis von Gesundheit und Krankheit,
das im Folgenden genauer beleuchtet wird und aus dem sich wiederum ein gänzlich
anderer Umgang mit dem Themenkomplex Gesundheit – Krankheit ergibt.

Um diese Studie theoretisch zu verorten, beginne ich mit der im westlichen Gesundheitswesen vorherrschenden Konzeption von Krankheit (Gesundheit wird in
diesem Zusammenhang meist nur negativ, das heißt durch das Fehlen von Krankheit definiert), dem naturwissenschaftlichen biomedizinischen Krankheitsbild, um
dann in Abgrenzung dazu ein dynamisches, multifaktorielles Bild von Gesundheit
und Krankheit vorzustellen.

2.1.1   Krankheit als Defekt der Maschine Körper

Die im Mittelalter vorherrschende Ansicht von Krankheit als Strafe Gottes, der
man einzig ein gottgefälliges Leben entgegensetzen konnte, wurde in der Aufklärung abgelöst durch die Vorstellung, mit maßvoller und vernünftiger Lebensweise könne Gesundheit aufrecht erhalten beziehungsweise wiedererlangt werden.

Als Mitte des 19. Jahrhunderts die Medizin große Fortschritte machte – zum Beispiel bei der Bekämpfung der damals besonders häufigen und noch lebensbedrohlichen Infektionskrankheiten wie Tuberkulose, Ruhr und Cholera – rückte der Blick auf die Gesunderhaltung des Menschen in den Hintergrund. Im allgemeinen Interesse stand nun die medizinische Kontrolle kranker Körper (Faltermaier, 2005, 43)[2].

Als eine Wurzel des biomedizinischen Modells kann jenes analytische Prinzip der Wissenschaft betrachtet werden, das auf Galilei, Newton und vor allem Descartes[3] zurückzuführen ist: Man hoffte, ein materielles und begriffliches Verständnis von Dingen zu erreichen, indem man sie in isolierbare kausale Ketten oder Einheiten auflöste. Krankheit wird dementsprechend als ein innerkörperliches Geschehen gesehen und auf somatische, also biochemische und physiologische Prozesse reduziert. Die untersuchten Einheiten wurden immer kleiner, „vom Organ zur Zelle, dann zu den Molekülen bis hin zu den Genen" (ebd., 46).

Diese mechanistische Vorstellung von Krankheit drückt Thure v. Uexküll, wichtiger Vertreter der psychosomatischen Medizin, pointiert aus. Krankheit sei zu verstehen als:

> „...eine räumlich lokalisierbare Störung in einem technischen Betrieb, der zwar eine
> sehr komplexe, aber aufgrund des technischen Vorbildes doch überschaubare Struktur
> besitzt. Von diesem allgemeinen Modell lassen sich Diagnosen für konkrete Krankheiten als spezielle Spielregeln für den Umgang mit Kurzschlüssen, Rohrbrüchen, Transportproblemen oder ähnlichen technischen Fragen ableiten. Wie ein Techniker auf der
> Basis eines Schaltplans den Betriebsschaden eines Autos, eines Fernsehers oder Computers lokalisieren und danach die Reparatur durchführen kann, so kann der Arzt eine
> Krankheit, die als Betriebsschaden im menschlichen Körper – als Klappenfehler im
> Herzen, als Geschwür im Magen oder als Enzymeffekt in einem Gewebe oder Transportsystem – lokalisiert wurde, mit gezielten technischen Eingriffen (chirurgischer oder
> medikamentöser Art) reparieren" (Uexküll v., 1996, 13).

Der Prototyp des naturwissenschaftlichen Krankheitsverständnisses ist bis heute das *ätiologische Modell*. Es entwickelte sich in der Mitte des 19. Jahrhunderts in der Zellularpathologie und der Keimtheorie und vertritt folgende Annahmen:

---

[2] Siehe auch Kap. 2.2.1 zur Entstehungsgeschichte des heutigen Krankenhauses, in dem die enge Verwobenheit des jeweiligen Weltbildes mit dem Verständnis von Gesundheit und Krankheit sowie die daraus resultierenden Behandlungsmethoden weiter ausgeführt werden.

[3] Descartes (1596-1650) wird im Allgemeinen als der Begründer der mechanistischen Auffassung in den Naturwissenschaften betrachtet. Er trennte die Außenwelt strikt von der Innenwelt und prägte das Bild des Menschen als denkende Maschine (Berghoff 1947, 61 zit. nach Zacher, 1978,15).

- Jede Krankheit ist kausal determiniert, das heißt, sie besitzt eine spezifische Ursache, einen Erreger.
- Jeder Krankheit liegt eine Grundschädigung zugrunde.
- Haben Krankheiten identische Ursachen, entstehen jeweils ähnliche klinische Symptome mit einem ähnlichen Krankheitsverlauf (Siegrist, 1977, 143).

Dies impliziert aber auch, dass alle Leiden behoben werden können, sucht man nur lange genug nach deren Ursachen (vgl. Höfer, 2000, 72). Aufgrund dieser Annahmen entwickelte man nun *standardisierte* diagnostische und therapeutische Techniken, in deren Blickpunkt isoliert der Körper steht.

> „Wesentlich für ein naturwissenschaftliches Krankheitsverständnis ist das absolute Primat des Organismus, welches das medizinische Interesse auf die organische Krankheit lenkt, während es die emotionale Seite von Krankheit sowie den Kranken in seiner gesamten Persönlichkeit und mit seinen lebensweltlichen Bezügen als irrelevant ausblendet" (Schachtner, 1999, 38).

Es handelt sich also um ein *reduktionistisches* Modell, da es sich auf der Grundlage eines einzigen Prinzips erklärt. Zudem lässt sich dieses biomedizinische Modell als ein *dualistisches* in Bezug auf die strikte Trennung von Leib und Seele bezeichnen (Engel, 1979, 66). Gesundheit und Krankheit sind hier gekennzeichnet von einer strikten Dichotomie, man ist entweder krank oder gesund, ohne Raum für Mischformen.

Diese Theorie lässt sich in meinen Augen – vor allem vor dem sich zunehmend verlagernden Krankheitsspektrum in unserer Gesellschaft – so nicht aufrecht erhalten. Als Beispiel seien hier chronisch kranke Menschen genannt, die – zumindest phasenweise – sich trotz Krankheit gesund fühlen, gesund sein können. Und dies führt auch zu den Erweiterungen, aber auch radikalen Abgrenzungen vom mechanistischen Modell, die im Folgenden den theoretischen Bezugsrahmen dieser Studie aufzeigen.

2.1.2 Der gesellschaftliche Aspekt von Gesundheit und Krankheit

Um den Aspekt der *Gesellschaft* erweiterte der Medizinsoziologe Talcott Parsons (1902-1979) das naturwissenschaftliche Modell von Gesundheit und Krankheit. Er schrieb, Krankheit sei „eine generalisierte Störung der Leistungsfähigkeit des Individuums für die normalerweise erwartete Erfüllung von Aufgaben und Rollen" (Parsons, 1970, 71). Krankheit stört also nicht nur das biologische System, den Organismus, sondern auch seine sozialen Anpassungen. Die Krankheit hindert den einzelnen daran, seine Aufgaben und sozialen Rollen zu erfüllen. Neben einer temporären Befreiung von sozialen Aufgaben beinhaltet deshalb die Krankenrolle nach Parsons auch die Pflicht (der Gesellschaft gegenüber), die Krankheit zu bekämpfen und aktiv an der Gesundung mitzuwirken, um möglichst schnell wieder für die eigenen sozialen Aufgaben und Rollen in der Gesellschaft funktionsfähig zu sein (vgl. Parsons, 1958, 12). Deshalb soll sich das Individuum zum Beispiel auch verpflichtet fühlen, den Zustand der Krankheit als unerwünscht anzusehen und professionelle Hilfe in Anspruch zu nehmen (Rohde; Rohde-Dachser, 1970, 65). Parsons setzt Gesundheit mit Normalität (Schachtner, 1999, 40) und optimaler Leistungsfähigkeit gleich.

Aufgrund seiner Arbeiten zu Beginn der 50er Jahre des letzten Jahrhunderts gilt Talcott Parsons als einer der Hauptbegründer der Medizinsoziologie (Gerhardt, 1993, 36). Seine Theorie bezieht neben der körperlichen auch die gesellschaftliche Dimension mit in ihr Bild von Krankheit und Gesundheit ein und erweitert so das reduktionistische Modell der Biomedizin. Jedoch reichen bei heutigem Wissensstand diese zwei Dimensionen nicht mehr aus, um Gesundheit und Krankheit umfassend zu beschreiben, zumal das Modell im mechanistischen Weltbild verhaftet geblieben ist. George L. Engel moniert, dass auch die psychologischen und verhaltensmäßigen Dimensionen von Krankheit Beachtung finden müssen (Engel, 1979, 66). Er entwirft ein viel beachtetes mehrdimensionales Modell, das im Folgenden dargestellt werden soll.

2.1.3 Das biopsychosoziale Krankheitsmodell nach George L. Engel

Das biopsychosoziale Krankheitsmodell stellt einen Meilenstein bei der Entwicklung eines neuen Krankheits- und Gesundheitsverständnisses dar. Engel, selber Mediziner, war nicht daran gelegen, das biomedizinische Modell ganz zu verwerfen. Er kritisierte es aber in seiner Begrenztheit. Die zentralen Aspekte seiner Kritik lauten:

- Beschränkung auf Krankheit als ein körperliches Phänomen;
- Festhalten am überholten Leib-Seele-Dualismus;

- Reduktionismus: komplexes Krankheitsgeschehen wird ausschließlich auf physikalische Prinzipien begründet;
- Krankheit wird als individuelles Problem gesehen, wobei gesellschaftliche und umweltbezogene Einflussgrößen ignoriert werden;
- Dogmatismus: Phänomene, die auf diesem Wege nicht erklärbar sind, werden ausgeschlossen (vgl. Engel, 1979, 66ff.; Faltermaier, 2005, 47).

Als Konsequenz dieser Kritikpunkte fordert Engel die Einbeziehung von psychischen und sozialen Faktoren in die Anamnese, Diagnose und Therapie von Krankheiten. Eine anamnestische Erhebung muss also Daten nicht nur körpersymptombezogen sammeln, sondern auch psychische, soziale und kulturelle Faktoren mit einbeziehen. Die Diagnose kann deswegen auch nicht nur aufgrund der chemischen Veränderungen von Laborwerten o.ä. erfolgen. Engel prangert die momentane Praxis an, indem er konstatiert:

> „Die traditionelle biomedizinische Sichtweise, daß biologische Anzeichen die letztendlichen Kriterien zur Definition von Krankheit sind, führt zu der gegenwärtigen paradoxen Situation, dass einigen Leuten mit positiven Laborbefunden mitgeteilt wird, sie bedürften einer Behandlung, obwohl sie sich eigentlich ganz wohl fühlen, während anderen, die sich schlecht fühlen, versichert wird, sie seien gesund, d.h. sie hätten keine „Krankheit""(Engel, 1979, 75).

Engel fordert also die Einbeziehung der Betroffenenperspektive in Bezug auf Krankheit und gibt diesen die Befugnis, ihren gesundheitlichen Zustand mit zu definieren. Auch hebt er durch diese These die klare Trennung zwischen krank und gesund auf. Auf diese Weise unterscheidet sich das biopsychosoziale Krankheitsmodell signifikant vom Modell der sogenannten Schulmedizin, also dem biomedizinischen Paradigma.

Das entscheidend Neue am biopsychosozialen Krankheitsmodell Engels ist die Konzeptionalisierung einer gegenseitigen Beeinflussung der verschiedenen Dimensionen von Krankheit. Parsons hatte schon vor ihm über den Einfluss der Gesellschaft auf Krankheit geredet, die Psychoanalyse ging davon aus, dass die Seele Einfluss auf den Körper hat. Aber die Postulierung einer Wechselbeziehung zwischen den verschiedenen Faktoren war so noch nicht formuliert worden.

Warum es aber aufgrund von Engels Theorie nicht zu einem Paradigmawechsel (im Sinne von Kuhn, 1962) gekommen ist, erklärt Shorter mit der unglücklichen zeitlichen Parallelität von Engels Veröffentlichung mit einer wahren „Explosion" an neuen Medikamenten, die viele Krankheiten effektiv behandeln konnten (Shorter, 2005, 9). Inzwischen sind vermehrt auch die Schattenseiten dieses pharmakologischen Ansatzes sichtbar geworden – zum Beispiel bei den sogenannten funktionellen Krankheiten[4] – so dass Engels Modell wieder mehr Beachtung findet. Zum Beispiel wird dem therapeutischen Nutzen der Arzt-Patient-Beziehung mehr Aufmerksamkeit gewidmet (vgl. dazu Spiegel Spezial 06/2007 mit gleich mehreren Artikeln bezüglich der „Droge Arzt").

Engel war nicht der einzige, der in den 1970er Jahren Thesen zu einem umfassenderen Krankheitsverständnis aufgestellt hat. Ich möchte hier noch den Ansatz des Medizinsoziologen Johannes Siegrist erwähnen, der Krankheit auch auf verschiedenen Ebenen definierte. Er fächerte dafür den einen deutschen Begriff *Krankheit* auf in die drei für Krankheit existierenden englischen Wörter *illness*, *disease* und *sickness* mit ihren spezifischen Konnotationen und ordnete sie den drei Bezugssystemen Person, Medizin und Gesellschaft zu.

- illness: das Bezugssystem der betroffenen Person. Hier geht es um das individuelle sich gesund oder krank Fühlen.
- disease: das Bezugssystem der Medizin: Gesundheit und Krankheit als Erfüllung bzw. Abweichung von objektivierbaren Normen organischer Funktionen.
- sickness: das Bezugssystem der Gesellschaft: Gesundheit und Krankheit unter dem Aspekt der Leistungsminderung bzw. der Notwendigkeit, Hilfe zu gewähren (Siegrist, 1995, 199f.).

Meines Erachtens stellt diese Theorie aber keine so weitreichende Umdefinierung von Krankheit und Gesundheit dar wie Engel sie formuliert hat. Vor allem die Aspekte der wechselseitigen Beeinflussung der Faktoren, aber auch die Einbeziehung der Betroffenenperspektive und die Aufweichung der Dichotomie Krankheit – Gesundheit lassen Engels Modell zu einem Wegbereiter eines neuen Paradigmas werden.

---

[4] Mit dem Terminus *„funktionelle Krankheit"* werden all die Phänomene bezeichnet, für die das biomedizinische Modell keine körperliche Ursache finden kann.

2.1.4   Die Gesundheits-/ Krankheitsdefinition der WHO

Einen weiteren mehrdimensionalen Ansatz zu Gesundheit und Krankheit zeigt die Gesundheitsdefinition, die bereits 1948 die World Health Organisation (WHO) ausgesprochen hat – sie gilt inzwischen als Gemeinplatz und wird überall dort zitiert, wo über dieses Thema gesprochen und geschrieben wird. Die WHO definiert Gesundheit als einen

> „Zustand des vollständigen körperlichen, geistigen und sozialen Wohlbefindens und nicht nur des Freiseins von Krankheit und Gebrechen" (WHO, 1948, zit. in: Kickbusch, 2006, 36).

Auffallend ist hier zunächst, dass Gesundheit nun nicht mehr nur negativ definiert ist, sie beinhaltet hier mehr als nur das Fehlen von Krankheit. Zudem kann Gesundheit nur gemeinsam auf mehreren Ebenen – körperlich, geistig und sozial – entstehen. Dieser Definition wurde vorgehalten, sie beschreibe einen idealtypischen Zustand, der niemals erreicht werden könne und so eine Utopie bleibe.

> „Dieser zugegebenermaßen utopische Gesundheitsbegriff hat der WHO viel Lob, aber auch Kritik eingebracht: Auf der Seite der Fürsprecher wurde betont, dass endlich die Chance bestünde, reduktionistische, an Normabweichungen (die ja immer nur historisch gebunden definiert werden können) orientierte, quasinaturalistische Krankheitsdefinitionen und insbesondere das medizinische Modell zu überwinden" (Kleiber, 1989, 225).

Zugute halten muss man dieser Gesundheitsdefinition und der darauf folgenden Diskussion, dass es nun statt um Devianzen um Ressourcen ging, statt um passiv-reflexiver Behandlung um aktiv-gestaltende Menschen. Durch die geforderte Interdisziplinarität wurde Gesundheit zu einer Aufgabe für alle. Kritisiert wurde jedoch, dass dieser Definition folgend ca. 80% der Bevölkerung als krank gelten müssten, und somit Anspruch auf Gesundheitsfördermaßnahmen hätten (ebd.)[5].

---

[5] Ch. Zimmerli sieht die WHO-Definition von Gesundheit als Ausdruck einer „kulturellen Selbstverständlichkeit der Mitte des 20. Jahrhunderts" an. Sie drückt zum einen „die Vorstellung aus, dass vollständige Gesundheit auf wissenschaftlich-technischem Wege herstellbar sei, zum anderen aber impliziert sie eben dadurch auch die normative Konnotation, das so Herstellbare sei als eine Art von Rechtsanspruch für alle Menschen zu verstehen" (Zimmerli, 1997, 9).

Die WHO veröffentlichte 1986 die *Ottawa-Charta*[6], in der Gesundheitsförderung – auf der Basis der WHO-Definition von Gesundheit und Krankheit – auf viele Ebenen aufgefächert und zu einem zentralen Ziel der Politik („Gesundheit für alle bis zum Jahr 2000") erhoben wurde. Revolutionär erscheint in diesem Statement die Bandbreite der Bereiche, die Gesundheit fördern können und von denen Gesundheit abhängig ist. Sie reicht von Frieden, angemessenen Wohnbedingungen, über Bildung, Ernährung und Einkommen bis zur Forderung eines stabilen Öko-Systems (WHO, 1986).

Dem folgend fordern die Verfasser der Ottawa-Charta unter anderem gesundheitsförderliche Lebenswelten zu schaffen, das Gesundheitswesen neu zu orientieren und allgemein Politik gesundheitsfördernd zu gestalten. Gesundheitsförderung beinhalte „weit mehr als medizinische und soziale Versorgung" (ebd.). In diesem Grundsatzpapier wird Gesundheit „als dynamischer Prozess definiert, als integraler Teil des Alltags und als Interaktion zwischen Lebensweisen und Lebensumständen" (Kickbusch, 2006, 37). Gesundheit entsteht, indem einerseits Menschen an ihrer eigenen Gesundheit aktiv mitwirken, andererseits Bedingungen zur Unterstützung geschaffen werden.

Die Veröffentlichung der Ottawa-Charta durch die einflussreiche und globale WHO stellt inhaltlich wie auch politisch eine Weiterentwicklung des wissenschaftlichen Diskurses dar, den Engel angeregt hatte. Wenn auch langsam, so ergibt sich aus derartigen Äußerungen über Gesundheit und Krankheit ein erster Schritt in Richtung reale Veränderung des Umgangs mit dem Thema in der deutschen Gesellschaft.

Auf der Basis der Ottawa-Charta haben sich Projekte und Netzwerke wie „Healthy Cities[7]" oder „Health Promoting Hospitals[8]" entwickelt – mit der zentralen Zielsetzung, Gesundheitsförderung in allen Bereichen, auch in der politischen Entscheidungsfindung, zu verankern und die Ziele der Ottawa-Charta umzusetzen. Die Aufnahme von Teilen der in der Ottawa-Charta vertretenen Gesundheitsauffassung in das aktuelle Weißbuch für Gesundheit (Kommission der Europäischen Gemeinschaften, 2007) hat zur Folge, dass umfassende Gesundheitsförderung bindend in die Gesetzgebung der europäischen Länder einfließen muss. Im Weiß-

---

[6] Die *Ottawa-Charta* wurde am 21. November 1986 von der ersten Internationalen Konferenz zur Gesundheitsförderung verabschiedet. Ihr Ausgangspunkt war es, zu aktivem Handeln für das Ziel „Gesundheit für alle bis zum Jahr 2000" und darüber hinaus aufzurufen.

[7] vgl. www.euro.who.int/healthy-cities bzw. www.gesunde-staedte-netzwerk.de

[8] vgl. www.dngfk.de

buch *„Gemeinsam für die Gesundheit"* wird zum Beispiel mehr Partizipation der Bürgerinnen und Bürger bezüglich der Gesundheitsversorgung angemahnt, andererseits ist die Verknüpfung von wirtschaftlichen Wohlstand und Gesundheit, die in der Ottawa-Charta betont wird, hier aufgenommen.

2.1.5   Subjektive Vorstellungen von Gesundheit und Krankheit

Ein weiterer zentraler Unterschied zwischen der hier angestrebten multifaktoriellen und dynamischen Definition von Gesundheit und Krankheit und der des mechanistischen biomedizinischen Konzepts ist die konsequente Einbeziehung der subjektiven Gesundheits-/ Krankheitsvorstellungen von „Laien". Das Wort Laien stelle ich in Anführungszeichen, da Betroffene auch als die eigentlichen Experten für ihre Gesundheit/ Krankheit angesehen werden können. Aus diesem Grund plädieren Bengel; Belz-Merk dafür, von *subjektiven Gesundheits-/ Krankheitsvorstellungen* zu sprechen und eventuell abwertend zu verstehende Zusätze wie Laien-, naive, Alltags- etc. wegzulassen. Dieser Begriff hat den

> „Vorteil, daß damit die besondere Qualität der Wissensbestände von Menschen verdeutlicht wird und die Subjektorientierung dokumentiert werden kann" (Bengel; Belz-Merk, 1996, 24).

Die subjektiven Konzepte und Theorien stehen in der hier angestrebten Definition von Gesundheit und Krankheit gleichberechtigt neben den Aussagen der ehemals einzigen Experten, den im Gesundheitswesen Tätigen. Sie nehmen in der vorliegenden Studie sogar die prominentere Rolle ein, da Betroffene persönlich zu Wort kommen: Ihre Erzählungen, Bewertungen, Verbesserungsvorschläge und persönlichen Erfahrungen mit der Institution Krankenhaus bilden die zentrale Grundlage für die Ergebnisse dieser Studie.

2.1.5.1   Begriffsdefinitionen

Will man Gesundheit und Krankheit umfassend definieren, so begibt man sich in ein Spannungsfeld von gesellschaftlichem Kontext, medizinischem (bzw. psychosozialem) Gesundheitssystem und von individueller Befindlichkeit, Symptomaufmerksamkeit und sozialem Umfeld (Bengel; Belz-Merk, 1996, 23).

13

Subjektive Gesundheits-/ Krankheitsvorstellungen befassen sich mit dem dritten Aspekt, dem individuellen Erleben, Erklären und Bewältigen des Phänomens Krankheit beziehungsweise den Vorstellungen eines Individuums über die Herstellung und Aufrechterhaltung von Gesundheit. Dabei handelt es sich um subjektive *Konzepte*, die Individuen von ihrer Gesundheit haben. Subjektive *Theorien* von Gesundheit beziehungsweise Krankheit gehen über die Konzepte hinaus und beziehen auch die Vorstellungen der Person darüber mit ein, welche positiven wie negativen Einflüsse es auf Gesundheit/ Krankheit gibt. *Soziale Repräsentationen* von Gesundheit und Krankheit betonen den Einfluss gesellschaftlich geprägter Vorstellungen auf die Gesundheits-/ Krankheitsvorstellungen einer Person.

Die einschlägigen Studien zu diesem Thema behandeln meist entweder die subjektiven *Gesundheits*vorstellungen einer bestimmten Bevölkerungsgruppe (wie denken gesunde Menschen über ihre Gesundheit, wie definieren sie sie, welche Annahmen haben sie über das Erhalten ihrer Gesundheit), *oder* die subjektiven Vorstellungen über *Krankheit* (wie denken – meist gesunde – Menschen über bestimmte schwere Erkrankungen wie z.B. Herzerkrankungen, Krebs, welche Krankheitsursachen unterstellen sie etc.). An dieser Stelle der theoretischen Verortung der vorliegenden Studie erscheint diese Trennung weder nötig noch sinnvoll, so dass ich Krankheits- und Gesundheitsvorstellungen im Folgenden gemeinsam beschreibe. Ich gehe von einer engen Verwobenheit der subjektiven Vorstellungen von Gesundheit und denen von Krankheit aus.

2.1.5.2   Subjektive Konzepte von Gesundheit und Krankheit

Bei subjektiven Konzepten von Krankheit handelt sich um „Vorstellungen, die sich Patienten von den Vorgängen ihres kranken Körpers machen" (Bischoff; Zenz, 1989, 13). Subjektive Konzepte von Gesundheit beinhalten dementsprechend all jenes, das sich Individuen bezüglich ihrer Gesundheit erklären: Wie erhalte ich meine Gesundheit beziehungsweise wie stelle ich sie wieder her? Was bedeutet Gesundheit für mich? Sie gehen auf die klassische Studie von Claudine Herzlich „maladie et santé" zurück (1969). Sie gilt als Ausgangspunkt für die Untersuchung von subjektiven Gesundheitsvorstellungen überhaupt. Auf der Grundlage von qualitativen Interviews kam Herzlich zu dem Ergebnis, dass man die Konzepte der Befragten in drei Kategorien unterteilen kann.

Zunächst gibt es Menschen, die Gesundheit primär als *Abwesenheit von Krankheit* definieren. Gesundheit an sich wird also gar nicht erlebt, sondern nur das Fehlen im Falle einer Krankheit. Deshalb nennt Herzlich dies auch „Gesundheit als

Vakuum". Die naturwissenschaftlich orientierte Biomedizin vertritt am ehesten diese Definition von Gesundheit. Hier lässt sich auch der häufig genannte Begriff „Schweigen der Organe[9]" (z.B. Helfferich, 1993, 41) eingliedern.

Ebenso kann die eigene Gesundheit als *Reservoir an Energie* angesehen werden. Es handelt sich um körperliche und/ oder psychische Energie. Gesundheit kann so auch als Widerstandskraft gegen äußere Einflüsse verstanden werden, als „Lebenskraft" im umfassenden Sinne. Im Laufe des Lebens kann sich dieses Reservoir füllen oder auch (teilweise) entleeren, z.B. durch Krankheiten.

Die individuelle Gesundheit kann auch als *Gleichgewicht und Wohlbefinden* definiert werden. Das bedeutet auf körperlicher Ebene ein sich im Gleichgewicht fühlen, auf psychischer Ebene eine Ausgeglichenheit, innere Ruhe und Überlegtheit. Gesundheit wird hier aufgrund der persönlichen Erfahrung definiert (Faltermaier, 1994b; 2005; Herzlich, 1969).

Faltermaier ergänzt das Modell noch um eine vierte Kategorie, in der Gesundheit als *funktionale Leistungsfähigkeit* angesehen wird. Hier stellt Gesundheit die Grundlage für die Fähigkeit dar, bestimmte Aufgaben erledigen und Rollenerwartungen erfüllen zu können. Dies kann im Sinne von Arbeitsfähigkeit verstanden werden, aber auch als Leistungsfähigkeit im Allgemeinen (Faltermaier, 1994b, 112ff.).

Diese Kategorien implizieren eine scharfe Trennung zwischen den einzelnen Vorstellungen über Gesundheit. In der Realität treten meistens eher Mischformen auf.

> „Qualitative Untersuchungen weisen jedoch darauf hin, dass Menschen ihre Gesundheit in der Regel durch mehrere Kategorien bestimmen und dabei oft positive und negative Inhalte miteinander kombinieren" (Faltermaier, 2005, 194).

2.1.5.3 Subjektive Theorien von Gesundheit und Krankheit

Über diese grundlegenden Vorstellungen hinaus, die sich Individuen über ihre Gesundheit und Krankheit machen, stellen sie auch Überlegungen darüber an, wie Gesundheit (oder Krankheit) bedingt ist, welche Faktoren Einfluss darauf nehmen. Diese Vorstellungen werden als subjektive Theorien bezeichnet. Subjektive

---

[9] Der Begriff stammt ursprünglich von Claude Leriche, einem berühmten französischen Pathologen und Medizintheoretiker des 19. Jahrhunderts (Frischenschlager, 1995, 6).

Krankheitstheorien sollen als die „gedanklichen Konstruktionen Kranker über das Wesen, die Verursachung und die Behandlung ihrer Erkrankung verstanden werden" (Faller et al., 1991, 28f.). Auch der Verlauf und mögliche Folgen können Teil subjektiver Krankheitstheorien sein (Faltermaier, 2005, 227; Flick, 1998, 15). Dieses Konzept basiert auf dem Modell von Groeben et al., in dem subjektive Theorien allgemein verstanden werden als „Kognitionen der Selbst- und Weltsicht, als komplexes Aggregat mit (zumindest implizierter) Argumentationsstruktur" (Groeben et al., 1988, 19).

In einer qualitativen Untersuchung befragten Faltermaier et al. Menschen nach ihren subjektiven Gesundheitstheorien und konnten vier allgemeine Typen herausarbeiten (Faltermaier et al., 1998;), nachdem 1994 zehn speziellere Typen formuliert worden waren (Faltermaier, 1994b, 116).

Risikotheorien. Sie gehen davon aus, dass Gesundheit gefährdet wird durch unterschiedliche Risiken wie Umwelteinflüsse aber auch psychischer oder körperlicher Belastungen. Wie groß die Einflussmöglichkeiten des Individuums auf diese Risiken sind, hängt davon ab, ob es sich um äußere Risiken (z.B. Luftverschmutzung – geringe Kontrollmöglichkeiten) oder um von innen kommende Risiken (z.B. Rauchen – größere Kontrollmöglichkeiten) handelt.

Ressourcentheorien. Hier wird zugrunde gelegt, dass die Verfügbarkeit von Ressourcen den größten Einfluss auf die Gesundheit hat. Als (äußere oder innere) Ressourcen werden z.B. Disposition, Lebensweise und soziale Umgebung genannt.

> „Wer über derartige Ressourcen verfügt, der kann sich die Gesundheit weitgehend erhalten; wenn diese Ressourcen geschwächt sind, dann ist auch die Gesundheit gefährdet" (Faltermaier, 2005, 196).

Ausgleichstheorien. Es gibt zwar Risiken, die die Gesundheit gefährden können, sie können aber z.B. durch Ruhe, Entspannung, gute soziale Unterstützung ausgeglichen werden. Hier ist personale Kontrolle gut möglich.

Schicksalstheorien. Gesundheit kann durch Altern oder aber schicksalhaft verloren gehen. Hier wird ein personaler Einfluss kaum für möglich gehalten.

Die einzelnen Typen bestimmen auch über das angenommene Ausmaß an personaler Kontrolle. Welche Kontrollüberzeugungen eine Person bezüglich ihrer Gesundheit (oder Krankheit) hat, kann Auswirkungen auf den Krankheitsverlauf haben.

„Die Befundlage weist eindeutig in die Richtung, daß die Überzeugung, der Krankheitsverlauf sei durch eigenes Zutun positiv zu beeinflussen, sich günstig auf die affektive Befindlichkeit und den Genesungsverlauf ausübt" (Filipp; Aymanns, 1996, 11).

Die Literatur zu personalen Kontrollüberzeugungen geht davon aus, dass Menschen als eine Antwort auf stressreiche Lebensereignisse, wie zum Beispiel eine chronische Krankheit, eine Vorstellung davon ausbilden, wie hoch ihre eigenen Einflussmöglichkeiten auf den weiteren Verlauf sind (vgl. Taylor et al., 1991, 92). Dabei wird unterschieden zwischen einer internalen Kontrollüberzeugung (große eigene Einflussmöglichkeiten), einer externalen Kontrollüberzeugung (Einflussmöglichkeiten haben nur andere) und der Vorstellung, das Schicksal bestimme über den weiteren Verlauf, wobei weder man selber noch andere eine Möglichkeit zur Beeinflussung haben (fatalistisch-externale Kontrollüberzeugung) (Ferring; Filipp, 1995, 30).

2.1.5.4 Soziale Repräsentationen von Gesundheit und Krankheit

In der englischen und französischen Forschungstradition zu subjektiven Vorstellungen liegt der Schwerpunkt auf der Erforschung sozialer Repräsentationen von Gesundheit und Krankheit. Grundlage ist die Theorie sozialer Repräsentationen von Emile Durkheim (1973).

„Unter Repräsentation von Gesundheit und Krankheit wird der komplexe psychologische Elaborationsprozess verstanden, durch den die gesundheits- und krankheitsbezogenen Erfahrungen jeder Person und die Werte und vorherrschenden Informationen in der Gesellschaft zu einem bedeutsamen Bild integriert werden" (Bengel; Belz-Merk, 1996, 27).

Es geht also neben den Vorstellungen, die ein Individuum von Gesundheit und Krankheit hat, auch darum, wie die Gesellschaft darüber „denkt" (Flick, 1998, 21). Es wird betont, dass es sich um sozial und kulturell geteilte Vorstellungen handelt (Faltermaier, 2005, 192). Zum Beispiel wurde in einer historisch-vergleichenden Studie der grundlegende Wandel von Gesundheits- und Krankheitsvorstellungen vom Mittelalter bis in die Moderne belegt und mit dem gesellschaftlichen Wandel in Bezug gesetzt (Herzlich; Pierret, 1991). In Herzlichs Studie „santé et maladie" (1969) sind drei Typen von sozialen Repräsentationen von Krankheit herausgearbeitet worden.

Krankheit als Destruktion. Krankheit stellt einen Rollenverlust dar, der soziale Isolation und gleichzeitig Abhängigkeit von anderen mit sich bringt. Diese Vorstellung von Krankheit entspringt einer externalen Kontrollüberzeugung und führt zu Inaktivität. Krankheit stört auch die soziale Einbettung.

Krankheit als Befreiung. Hier wird Krankheit mehr als Ruhepause erlebt, als eine Chance für den Ausstieg aus belastenden Situationen. Krankheit ist Mittel zur Verteidigung gegen Anforderungen der Gesellschaft, die eine Rückbesinnung auf das eigene Selbst und persönliche Reifung mit sich bringt.

Krankheit als Aufgabe. Der Krankheit wird hier ein aktiver Kampf entgegengesetzt. Die betroffene Person ist der Auffassung, dass eine aktive Teilnahme am Behandlungsprozess, Austausch und Kooperation mit dem Arzt/ der Ärztin möglich und nützlich sind. „Krankheit wird als Lernsituation und Heilung als deren normales Ergebnis aufgefasst" (Flick, 1998, 22).

2.1.5.5   Funktionen subjektiver Gesundheits- und Krankheitsvorstellungen

Subjektive Krankheits-/ Gesundheitsvorstellungen haben weniger die Funktion, Faktenwissen „richtig" abzubilden (Verres, 1989, 18). Subjektive Krankheitsvorstellungen dienen mehr der Situationsdefinition, Orientierung, nachträglichen Erklärung, Vorhersage, Handlungsempfehlung und Selbststabilisierung (Flick, 1991, 15). Bischoff; Zenz betonen darüber hinaus ihre Funktion zur Bewältigung von Emotionen, die durch die Krankheit hervorgerufen werden (Bischoff; Zenz, 1989, 13). Subjektive Krankheitsvorstellungen sind nicht statisch. Sie passen sich unterschiedlichen Phasen der Erkrankung und Behandlung an und sind deshalb besonders stark kontextabhängig. Sie müssen auch nicht in sich stimmig und abgeschlossen sein.

2.1.5.6   Entstehung subjektiver Gesundheits- und Krankheitsvorstellungen

Becker geht davon aus, dass Individuen ihre subjektiven Krankheitsvorstellungen auf der Basis verschiedener Faktoren ausbilden. Er nennt dabei die Art und Dauer der Erkrankung, die Lebensgeschichte, die Persönlichkeit, die herrschenden Wissenschaftstheorien, das Bedürfnis, Dinge in ein kausales Gefüge zu stellen und magisches Denken (Becker, 1984, 318). Herzlich hingegen betont, dass auch die Vorstellungen, die in einer *Gesellschaft* über Gesundheit und Krankheit vorherrschen, in den Vorstellungen der Individuen repräsentiert sind (Verres, 1989, 18).

Es zeigt sich, dass es sich bei subjektiven Vorstellungen von Gesundheit und Krankheit um ein sehr komplexes kognitives und emotionales Gerüst handelt. Die mechanistische Biomedizin betrachtet diesen subjektiven Aspekt von Gesundheit und Krankheit kaum. In der Compliance-Forschung[10] gibt es erste Ansätze, die eine notwendige Passung des Krankheitsverständnisses der Ärztin/ des Arztes mit dem der Patientin/ des Patienten betonen, da Letztere sonst nicht compliant genug handeln würden[11]. Subjektive Vorstellungen werden im aktuell vorherrschenden Gesundheitsapparat aber nicht als wertvolle Ressource in Bezug auf Anamnese und Behandlung gesehen und dementsprechend auch nicht erfragt und einbezogen.

2.1.6 Aaron Antonovsky. Salutogenese

Im Laufe der letzten 30 Jahre hat sich das Modell der Salutogenese, begründet von Aaron Antonovsky,[12] zu einer zentralen Theorie der Gesundheitswissenschaften entwickelt. Das zunächst Bestechende an diesem Konzept ist der Perspektivwechsel bei der Betrachtung des Themenkomplexes Krankheit und Gesundheit. Salutogenese (*lat.* salus: Wohlbefinden, Zufriedenheit und *griech.* genesis: Entstehung, Herkunft) wird als die Entstehung von Gesundheit verstanden (Reimann, 2006, 13). Antonovsky entwickelte dieses Konzept als Kritik und Erweiterung des biomedizinischen Modells, das er in Abgrenzung dazu *pathogenetisch* orientiert bezeichnete. Er formulierte folgende zentrale Fragen als Ausgangspunkt des Salutogenese-Konzepts:

---

[10] *Compliance* bedeutet konsequentes Befolgen ärztlicher Anweisungen.

[11] In Bezug auf die Einbeziehung subjektiver Theorien in den Behandlungsprozess muss die Compliance-Forschung jedoch mit Vorsicht betrachtet werden: „Man interessiert sich höchstens dafür, ob und unter welchen Bedingungen die ärztlichen Ratschläge und Behandlungsmaßnahmen von den Patienten übernommen und akzeptiert werden; der dafür einschlägige englische Fachterminus „compliance" mit seiner Konnotation der ‚Unterwerfung' (unter den ärztlichen Experten) klingt ziemlich verräterisch und lässt es sehr unwahrscheinlich erscheinen, dass hier die Vorstellungen von einem „mündigen Patienten" das Erkenntnisinteresse leiten" (Faltermaier, 1991, 47).

[12] Aaron Antonovsky, jüdisch-amerikanischer Soziologe und Stressforscher, 1923-1994. Seine zwei zentralen Werke zur Salutogenese sind *Health, Stress and Coping* (1979; 1981) und *Unraveling the Mystery of Health* (1987), das in deutscher Übersetzung 1997 unter dem Titel *Salutogenese. Zur Entmystifizierung der Gesundheit* erschienen ist.

- Was erhält einen Menschen trotz potentieller Widrigkeiten, negativer Umstände und ungünstiger Bedingungen gesund?
- Wie entsteht Gesundheit? (vgl. Antonovsky, 1997, 15)

Die Salutogenese fragt also primär nach den Bedingungen von Gesundheit. Sie rückt diejenigen Wirkfaktoren in den Mittelpunkt der Betrachtung, die Gesundheit schützen oder erhalten und die zu Unverletzlichkeit (Invulnerabilität) beitragen (Bengel et al., 2001, 9).

Auch andere Autorinnen und Autoren haben (einige fast zeitgleich) theoretische Modelle entworfen, die auf Gesundheit ausgerichtet sind. Hier seien als Beispiele das Modell der Widerstandsfähigkeit *(hardiness)* nach Kobasa (Kobasa, 1979; Kobasa; Maddi; Kahn, 1982), *gesundheitliche Kontrollüberzeugungen* (Wallston; Wallston, 1978), der *dispositionelle Optimismus* nach Scheier (Scheier; Carver, 1985; 1990), das Modell der *Selbstwirksamkeitserwartung* (Bandura, 1977; 1982), *seelische Gesundheit als Eigenschaft* nach Becker (Becker, 1992) und auch die *Resilienz*forschung (Zaider et al., 2007; Köferl, 1988; Hurrelmann, 1988) zu nennen, die davon ausgehen, dass bestimmte psychosoziale Faktoren eine Art Pufferwirkung für Gesundheit haben können. Dies wurde auch empirisch untersucht und mehr oder weniger signifikant für die einzelnen Konzepte nachgewiesen[13].

An dieser Stelle wird gerade das Konzept der Salutogenese eingehender betrachtet, da Antonovskys annimmt, dass es psychosoziale Faktoren gibt, die sich direkt auf die Gesundheit eines Menschen auswirken und nicht nur eine abpuffernde oder protektive Wirkweise haben. Somit verfügt das Konzept der Salutogenese über eine andere Tragweite. Ein großer Verdienst von Antonovsky besteht darin, ein Modell formuliert zu haben, das – im Sinne eines wissenschaftlichen Perspektivwechsels – sich radikal von der pathogenetischen Sichtweise der Biomedizin abgrenzt und einen neuen Weg aufzeigt, wie mit Gesundheit und Krankheit umgegangen werden kann. Es geht Antonovsky weniger darum, was Gesundheit schützen kann, sondern wie Gesundheit hergestellt wird.

Dieses Modell zeigt jedoch auch Schwachstellen auf, es wurde von mehreren Seiten kritisiert. Dies soll im Anschluss diskutiert werden. Zudem werden verschiedene Vorschläge der Erweiterung Antonovskys Modell vorgestellt. Zunächst möchte ich aber die Grundzüge des Salutogenese-Konzepts aufzeigen.

---

[13] Ausführlicher hierzu: Bengel; Strittmatter; Willmann (2001, 52ff.), Singer; Brähler (2007, 10f.) und Weis (1997, 108f.).

2.1.6.1 Flussmetapher

Aaron Antonovsky befasste sich mit der Frage, warum einige Menschen trotz ähnlicher Situation besser mit Belastungen zurechtkamen als andere. Durch diese Ausgangsfrage wandte er sich von dem bestehenden Gedankengebäude der westlichen Medizin ab. Antonovsky illustriert den unterschiedlichen Ansatz anhand einer Flussmetapher.

> „Die zeitgenössische westliche Medizin wird darin mit einem wohlorganisierten, gewaltigen und technologisch hochentwickelten Bemühen verglichen, Ertrinkende aus einem reißenden Fluß zu bergen. Hingebungsvoll dieser Aufgabe gewidmet und häufig sehr gut entlohnt, richten die Mitglieder dieses Unternehmens niemals ihre Augen oder ihr Bewußtsein auf das, was stromaufwärts passiert, um die Flußbiegung herum, darauf, wer oder was all diese Leute in den Fluß stößt" (Antonovsky, 1997, 91).

Die Gesundheitspsychologie griff diese Frage auf und entwickelte ein „Konzept des Lebensstils des Individuums" (ebd.). Antonovsky dachte die Metapher des Flusses noch weiter und stellte fest: Dieser Fluss ist das Leben selbst. Niemand geht immer sicher am Ufer entlang. Die Frage ist nun, wie man ein guter Schwimmer wird! (ebd., 92).

Das Leben ist also keine Homöostase (kein gemütlicher Spaziergang am Ufer des Flusses), die nur gelegentlich durch Belastungen gestört wird, mit denen dann das Individuum mehr oder weniger gut zurechtkommt. Antonovsky sieht den Menschen – in der Denktradition der Systemtheorie – in einem dauernden Zustand der Heterostase. Es wirken andauernd Stressoren auf jeden Menschen, die es zu bewältigen gilt – und die einen guten Schwimmer weniger, einen schlechten Schwimmer mehr aus dem Gleichgewicht bringen können, um im Bild der Flussmetapher zu bleiben.

2.1.6.2 Komponenten des Salutogenesemodells

Anhand der vier zentralen Komponenten – Gesundheits-Krankheitskontinuum, transaktionale Stresstheorie, generalisierte Widerstandsressourcen und Kohärenzgefühl – lässt sich das theoretische Modell der Salutogenese detailliert beschreiben (Antonovsky, 1981).

2.1.6.2.1 Gesundheits-Krankheits-Kontinuum

Antonovsky hat absichtlich keine eigene Definition von Gesundheit formuliert, um nicht Normen zu schaffen, anhand derer Wertungen vorgenommen werden könnten (Bengel et al., 2001, 28). Seine Konzeption von Gesundheit und Krankheit stellt aber ein bedeutendes Merkmal seiner Theorie dar. Antonovsky wendet sich von der Dichotomie von Krankheit und Gesundheit ab, die im mechanistischen Gedankengerüst vorherrscht. Nach Antonovsky kann ein Mensch nun nicht entweder krank oder gesund sein, sondern sein momentaner Zustand ist auf einem mehrdimensionalen Gesundheits-Krankheits-Kontinuum (im Original: health-ease/ dis-ease-continuum) angesiedelt – zwischen den beiden extremen Polen absoluter Gesundheit beziehungsweise absoluter Krankheit. Das Ausschlaggebende ist nicht der Standort (dieser ist immer nur temporär), sondern die Bewegung und deren Richtung auf dem Kontinuum (Antonovsky, 1981, 56). Antonovsky sieht darin den Vorteil, dass Menschen nicht nur als Patienten betrachtet werden (und somit alle Nicht-Patienten nicht schon generell aus der Betrachtung ausgeschlossen sind), sondern sich die Bemühungen um den gesamten Menschen drehen, wobei der Blick in Richtung Gesundheit gerichtet ist.

> „To ask about a specific disease is to narrow one's search to specific, disease relevant factors. To ask about ease and dis-ease is to ask about generalized factors that are relevant to all diseases. And to ask about health ease, that is, to seek to explain what facilitates our movement toward the most salutary end of the breakdown[14] continuum, is to search for weapons that may be far more potent in decreasing human suffering than is any specific disease-preventing or disease-curing factor" (Antonovsky, 1981, 56).

2.1.6.2.2 Transaktionales Stresskonzept

Während das Modell der Pathogenese Stressoren ausschließlich als Krankheitsverursacher ansieht, können sie aus salutogenetischer Warte positive wie auch negative Auswirkungen auf Gesundheit haben. Antonovsky, selber in der Stressforschung verwurzelt, baut hier auf dem transaktionalen Stresskonzept nach Lazarus und Folkman (1984) auf.

Lazarus stellt fest, dass die *kognitive Einschätzung* einer Situation ausschlaggebend für das Maß an Stress ist, das eine Person erlebt, denn

---

[14] In seinen früheren Werken verwendet Antonovsky den Begriff *breakdown*, später ersetzt er ihn mit *disease*.

„Streß und sein Ausmaß hängen davon ab, ob die Person davon ausgeht, daß der entstandene Schaden leicht abzuwenden oder zu reparieren ist, oder ob das nicht der Fall ist; bzw. ob die Person keine Informationen dazu erlangen konnte, ob das eine oder das andere der Fall ist" (Lazarus, 1995, 215).

Aus diesen Erkenntnissen ergab sich ein Aufweichen des bis dahin in der Stresstheorie vorherrschenden Reiz-Reaktionsmusters, so dass der subjektiven Einschätzung der betroffenen Person selbst mehr Gewicht zugeschrieben wurde. Die Informationsverarbeitung des Individuums verändert so das Ausmaß an erlebten Stress.

„Diese konzeptuelle Entwicklung in der Stressforschung hatte einschneidende Konsequenzen: Es war nahezu unmöglich, Belastung noch unabhängig von einer subjektiven Bewertung zu erfassen; vielmehr musste die Sicht des betroffenen Subjekts mit einbezogen, die subjektive Belastungssituation eruiert werden, um ihre Wirkung vorherzusagen" (Faltermaier, 1995, 305).

Im transaktionalen Stressmodell wird dem Stresserleben eine „primäre Bewertung (I)" vorgeschaltet. Das Individuum entscheidet anhand von Situationsmerkmalen, ob ein Ereignis als Bedrohung, Herausforderung oder als irrelevant für das eigene Wohlbefinden eingeschätzt wird (Bengel et al., 2001, 60). Von dieser Entscheidung hängt ab, ob ein Reiz überhaupt als Stressor identifiziert wird.

Auf Lazarus aufbauend geht Antonovsky davon aus, dass Stressoren – angenommen der Reiz wurde als Stressor bewertet – zunächst einmal nur einen physiologischen Anspannungszustand herbeiführen, der darauf zurückzuführen ist, dass das Individuum nicht weiß, wie es in der Situation reagieren soll (Bengel et al., 2001, 32). Ein Stressor löst also nicht automatisch Stress aus. Antonovsky definiert Stressoren[15] als

„eine von innen oder außen kommende Anforderung an den Organismus, die sein Gleichgewicht stört und die zur Wiederherstellung des Gleichgewichtes eine nicht-automatische und nicht unmittelbar verfügbare, energieverbrauchende Handlung erfordert" (Antonovsky, 1981, 72).

Bei der „primären Bewertung (II)" entscheidet das Subjekt im Folgenden darüber, ob dieser bedrohlich, günstig oder irrelevant ist. Eine Einschätzung als günstig oder

---

[15] Hier sollen insbesondere psychosoziale Stressoren genauer untersucht werden. Antonovsky zählt zudem noch physikalische und biochemische auf, die jedoch so unmittelbar sein können (z.B. Waffengewalt, Hungersnot, Gifte), dass sie direkt auf die Gesundheit einwirken (Bengel et al., 2001, 33).

irrelevant hat zwar zur Folge, dass ein Anspannungszustand wahrgenommen wird, die Person geht aber davon aus, dass sie keine Ressourcen aktivieren muss, damit dieser sich wieder auflöst. Auf diese Weise wird „der Stressor, der Anspannung auslöste, (...) zum Nicht-Stressor umdefiniert" (Bengel et al., 2001, 33). Wird der Anspannungszustand als bedrohlich eingeschätzt, sondiert das Individuum in einem weiteren Schritt („sekundäre Bewertung"), ob es über die notwendigen persönlichen und sozialen Ressourcen verfügt, die belastende Situation zu bewältigen (ebd., 60).

Diese Spannungsbewältigung ist in den Augen Antonovskys eine zentrale Aufgabe des Organismus. Eine positive Bewältigung hat sogar gesundheitserhaltende beziehungsweise gesundheitsförderliche (salutogene) Auswirkungen. Nur bei misslingender Spannungsbewältigung (nach der sekundären Bewertung) entsteht Stress, womit Belastung oder Belastungsfolgen gemeint sein können. Antonovsky postuliert weiter, dass Stress nicht automatisch gesundheitsschädigend ist. „Erst zusammen mit Krankheitserregern, Schadstoffen und körperlichen Schwachstellen führt die Stressreaktion zur Schwächung der körperlichen Gesundheit" (ebd., 33).

Um Antonovskys Vorstellungen von Stresserleben und Stressverarbeitung zu vervollständigen, muss nochmals seine in der Flussmetapher abgebildete Überzeugung erwähnt werden, dass Stressoren kein Ausnahmezustand im Leben eines Menschen sind. Stressoren sind allgegenwärtig und strömen immerzu auf das Individuum ein – das Leben ist ein reißender Fluss voller Strudel und Stromschnellen. Wie gut ein Mensch durch den Fluss schwimmen kann, das heißt, ob und wie erfolgreiche Spannungsbewältigung stattfinden kann, hängt nach Antonovsky von den generalisierten Widerstandsressourcen und folglich auch vom Kohärenzgefühl der Person ab – den beiden Komponenten seines Modells, die im Folgenden dargestellt werden.

2.1.6.2.3   Generalisierte Widerstandsressourcen

Die *generalisierten Widerstandsressourcen* (im Original: Generalized Resistance Resources – GRR) hat Antonovsky als Antwort auf seine Suche nach Faktoren formuliert, die eine erfolgreiche Spannungsbewältigung erleichtern und so Einfluss auf das Maß an Gesundheit einer Person haben. Der Begriff *generalisiert* soll in diesem Zusammenhang betonen, dass es sich um Ressourcen handelt, die nicht speziell auf eine Situation zugeschnitten sind, sondern allgemein wirken, mit *Widerstands-* ist hier Widerstandsfähigkeit gemeint (Bengel et al., 2001, 34). Neben der Effizienz bei der Spannungsbewältigung (sekundäre Bewertung) können die generalisierten Widerstandsressourcen einer Person auch schon dazu beitragen, Stressoren zu vermeiden und – im Sinne der primären Bewertung – Reize gar nicht erst als Stressoren zu definieren.

Auch hier legt Antonovsky den Schwerpunkt für sein Konzept auf psychosoziale Ressourcen; genetische und konstitutionelle rückt er nicht ins Zentrum der Betrachtung (Antonovsky, 1981, 105), erwähnt aber medizinisch relevante Potentiale des Körpers, die gegen Krankheitserreger und Stressoren immun machen (Höfer, 2000, 80). In seinem Werk „Health, Stress and Coping" (Antonovsky, 1981, 184) listet er folgende Faktoren als hauptsächliche psychosoziale generalisierte Widerstandsressourcen auf (übersetzt nach Singer, 2007, 12):

1. Materielles
2. Wissen, Intelligenz
3. Ich-Identität
4. Copingstrategie: rational, flexibel, weitsichtig
5. Soziale Unterstützung, Bindungen
6. Engagement: Zufriedenheit, Zusammenhalt, Kontrolle
7. Kulturelle Stabilität
8. Magie, Zauber
9. Religion, Philosophie, Kunst: ein stabiles Set an Antworten
10. Präventive Gesundheits-Orientierung

Materielles. Antonovsky stellt materielle Ressourcen absichtlich an erste Stelle vor psychosoziale und kulturelle Faktoren, da ihm in der (damaligen) Stressorenforschung dieser Aspekt zu wenig berücksichtigt wurde. Geld, das symbolische Äquivalent für Ressourcen allgemein, stellt eine wichtige generalisierte Widerstandsressource dar, daneben erwähnt er als weitere materielle Ressourcen körperliche Stärke, ein Dach über dem Kopf, Kleidung, angemessene Nahrung und Ähnliches (Antonovsky, 1981, 107).

Kognitive und emotionale GRRs. Da die Literatur zu kognitiven und emotionalen Ressourcen sehr vielfältig ist, beschränkt sich Antonovsky auf die Darstellung von Wissen, Intelligenz (knowledge-intelligence) und der Ich-Identität. Knowledge-intelligence soll hier sowohl das Ausmaß an Informationen ausdrücken, das eine Person innehat, als auch die Fähigkeiten, die es ihr ermöglichen, Informationen zu finden und zu sammeln (ebd.). Ich-Identität erachtet Antonovsky als eine der zentralsten Widerstandsressourcen überhaupt. Er fasst aus der auch hier umfangreichen Literatur zusammen:

„For our purposes, the central elements of ego identity as a GRR have been indicated: a sense of the inner person, integrated and stable, yet dynamic and flexible; related to social and cultural reality, yet with independence, so that neither narcissism nor being a template of external reality is needed" (ebd., 109).

Antonovsky bezieht sich in seinen Annahmen zur Ich-Identität auf das Identitätsmodell von Erikson (1973).

Copingstrategien. Um die Effizienz von Copingstrategien als generalisierte Widerstandsressourcen zu beurteilen, schlägt Antonovsky drei Variablen vor, die situationsübergreifend gemeint sind. Je höher diese Variablen bei einer Bewältigungsstrategie sind, desto effektiver ist sie. Er nennt *Rationalität* (objektive Einschätzung, inwieweit ein Stressor tatsächlich eine Bedrohung darstellt), *Flexibilität* (Verfügbarkeit verschiedener Bewältigungspläne und -taktiken einschließlich der Bereitschaft, diese auch wahrzunehmen) und *Weitsichtigkeit* (die Antwort der inneren und äußeren Umgebung auf die eigenen Handlungen abzusehen) als ausschlaggebende Variablen (Antonovsky, 1981, 112f.; Höfer, 2000, 81).

Soziale Unterstützung, Bindungen. Im Gegensatz zu pathogenetischen Modellen betrachtet die Salutogenese Menschen nicht hauptsächlich als isolierte Wesen. Als weitere generalisierte Widerstandsressource gilt hier die soziale Unterstützung, das Eingebundensein in soziale Beziehungen. Antonovsky nennt dies „the GRR of deep, immediate interpersonal roots" (Antonovsky, 1981, 114). Anhand des Konzeptes des „commitment" (Kanter, 1968), das Singer mit *Engagement* übersetzt hat (Singer, 2007, 12), bei Höfer hingegen als *Zielgebundenheit* (Höfer, 2000, 82) benannt wird, beschreibt er drei von Kanter vorgeschlagene Typen von commitment: Zufriedenheit, Zusammenhalt und Kontrolle (Antonovsky, 1981, 116).

Makrosoziokulturelle GRRs. Als „makrosoziokulturelle Ressourcen" bezeichnet Antonovsky (1981, 117) den Zustand der kulturellen Integration: ob und inwieweit eine Gesellschaft als Orientierungssystem dienen kann (Höfer, 2000, 82) und Antworten auf unbekannte Situationen – im Sinne von Bewältigung von Stressoren – für ihre Mitglieder bereit hält. Auch die Bereiche Magie, Zauber, Religion, Philosophie etc., die Antonovsky diskutiert, fungieren für ihn als Widerstandsressourcen, da sie helfen, durch vorgefertigte Antworten stressreichen Ereignissen Erfolg versprechend zu begegnen: „a culture provides its members, group or individual, with answers: clear, stable, integrated". Dieser Art von GRRs räumt Antonovsky einen zentralen Stellenwert ein: „Ready answers by one's culture and its social structure are probably the most powerful GRR of all" (Antonovsky, 1981, 118f.).

Den Aspekt der *präventiven Gesundheitshaltung* zählt Antonovsky zwar als zehnte psychosoziale Widerstandsressource auf, führt ihn in diesem Zusammenhang aber nicht weiter aus.

Das GRR/ GRD – Kontinuum

Die *Abwesenheit* von generalisierten Widerstandsressourcen ist im Konzept der Salutogenese als möglicher Stressor konzipiert. Antonovsky fragt, was passiert, wenn eine generalisierte Widerstandsressource nicht oder zu schwach zur Verfügung steht. Es kann hier keine reine Ursache-Wirkung-Logik angewandt werden, denn es stehen meist verschiedene Wege der Bewältigung zur Verfügung. Generell lässt sich aber sagen, dass das Fehlen von Widerstandsressourcen an sich einen Stressor darstellen kann[16]. Deshalb entwirft Antonovsky in seinem zweiten Buch (1987; deutsch 1997) an dieser Stelle ein Kontinuum (Antonovsky, 1997, 44). Auf der einen Seite befinden sich die zur Verfügung stehenden generalisierten Widerstandsressourcen (GRR), auf der anderen Seite die fehlenden Ressourcen, die generalisierten Widerstands*defizite* (GRD). Der jeweilige Standort einer Person auf diesem GRR/ GRD – Kontinuum gibt Auskunft darüber, wie sehr ihre Lebenserfahrungen ihr Kohärenzgefühl stärken oder schwächen (Bengel et al., 2001, 34).

Auswirkungen der GRRs

Wie gerade erwähnt, bestimmen die generalisierten Widerstandsressourcen – und im Kontinuum gedacht auch die generalisieren Widerstandsdefizite – über die Lebenserfahrungen, die Menschen machen. Antonovsky nennt dabei zunächst drei Merkmale dieser Erfahrungen, deren Ausmaß gemessen werden kann und dementsprechend dafür verantwortlich ist, wie ausgeprägt das Kohärenzgefühl der jeweiligen Person ist: „Konsistenz, eine Balance zwischen Überlastung und Unterforderung sowie Partizipation" (Antonovsky, 1981, 187). Später bezeichnet er die Auswahl dieser drei Aspekte als „intuitiv und unsystematisch" (Antonovsky, 1997, 93) und bezieht die Auswirkungen der GRRs/ GRDs mehr auf das Ausmaß der drei

---

[16] „Perhaps the simplest example is that of money. Although having money obviously does not solve all problems, it helps with many. But not having money is not simply a matter of not having a given resource at one's disposal. Being in such a circumstance often directly and immediately is a stressor. Not only is access to need satisfaction blocked. But also the knowledge that one is penniless is a source of anguish in and of itself" (Antonovsky, 1981, 119). Auch ein tragfähiges soziales Netzwerk versus Isolation wäre ein passendes Beispiel an dieser Stelle.

zentralen Komponenten des Kohärenzgefühls, das nun im nächsten Abschnitt beschrieben wird.

2.1.6.2.4 Das Kohärenzgefühl – Sense of Coherence (SOC)

Definition

Das Konzept des *Kohärenzgefühls*[17] (Antonovsky spricht im Original von „Sense of coherence" – SOC), ist das Kernstück der Antwort auf die Frage nach den unterschiedlichen Auswirkungen von ähnlichen Belastungen auf unterschiedliche Individuen. Das Kohärenzgefühl ist eine Hauptterminante für die Position auf dem Gesundheits-Krankheits-Kontinuum und für die Richtung, in die sich eine Person auf diesem Kontinuum bewegt (Antonovsky, 1997, 33). Es handelt sich dabei nicht um einen bestimmten Copingstil oder um eine allgemeingültige Art mit stressreichen Anforderungen umzugehen.

> The „sense of coherence is not meant to be a specific coping style. Rather, a person with a strong sense of coherence, who believes that he or she understands a problem and sees it as a challenge, is more likely to select the most appropriate coping behavior for a specific problem" (vgl. Antonovsky, 1987, zit. nach Lustig, 2002).

Antonovsky bezeichnet das Kohärenzgefühl als eine

> „globale Orientierung, die ausdrückt, in welchem Maße man ein durchdringendes, andauerndes und dennoch dynamisches Gefühl des Vertrauens hat, dass
> 1. die Stimuli, die sich im Verlauf des Lebens aus der inneren und äußeren Umgebung ergeben, strukturiert, vorhersehbar und erklärbar sind;
> 2. einem die Ressourcen zur Verfügung stehen, um den Anforderungen, die diese Stimuli stellen, zu begegnen;
> 3. diese Anforderungen Herausforderungen sind, die Anstrengung und Engagement lohnen" (ebd., 36).

---

[17] Für den Begriff „Sense of Coherence" gibt es keine einheitliche deutsche Übersetzung. Es finden sich folgende Varianten in der Fachliteratur: *Kohärenzsinn, Kohärenzerleben, Kohärenzgefühl, Kohärenzempfinden* (Singer; Brähler, 2007, 15). Hier soll von Kohärenzgefühl die Rede sein, da sich in der neueren sozialpsychologischen Literatur dieser Begriff durchzusetzen scheint.

Komponenten des Kohärenzgefühls

Das Kohärenzgefühl setzt sich dementsprechend aus den drei Komponenten *Verstehbarkeit – Handhabbarkeit – Bedeutsamkeit* zusammen, die miteinander in Beziehung stehen und sich gegenseitig beeinflussen.

Gefühl von Verstehbarkeit. Der Aspekt der Verstehbarkeit *(comprehensibility)* bezeichnet den eher kognitiven Anteil des Kohärenzgefühls. Er bezeichnet das

> „Ausmaß, in welchem man interne und externe Stimuli als kognitiv sinnhaft wahrnimmt, als geordnete, konsistente, strukturierte und klare Information und nicht als ein Rauschen – chaotisch, ungeordnet, willkürlich, zufällig und unerklärlich" (Antonovsky, 1997, 34).

Ereignisse, die das Leben bringt, werden als Herausforderung gesehen, die angenommen werden können und mit denen man umgehen kann.

Gefühl von Handhabbarkeit. Der Aspekt der Handhabbarkeit *(manageability)* bezeichnet das

> „Ausmaß, in dem man wahrnimmt, dass man geeignete Ressourcen zur Verfügung hat, um den Anforderungen zu begegnen, die von den Stimuli ausgehen, mit denen man konfrontiert wird" (ebd., 35).

Die Ressourcen müssen nicht unbedingt im eigenen Besitz sein. Ressourcen zur Verfügung zu haben, kann auch die Gewissheit bedeuten, sie sich bei anderen „holen" zu können; z.B. bei dem Arzt/ der Ärztin, dem Partner/ der Partnerin, bei Verwandten, Freunden, Gott... Ein hohes Maß an Handhabbarkeit bringt das Gefühl mit sich, nicht in die Opferrolle gedrängt zu sein oder vom Leben ungerecht behandelt zu werden.

Gefühl von Bedeutsamkeit. Der Aspekt der Bedeutsamkeit oder auch Sinnhaftigkeit *(meaningfulness)* stellt das motivationale Element des Kohärenzgefühls dar. Die Komponente Bedeutsamkeit bezieht sich auf das „Ausmaß, in dem man das Leben emotional als sinnvoll empfindet" (ebd.). Vom Leben gestellte Anforderungen scheinen es wert zu sein, dass die Person in sie investiert, sich ihnen verpflichtet. Diese Anforderungen erscheinen eher als willkommene Herausforderungen denn als Lasten, auch wenn man nicht glücklich über sie sein muss.

Beziehungen der Komponenten zueinander

Beim Aspekt der Bedeutsamkeit handelt es sich um den zentralen Punkt des Kohärenzgefühls, da damit die emotionale Motivation für eine Anforderung bestimmt wird. Ist ein Problem emotional wichtig für eine Person, wird sie eher versuchen, die für die Lösung benötigten Ressourcen zu mobilisieren (vgl. Handhabbarkeit), das Problem kognitiv zu erfassen (vgl. Verstehbarkeit) und so Lösungsmöglichkeiten zu suchen.

Ein hohes Maß an Handhabbarkeit ist wiederum abhängig von der Verstehbarkeit. Ohne diese ist es schwer festzustellen, welche Ressourcen für die Problembewältigung vonnöten sind. Ein niedriges Maß an Handhabbarkeit, das heißt wenige zur Verfügung stehende Ressourcen, werden sich auf Dauer negativ auf das Ausmaß der Bedeutsamkeit auswirken, denn Probleme, die die Erfahrung von nicht ausreichenden Ressourcen mit sich bringen, werden zukünftige Anforderungen als weniger sinnhaft definieren, es wird als weniger Sinn bringend erachtet werden, sich zu engagieren, da vorherige Erfahrungen negativ ausfielen.

Antonovskys Schema, das er in „Health, Stress and Coping" 1979 vorlegte, soll hier der Veranschaulichung des theoretischen Konzeptes der Salutogenese mit seinen verschiedenen Komponenten sowie deren Beziehungen zueinander dienen.

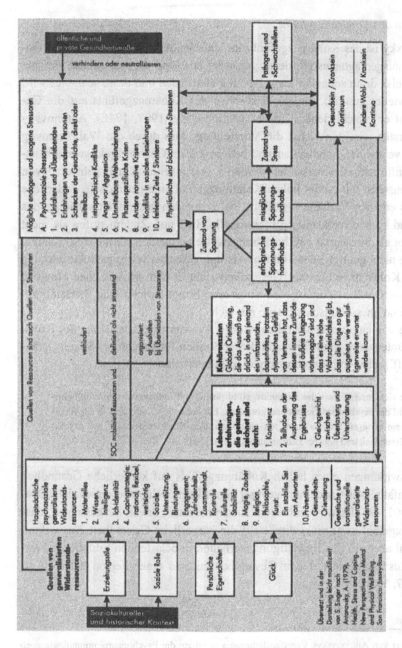

Abb. 1 Das Modell der Salutogenese nach Antonovsky (übersetzt und leicht modifiziert von Singer; Brähler, 2007, 12)

Auswirkungen des Kohärenzgefühls

Für Antonovsky ist das Kohärenzgefühl eine entscheidende Determinante für Gesundheit. Je ausgeprägter es ist, desto gesünder erscheint die betreffende Person, beziehungsweise desto schneller kann Heilung stattfinden und desto schneller wird die Person wieder gesund. Für die Wirkweise des Kohärenzgefühls auf die Gesundheit sieht er verschiedene „Kanäle" (Antonovsky, 1997, 184f.). Antonovsky vertritt als ersten, direkten Kanal die Vorstellung, dass durch die Wahrnehmung der Welt als verstehbar, handhabbar und bedeutsam im Gehirn direkt gesundheitsförderliche Informationen versendet werden[18]. Als zweiten Kanal geht er davon aus, dass Menschen mit einem hohen Kohärenzgefühl eine gesundheitsförderliche Auswahl des eigenen Verhaltens treffen: Sie vermeiden gesundheitsschädigendes Verhalten und suchen rechtzeitig professionelle Hilfe auf. Zudem stufen sie nicht so viele Reize als Stressoren ein, beziehungsweise vermeiden sie mehr Stressoren, mit denen sie nicht gut umgehen können. Als indirekte aber wichtigste Auswirkung eines hohen Kohärenzgefühls auf Gesundheit sieht er den erfolgreichen Umgang mit Stressoren. Die Bewältigung von Stressoren bringt an sich eine Stärkung auf emotionaler und physiologischer Ebene mit sich.

Eine Reihe von empirischen Studien hat die Auswirkungen der Höhe des Kohärenzgefühls untersucht. Eine Übersicht dieser Studien findet sich bei Singer; Brähler (2007, 32ff.), die deren Ergebnisse wie folgt beurteilen:

> „Es hat sich gezeigt, dass das Kohärenzgefühl positiv mit Indikatoren des Wohlbefindens und der psychischen Gesundheit korreliert. Ein hoher SOC korreliert in der Regel mit einem geringen Stresserleben, mit einem geringen Beschwerdedruck, mit psychischer Gesundheit und höherer Lebensqualität" (ebd., 33).

Positive Auswirkungen eines hohen Kohärenzgefühls auf körperliche Gesundheit konnten ebenfalls, wenn auch nur weniger signifikant nachgewiesen werden (Bengel et al., 2001, 44). Es wird in diesem Zusammenhang davon ausgegangen, dass das Kohärenzgefühl zwar nicht direkt auf die körperliche Gesundheit Auswirkungen hat, wohl aber auf das Bewältigungsverhalten in belastenden Situationen, was wiederum Auswirkungen auf den Gesundheitszustand einer Person hat (Singer; Brähler, 2007, 36).

---

[18] Zum Zeitpunkt von Antonovskys Veröffentlichungen existierte die Psychoneuroimmunologie noch nicht. Heute beforscht sie unter anderem genau diese Zusammenhänge.

Diese empirischen Überprüfungen bestätigen das theoretische Konzept von Antonovsky nicht uneingeschränkt. Ich bin dennoch der Meinung, dass hier ein sehr aussagekräftiges Basiskonzept für das Verständnis von Gesundheit und Krankheit geschaffen wurde und möchte zwei kritische aber konstruktive Erweiterungen des Konzeptes vorstellen, die, verbindet man sie mit dem nun fast dreißig Jahre alte Modell der Salutogenese, eine tragfähige Grundlage für die heutige Gesundheitswissenschaft im Allgemeinen und dieser Forschungsarbeit im Speziellen ergeben.

2.1.7 Erweiterungen des Salutogenesemodells

2.1.7.1 Gesundheitsbewusstsein und Gesundheitshandeln

Toni Faltermaier, einer der wichtigsten Vertreter des Konzeptes der subjektiven Gesundheits- und Krankheitsvorstellungen, schätzt das Modell der Salutogenese, möchte es aber erweitert sehen um den Aspekt des aktiven Handelns in Bezug auf Gesundheit. Hierfür schlägt er die Einbeziehung des Modells der subjektiven Gesundheitsvorstellungen in die Salutogenese vor.

2.1.7.1.1 Gesundheitshandeln

Sein Ausgangspunkt ist die Überlegung, dass, stellt das Kohärenzgefühl einen wesentlichen Aspekt der Salutogenese dar, sich dies auch in den Handlungen von Menschen zeigen muss (Faltermaier, 1994a, 157). Bei Antonovsky findet sich nur ein indirekter Zusammenhang zwischen dem (Gesundheits-)Handeln und der Gesundheit[19]. Wie unter 2.1.6 beschrieben, reagieren Menschen mit einem hohen Kohärenzgefühl auf Belastungssituationen zum Beispiel mit geeigneteren Copingstrategien, beziehungsweise gehen sie mit Symptomen besser um und definieren weniger Reize als Stressoren. Diese Verhaltensweisen würden sich dann positiv auf Gesundheit auswirken. Dazu meint Faltermaier:

> „Ich finde, Antonovsky unterschätzt hierbei etwas die Möglichkeit, dass Menschen bewusst etwas zugunsten ihrer Gesundheit unternehmen, daß sich diese Handlungen auch

---

[19] Zwar nennt Antonovsky „präventive Gesundheitsorientierung" als generalisierte Widerstandsressource, führt sie aber nicht weiter aus (vgl. Kap. 2.1.6.2.3).

wirklich positiv auf Gesundheit auswirken, und daß die psychosozialen Ressourcen und das Kohärenzgefühl auch in diesen Prozessen eine wichtige Rolle spielen" (ebd.).

So formuliert Faltermaier die Hypothese, dass es einen relativ bewussten Prozess der Gesunderhaltung geben muss, in dem eine präventive Gesundheitsorientierung eine wichtige Rolle spielt. Er nennt dieses aktive und gezielte Tun das *Gesundheitshandeln*.

Damit ein Subjekt gezielt und aktiv durch bewusste Handlungen auf seine Gesundheit einwirken kann, bedarf es einerseits einer *Motivation* zur Gesunderhaltung und andererseits eines *subjektiven Konzeptes von Gesundheit*, das auch Vorstellungen dazu enthält, wie Gesundheit herzustellen ist. So schlägt Faltermaier vor,

> „dass in der Salutogenese – neben den von Antonovsky formulierten Einflüssen – Gesundheit auch bewusst und durch relativ direkte Handlungen hergestellt werden kann, die jedoch wesentlich von der je individuellen Konzeption von Gesundheit abhängig sind" (Faltermaier, 1994b, 107).

2.1.7.1.2 Gesundheitsbewusstsein

Es muss also etwas im Subjekt geben – Faltermaier bezeichnet es als einen „Komplex von kognitiven, emotionalen und motivationalen Bedingungen" (Faltermaier, 1994a, 158), das dieses konkrete Gesundheitshandeln leitet. Dieses Konstrukt bezeichnet er als *Gesundheitsbewusstsein* und siedelt es im Kohärenzgefühl an.

Parallel zur Entstehung des gesamten Kohärenzgefühls entsteht auch das Gesundheitsbewusstsein anhand von Lebenserfahrungen, die ein Subjekt durch das Ausmaß an vorhandenen Widerstandsressourcen macht – in Bezug auf die drei Komponenten Verstehbarkeit, Handhabbarkeit und Bedeutsamkeit. Auf Gesundheit bezogen könnte dies bedeuten, dass gesundheitsrelevante Situationen und Informationen als mehr oder weniger verstehbar erlebt werden, dass die Anforderungen, die diese Situationen mit sich bringen mehr oder weniger handhabbar erscheinen, und dass das Individuum es als mehr oder weniger sinnhaft einstuft, die eigene Gesundheit zu erhalten (ebd.). Auf diese Weise wird das Gesundheitsbewusstsein individuell ausgeformt.

Wie diese Erfahrungen ausfallen, ist auch hier als Folge der vorhandenen/ nicht vorhandenen Ressourcen zu sehen, wobei einige besonders relevant für das Gesundheitsbewusstsein und so auch für das Gesundheitshandeln zu sein scheinen.

„Vor allem eine präventive Gesundheitsorientierung, das Wissen über gesundheitliche Fragen, eine Ich-Identität, die auch ein bewusstes Verhältnis zu seinem Körper enthält, soziale und kulturelle Ressourcen, die eine positive Gesundheitsorientierung und gesundheitsförderliches Handeln unterstützen, sowie effektive Bewältigungsstrategien bei gesundheitsrelevanten Problemen" (ebd., 158f.).

In der nachstehenden Grafik hat Faltermaier seine Erweiterung zu Gesundheitsbewusstsein und Gesundheitshandeln in ein – stark vereinfachtes – Schema der Salutogenese (siehe S. 31) eingefügt.

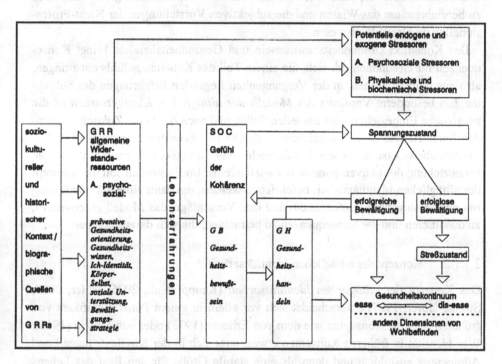

Abb.2   Subjektive Konstruktion von Gesundheit in einem erweiterten Modell der Salutogenese in Anlehnung an Antonovsky (1981, 184f.). Aus: Faltermaier (1994a, 160).

35

2.1.7.1.3   Konsequenzen der Modellerweiterung

Durch diese Erweiterung des Salutogenesemodells stärkt Faltermaier die Position der „Laien" im Gesundheitswesen: Er spricht ihnen explizit die Fähigkeiten zu, sich über ihre Gesundheit Gedanken machen und Anstrengungen unternehmen zu können, ihre Gesundheit zu erhalten beziehungsweise zu fördern (Faltermaier, 1994a, 159). Die Einbeziehung der „Laien"-Perspektive war vor fast vierzig Jahren, als Antonovsky seine Theorie formuliert hat, noch kein relevantes Thema. So schafft Faltermaier es, das Modell zu modernisieren und um eine große Ressource zu bereichern: um das Wissen und die subjektiven Vorstellungen der Nicht-Professionellen im Gesundheitswesen.

Das Konstrukt Gesundheitsbewusstsein und Gesundheitshandeln bringt Konsequenzen für Gesundheit mit sich, die einem Teil des Kohärenzgefühls entspringen, also aus biographischen, in der Vergangenheit liegenden Erfahrungen des Subjektes. Ein besonderer Verdienst des *Modells der alltäglichen Identitätsarbeit* ist die zusätzliche Einbeziehung des aktuellen Selbst und auch der in die Zukunft reichenden Entwürfe und Ziele. Gemeinsam ist den beiden Erweiterungsvorschlägen (Gesundheitsbewusstsein/ Gesundheitshandeln und alltägliche Identitätsarbeit) die Einbeziehung des aktiven (Gesundheits-)Handelns. Im Folgenden soll das Konzept der alltäglichen Identitätsarbeit beschrieben werden, um dann Höfers Verknüpfung mit der Salutogenese (Höfer, 2000) und ihre Vorschläge, das Modell zu erweitern, zu diskutieren und die Konsequenzen zu betrachten, die sich daraus ergeben.

2.1.7.2   Konzept der alltäglichen Identitätsarbeit

Das Konzept der *alltäglichen Identitätsarbeit* (Keupp et al., 2006; Höfer, 2000; Straus; Höfer, 1997) unterscheidet sich vor allem in einem Punkt signifikant von früheren Identitätskonzepten wie dem von Erikson (1973) oder von Marcia (1966). War Identität in früheren Konzepten etwas, dass sich in der Kindheit, Jugend und Adoleszenz ausbildete und dann als eine stabile Größe für den Rest des Lebens bestehen blieb, ist Identität hier als ein *Prozess* konzipiert, der sich permanent durch das ganze Leben zieht. Individuen arbeiten ständig – indem sie handeln – an ihrer Identität (Höfer, 2000, 182).

Durch die gesellschaftlichen Entwicklungen der Postmoderne fielen und fallen vermehrt traditionelle Wertpfeiler auf allen Gebieten der Gesellschaftsordnung weg, an denen sich die Individuen vorher orientierten (zu orientieren hatten). Die Umwälzungen der Postmoderne betreffen alle relevanten (z.B. religiöse, philoso-

36

phische, kulturelle, politische) Lebensbereiche und führen dazu, dass bisher verbindliche Deutungsmuster und Formationen ihre „Kitt"-Wirkung für die Gesellschaft verlieren (Keupp, 1997, 16; Keupp et al., 2006, 35).

So ist es vermehrt an den Individuen selbst, Lebensentwürfe zu entwickeln und umzusetzen, was, bezogen auf die Identitätsarbeit, große Auswirkungen hat. Es gibt große Freiräume und wesentlich mehr Gestaltungsmöglichkeiten der eigenen Identität, aber auch weniger Orientierungsrahmen, weniger selbstverständlich zu begehende Wege. Dazu Keupp et al. (2006, 60):

> „Auf dem Hintergrund von Pluralisierungs-, Individualisierungs- und Entstandardisierungsprozessen ist das Inventar kopierbarer Identitätsmuster ausgezehrt".

Zudem bleibt Identität nicht ein Leben lang gleich. Sie setzt sich aus verschiedenen Teilidentitäten zusammen, die nicht widerspruchsfrei sein müssen und deren Gewichtungen sich im Laufe der Zeit verändern können. Ziel kann unter diesen Voraussetzung nicht sein, dass ein Individuum eine kohärente und konsistente Identität aufbaut, die als Zustand konzipiert ist, viel mehr muss hier ein gelingender, weil flexibler Prozess als Ziel angenommen werden (ebd., 68).

Diese Veränderungen greift das Konzept der alltäglichen Identitätsarbeit auf und beschreibt, wie sich Identität unter diesen Prämissen vollziehen kann.

2.1.7.2.1 Struktureller Aufbau des Modells alltäglicher Identitätsarbeit

Situationale Selbstthematisierungen

„Die Basis(-akte) der Identitätsarbeit bilden die *situationalen Selbstthematisierungen*" (Höfer, 2000, 184). Sie sind zu verstehen als Abspeicherungen von Situationen. Dieses Abspeichern findet anhand von fünf Erfahrungsmodi statt, und zwar entsteht so von jeder Situation ein kognitives, ein emotionales, ein soziales, ein produktorientiertes und ein körperliches[20] Bild oder Gefühl von uns selbst.

---

[20] Im ursprünglichen Konzept alltäglicher Identitätsarbeit nach Straus und Höfer (1997) erscheinen vier Erfahrungsmodi. Den fünften – körperorientierten – Modus, hat Höfer in ihrer Studie „Jugend, Gesundheit und Identität" hinzugefügt, da ihr der körperliche Aspekt von Identität zuvor zu wenig repräsentiert erschien (vgl. Höfer, 2000, 185).

Identitätsperspektiven und Teilidentitäten

Jeder Mensch bildet für sich Identitätsperspektiven, die bestimmten Rollen (Ich als Arbeitnehmerin/ Arbeitnehmer) zugeordnet sein können, oder aber Lebensphasen (Ich als Mutter/ Vater). Es gibt aber auch rollen- und lebensphasenübergreifende Perspektiven wie (Ich als gesunde Frau/ gesunder Mann) (ebd., 186). Anhand dieser Perspektiven bündelt nun die Person ihre vielen situationalen Selbstthematisierungen zu Teilidentitäten.

Durch die Bündelung der situationalen Selbstthematisierungen unter bestimmten Perspektiven zu Teilidentitäten bekommt das Subjekt von sich ein Bild, „durch das die vielen Facetten seines Tuns übersituative Konturen erhalten" (Straus; Höfer, 1997, 281). Mit der Bildung von Teilidentitäten ist aber nicht gemeint, dass durch diese Bündelungen die Erfahrungen „zu einem kohärenten und konsistenten Gesamtbild zusammengefügt werden" (ebd., 282). Auch hier kann das Modell der fünf Erfahrungsmodi zeigen, dass die Teilidentitäten durch Bilder geprägt sein können, die den verschiedenen Modi entspringen und somit keineswegs widerspruchsfrei sein müssen. Ein Beispiel wäre hier eine Diskrepanz zwischen der Wahrnehmung von anderen und der Selbstwahrnehmung. Ein Individuum kann viele Teilidentitäten nebeneinander besitzen, neue hinzugewinnen, andere ruhen für eine bestimmte Zeit.

Meta-Identität

In Straus; Höfer (1997) diskutieren die Autoren/ Autorinnen noch etwas zaghaft über die mögliche Ausgestaltung einer über den Teilidentitäten angesiedelten Meta-Identität. Sie stellen eine „bislang plausibelste Konstruktion" (ebd., 297) vor, wie Subjekte ihre Meta-Identität auf dreifache Weise herstellen: über biographische Narration, die Dominanz von Teilidentitäten und den Generalisierungsprozess entlang der zentralen Erfahrungsmodi (ebd.). Höfer stellt 2000 die über den Teilidentitäten liegende Ebene der Meta-Identität selbstverständlicher vor. Sie nennt als deren zentrale Funktionen die Integration von übersituationalen und teilidentitätsübergreifenden Erfahrungen der Person, das Verhältnis der Teilidentitäten zueinander und die Konstitution einer Kernnarration (Höfer, 2000, 199). Für die Entstehung und Aufrechterhaltung von Gesundheit scheint das zur Meta-Identität zugehörige Identitätsgefühl von großer Bedeutung zu sein, so dass sich Höfer auf dessen Darstellung in Bezug auf die Meta-Identität beschränkt.

Das Identitätsgefühl stellt eine Verdichtung der biographischen Erfahrungen und deren Bewertungen durch die eigene Person dar, und zwar teilidentitätsübergreifend. Höfer geht davon aus, dass neben dieser Generalisierung auf höherer Ebene auch eine Verdichtung der Erfahrungen entsprechend relevanter *Identitätsziele* im Identitätsgefühl lokalisiert ist. Sie nennt – ohne Anspruch auf Vollständigkeit – Entschiedenheit, soziale Integration, Anerkennung, Selbstobjektivierung, Originalität, Selbstachtung, Selbstwirksamkeit und Autonomie als die zentralen Ziele (ebd., 200). Sie erläutert dies anhand des Identitätsziels „Anerkennung":

> „Das Subjekt speichert und verdichtet zum Beispiel alle Erfahrungen von Anerkennung aus den verschiedenen Teilidentitäten. Je höher eine Teilidentität dabei in der subjektiven Hierarchie steht, desto prominenter der Beitrag für das Gefühl anerkannt zu sein. Über die Summe der Erfahrungen bildet sich ein generalisiertes Gefühl heraus, wie anerkannt man sich erlebt beziehungsweise erleben möchte und ein generalisiertes Gefühl, ob und wie man diese Anerkennung erreichen kann" (ebd.).

Auch auf der Ebene des Identitätsgefühls gibt es keine Statik und kein andauerndes Gleichgewicht. Die verschiedenen Identitätsziele treten immer wieder miteinander in Konkurrenz und ihre Gewichtung verändert sich immer wieder durch Prozesse auf persönlicher, sozialer oder gesellschaftlicher Ebene (Höfer, 2000, 203). Dies ist als Charakteristikum der andauernden Identitätsarbeit zu sehen.

Einerseits ist das Identitätsgefühl ein Ort, an dem generalisierte Selbsterfahrungen gesammelt werden (z.B. mehr oder weniger anerkannt zu sein) und andererseits stellt das Identitätsgefühl eine Basis dar für Selbstbewertungsprozesse, die zu einem positiven oder negativen Selbstwertgefühl und einem mehr oder weniger hohen Kohärenzgefühl (vgl. Antonovsky) führen (ebd., 201f.). Dementsprechend ist es auch eine Grundlage für Veränderung bzw. Beibehaltung von Früherem.

2.1.7.2.2   Identität als Prozess

Würde sich alltägliche Identitätsarbeit auf den Aspekt begrenzen, den ich bis jetzt dargestellt habe, wäre sie nicht mehr als ein Nachjustieren und Reagieren auf Ereignisse von außen, ein rein *retrospektiver Reflexionsprozess*. Höfer bezieht jedoch eine Zukunftsorientierung ein, die dem Modell das aktive Agieren des Individuums hinzufügt.

Der *prospektive Reflexionsprozess* ist explizit die gestaltende Seite des Individuums im Prozess der Identitätsarbeit[21]. Aufgrund von zukunftsbezogener Reflexion der eigenen Person entwickelt das Individuum Identitätsentwürfe, die auch utopischen Charakters sein können. Einige dieser Identitätsentwürfe verdichten sich im Weiteren zu Identitätsprojekten. Es findet ein „innerer Beschluss" statt, und die Überprüfung, ob die benötigten Ressourcen für dieses Projekt zur Verfügung stehen, muss positiv ausfallen (Höfer, 2000, 190). Als nächstes versucht das Individuum, dieses Projekt auszuführen, woran sich wieder eine retrospektive Reflexion anschließt, wie erfolgreich das Projekt verlaufen ist oder noch verläuft, ob und wieweit Identitätsziele dadurch erreicht wurden/ werden. Dieser Kreislauf hat durch Selbstbewertungsprozesse Auswirkungen auf das Identitätsgefühl und auf das Kohärenzgefühl (siehe oben).

Insofern ist das *Identitätsgefühl* auch an dieser Stelle meiner Darstellung anzusiedeln, da es ein zentraler Gesichtspunkt von Identität als Prozessgeschehen ist. Das Identitätsgefühl ist ein wichtiger Bestandteil des übergreifenden Steuerungsprozesses auf der Metaebene, hier werden Gewichtungen (in Bezug auf Teilidentitäten und Identitätsziele) festgelegt. Die Bewertungsprozesse bezogen auf die Identitätsziele sind die Schnittstelle zum Selbstwert- und Kohärenzgefühl, und damit zu Gesundheit (Höfer, 2000, 205).

An dieser Stelle stellt sich die Frage, wie genau sich die Identitätsarbeit auf die (Wieder-)Herstellung von Gesundheit auswirkt. Als Grundlage für die folgende Darstellung ist es wichtig nochmals zu betonen, dass der Prozess der Identitätsarbeit nicht zum Ziel hat, ein konfliktfreies und stabiles Bild der eigenen Person zu entwickeln. Identität ist in diesem Konzept immer „Zwischenergebnis" (ebd., 206), niemals abgeschlossen und beinhaltet Reibung und Spannung zwischen ihren verschiedenen Teilen; ob zwischen Teilidentitäten, zwischen retrospektiven und prospektiven Aspekten oder zwischen den einzelnen Erfahrungsmodi, und das wiederum auf den verschiedenen Ebenen.

2.1.7.2.3   Verknüpfung Identitätsarbeit – Gesundheitsprozess

Wie bei Antonovsky entsteht auch in diesem Modell Gesundheit durch die erfolgreiche Verarbeitung von Belastung (Höfer, 2000, 205). Wie dies geschieht, erklärt Höfer in ihrer Studie anhand von drei Schnittstellen zwischen dem Modell der

---

[21] Der Begriff Identitäts*arbeit* betont auch diesen gestaltenden, steuernden Aspekt (Straus; Höfer, 1997, 292).

alltäglichen Identitätsarbeit und der Salutogenese, die hier im Folgenden skizziert werden sollen: Das Konzept der identitätsrelevanten Stressoren, Identität als Quelle des Kohärenzgefühls und die Teilidentität Gesundheit/ Gesundheitshandeln. Diese Aspekte bringen jeweils Neuerungen für das Konzept der Salutogenese. Auch die Herangehensweise an Gesundheit über ein prozesshaftes Identitätsmodell, wie Höfer sie in ihrer Studie „Jugend, Gesundheit und Identität" (2000) formuliert, bietet meines Erachtens eine zeitgemäße und äußerst gewinnbringende Weiterentwicklung der Salutogenese.

Identitätsrelevante Stressoren

Antonovskys Metapher des Lebens als reißender Fluss wirft die Frage auf, warum Anforderungen des Lebens den einen Schwimmer mehr aus dem Gleichgewicht bringen und den anderen weniger. Antonovsky beantwortet diese Frage mit dem Konzept des Kohärenzgefühls. Aber auch das Konzept der identitätsrelevanten Stressoren gibt hierauf eine konstruktive Antwort, die die Theorie des Kohärenzgefühls gewinnbringend erweitert.

Die Basis für dieses Konzept liegt in der Vorstellung, dass das Individuum zunächst einen Stressor daraufhin bewertet[22], ob er für die eigene Person belastend ist oder nicht, wobei Stressoren, wie oben mehrfach betont, permanent und von verschiedenen Seiten (auch durch innere Spannungen) auf das Subjekt einwirken. Durch einen Stressor wird das vom Individuum angestrebte Passungsverhältnis zwischen inneren und äußeren Anforderungen gestört. Wie sich diese Störung auf die Person auswirkt, hängt von seiner Bewertung ab.

Höfer führt das Modell der identitätsrelevanten Stressoren anhand des Konzepts der Rollenidentität nach Peggy Thoits (1991) ein (Höfer, 2000, 146). Thoits geht davon aus, dass ein Subjekt über eine Vielzahl von Rollenidentitäten verfügt, die ihrer persönlichen Relevanz zufolge hierarchisch angeordnet sind. Wirken nun Stressoren auf für die Person wichtigere Rollenidentitäten, so wirken sie sich stressreicher aus, als solche, die sich auf eher untergeordnete Rollenidentitäten beziehen.

> „Identitätsrelevante Stressoren sind definiert als besondere Lebensveränderungen und chronische Schwierigkeiten, die die wichtigste Selbstkonzeption des Individuums bedrohen. Identitätsirrelevante Stressoren sind solche, die weniger wichtige Selbstkonzeptionen betreffen" (Höfer, 2000, 150).

---

[22] vgl. auch Stresstheorie nach Lazarus (1984, 1995), in der vorliegenden Studie in Kap. 2.1.6.2.2

Höfer bezieht die Relevanz von Stressoren auf das Konzept der Teilidentitäten. Je nachdem, wie dominierend die Teilidentität für das Subjekt ist, die der Stressor beeinflusst, so identitätsrelevant beurteilt es ihn (ebd., 208). Es kann also sein, dass ein Stressor das Passungsverhältnis zwischen innen und außen zunächst einmal stört; das Individuum diesen aber nicht als identitätsrelevant bewertet und nicht weiter bearbeitet. Wird dem Stressor jedoch eine identitätsrelevante Bedeutung zugeschrieben, hat er weitere Auswirkungen auf die betroffene Person.

Zunächst einmal ist es auch hier interessant zu betrachten, welche Reaktionen es auf einen identitätsrelevanten Stressor geben kann. Dazu erscheint Antonovskys Aufteilung des Spannungsmanagements (Antonovsky, 1981, 92ff.) in Spannung und Stress hilfreich.

Reaktion auf Stressor: Spannung

Betrachtet man Identität als einen, neben Beständigkeit auch auf Entwicklung ausgerichteten Prozess, wie es das Modell der alltäglichen Identitätsarbeit nahe legt, kann eine durch einen Stressor hervorgerufene Spannung durchaus positiv sein, salutogen wirken. Der „Spannungszustand zwischen dem, was man erreicht hat und dem, was man noch erreichen möchte" (Höfer, 2000, 209) kann beispielsweise auch ein Motor für positive Veränderungen sein. Es müssen neue Wege gefunden werden, die Passung zwischen inneren und äußeren Anforderungen wieder herzustellen. Glückt dies, wird es eine Bereicherung für die Person sein.

Reaktion auf Stressor: Stress

Ist es dem Subjekt aufgrund des Stressors nicht möglich, eine neue Passung zu finden, und kann es die Anforderung, die durch den Stressor gestellt ist, nicht positiv bewältigen, so entsteht pathogener Stress. Diese mangelnde Passung erzeugt nach Höfer ein Gefühl von eingeschränkter Selbstwirksamkeit, indem sie die Handlungsfähigkeit einschränkt. Auch ist es dem Subjekt so nicht möglich, bestimmte Ziele zu erreichen und eigene Bedürfnisse zu befriedigen. Zahlreiche Studien[23] belegen, dass aber genau diese Aspekte - Selbstwirksamkeit und geglückte Bedürfnisbefriedigung – wichtige Voraussetzungen für die Bewältigung allgemein und von Gesundheit im Speziellen sind (Höfer, 2000, 210).

---

[23] vgl. Beutel, M. (1989). Was schützt Gesundheit? Beutel fasst darin verschiedene Studien zum Thema zusammen.

Wie bereits beschrieben, sind Stressoren nach Antonovskys Modell nicht „an sich" pathogen, sondern durchlaufen zunächst einen Bewertungsprozess, der darüber entscheidet, ob sie so dominante Teilidentitäten betreffen, dass ihre Bewältigung beziehungsweise Nicht-Bewältigung sich auf die Identität der Person auswirkt. Kann nun die Spannung, die ein identitätsrelevanter Stressor hervorruft, befriedigend gelöst werden, kann es sogar zu einer Bereicherung für die Person kommen, die Spannung kann „heilsame" (ebd., 208) Auswirkungen auf ihre Gesundheit haben. Misslingt die Bewältigung, kann sich der Stressor negativ auf die Gesundheit der Person auswirken.

Im ersten Fall entsteht eine positive Spiralbewegung nach oben, es werden zum Beispiel aufgrund eines Spannungszustandes Ressourcen mobilisiert, die zu einer geglückten Zielerreichung führen. Das Gefühl von Selbstwirksamkeit wird gestärkt und so auch das Selbstgefühl und das Kohärenzgefühl, die beide im Identitätsgefühl abgespeichert sind. Aufgrund dieser positiven Erfahrungen und Abspeicherungen im Identitätsgefühl der Person wird auch eine zukünftige Situation eher als handhabbar, verstehbar und machbar angesehen werden, das Kohärenzgefühl der Person wird gestärkt und sie wird mehr Situationen positiv lösen können. Die Identität wird selbst zur Ressource.

Diese Spiralbewegung kann sich jedoch auch nach unten bewegen, eine stressreiche Erfahrung schwächt durch das Scheitern einer Passung von inneren und äußeren Anforderungen (s. oben) das Gefühl der Selbstwirksamkeit. Es entsteht im Identitätsgefühl, in dem sich Erfahrungen der eigenen Wertigkeit verdichten (Höfer, 2000, 214), ein Bild von sich selbst, das weniger kohärent ist und das sich auf die Bewertung und Bewältigung zukünftiger Situation negativ auswirkt. Die Identität kann so zu einer Belastung bei zukünftigen Stressoren werden.

Identität als Quelle des Kohärenzgefühls

Nach Antonovsky ist das Kohärenzgefühl für die (Wieder-)Herstellung von Gesundheit eine oder sogar die bedeutendste Ressource, wenn man davon ausgeht, dass Gesundheit das „Ergebnis eines Auseinandersetzungsprozesses von lebensweltlichen Belastungen" (Höfer, 2000, 211) ist. Nun soll aufgezeigt werden, wie Identität im Rahmen des Modells *Alltägliche Identitätsarbeit* an der Entwicklung des Kohärenzgefühls beteiligt ist.

Das zentrale Ziel der Identitätsarbeit ist das Herstellen einer Handlungsfähigkeit, aufgrund derer die Person Anforderungen, die das Leben an sie stellt, bewältigen kann. Deshalb finden im Prozess der Identitätsarbeit permanent Bewertungen statt.

Handlungen werden daraufhin bewertet, wie gut die eigenen Ziele durch sie verwirklicht werden können. Diese Bewertungen werden im Identitätsgefühl gebündelt: Das Identitätsgefühl

> „enthält Bewertungen über die Qualität und Art der Beziehung zu sich selbst (Selbstgefühl) und Bewertungen darüber, wie eine Person die Anforderungen des Alltags bewältigen kann (Kohärenzgefühl)" (Höfer, 2000, 212).

Wenn im Kohärenzgefühl also die Beurteilungen über die Handlungen der (alltäglichen) Identitätsarbeit abgespeichert werden (situative Selbstthematisierungen werden zu Teilidentitäten gebündelt, ihre Beurteilungen werden auf der Ebene der Meta-Identität, z.B. im Identitätsgefühl gespeichert), dann hat dieser alltägliche Prozess Auswirkungen auf das Ausmaß an Kohärenz, das die Person bei sich erlebt. Wie oben beschrieben („Spiralbewegung"), wirkt sich das erlebte Maß an Kohärenz im Sinne eines Gefühls der Machbarkeit, Verstehbarkeit und Handhabbarkeit wieder positiv oder negativ – gemäß der abgespeicherten Beurteilungen – auf die tägliche Identitätsarbeit aus. Der tägliche Prozess der Identitätsarbeit und dessen Beurteilung durch die Person sind also eine signifikante Komponente des Ausmaßes, in dem sie sich als kohärent erlebt.

An dieser Stelle möchte ich noch auf einen Kritikpunkt eingehen, den Höfer am Modell des Kohärenzgefühls nach Antonovsky äußert (Höfer, 2000, 309).

2.1.7.2.4   Exkurs: Wie veränderbar ist das Kohärenzgefühl im Laufe eines Lebens?

Höfer versteht Antonovskys Konzeption des Kohärenzgefühls als eine an Identitätsmodelle wie das von Erikson (1973) angelehnt: Das Kohärenzgefühl bildet sich im Laufe der Kindheit, Jugend und Adoleszenz, ist dann aber im frühen Erwachsenenalter abgeschlossen und verändert sich im Laufe des Lebens nicht mehr signifikant. Diese Ansicht habe auch ich bei Antonovsky gefunden:

> „Ich glaube, daß die eigene Lokalisation auf dem SOC-Kontinuum in der frühen Phase des Erwachsenenalters mehr oder weniger festgelegt wird" (Antonovsky, 1997, 105).

Zudem geht Antonovsky davon aus, dass zum Beispiel diejenigen Lebenserfahrungen, die ein hohes Kohärenzgefühl mit sich bringen, dieses hohe Ausmaß gleichzeitig wieder bestätigen, da sie von Verstehbarkeit, Handhabbarkeit und

Bedeutsamkeit gekennzeichnet sind. „Das führt dazu, dass die Lebenserfahrungen in der Regel die Grundhaltung bestätigen und diese damit stabil und überdauernd wird" (Bengel et al., 2001, 29).

Aus der im Vorigen beschriebenen Verknüpfung von alltäglicher Identitätsarbeit und Kohärenz ergibt sich nun aber, dass sich das Kohärenzgefühl abhängig von den Erfahrungen, die eine Person macht, verändern kann, und zwar in negativer wie in positiver Richtung. Das Kohärenzgefühl erscheint bei Höfer als eine veränderliche Komponente in einem Kreislauf aus täglichen Anforderungen, deren Bewältigung und der Abspeicherung der Beurteilungen dieser Bewältigungsversuche, die sich wiederum auf zukünftige tägliche Anforderungen und die Möglichkeit des Subjektes diese zu bewältigen, auswirkt.

Ich sehe diese dynamische Darstellung des Kohärenzgefühls als eine sehr plausible an, und habe bei der Lektüre von Antonovsky Anzeichen gefunden, dass auch er an anderer Stelle das Kohärenzgefühl als veränderbar ansieht. Er schreibt zum Beispiel in seinem Buch *Health, Stress and Coping* (1981), dass Stressoren das Kohärenzgefühl durchaus „durchschütteln" können („shake up the sense of coherence") und stellt fest: „To say that the sense of coherence is stable, enduring, and pervasive, does not, however, compel us to say that it is immutable" (Antonovsky, 1981, 186). Er geht davon aus, dass die Entwicklung des Kohärenzgefühls aus zwei Teilen besteht: der eine beinhaltet die Phase der Kindheit bis zum jungen Erwachsenenalter, in der sich das Kohärenzgefühl zunächst entwickelt. Der andere Teil betrifft die Modifikationen während des ganzen Lebens – „there is development throughout life until death" (ebd., 187).

Antonovsky geht davon aus, dass schwerwiegende Ereignisse im Leben eines Menschen dessen Kohärenzgefühl abschwächen können. Als Grund gibt er an, dass derartige Erfahrungen eine große Anzahl an unvorhersehbaren Erfahrungen mit sich bringen, was immer in einer signifikanten Abschwächung des Kohärenzgefühls mündet. Diese Abschwächung muss nicht für immer sein, aber es bedeutet nach Antonovsky harte Arbeit, Veränderungen einzuleiten, die in Richtung einer Erhöhung des Kohärenzgefühls gehen; zum Beispiel durch Psychotherapie (ebd., 188). Antonovsky nennt kein gegenteiliges Beispiel, aber gemäß seiner Argumentation müsste es dann auch möglich sein, dass identitätsrelevante Geschehnisse das Kohärenzgefühl auch stärken können (z.B. das Bestehen einer wichtigen Prüfung).

In diesen Ausführungen von Antonovsky sehe ich eine große Übereinstimmung mit dem dynamischen Modell von Höfer. Warum Antonovsky an anderer Stelle ein statisches Bild des Kohärenzgefühls postuliert, bleibt zu erforschen. Zumal er *Health, Stress and Coping* im Jahre 1979 geschrieben hat, wohingegen das Werk

Salutogenese, das in deutsch 1997 erschien, im Original unter dem Titel *Unraveling the Mystery of Health* im Jahre 1987 erschienen ist. Die Weiterentwicklung zu einem dynamischeren Modell wäre mir plausibler erschienen, als die entgegengesetzte Richtung. Obwohl eine Hypothese für diese Entwicklung seines Konzeptes eine zunehmende Orientierung an Erikson sein könnte, muss wohl hinter dieser Diskrepanz innerhalb Antonovskys Werk (zumindest an dieser Stelle) ein Fragezeichen bleiben.

Die Teilidentität Gesundheit/ Gesundheitshandeln

Auch die Betrachtung der Teilidentität Gesundheit/ Gesundheitshandeln gibt Aufschluss über die Auswirkungen, die der Identitätsprozess auf Gesundheit haben kann.

In der Teilidentität Gesundheit/ Gesundheitshandeln bündelt das Subjekt all jene Erfahrungen der alltäglichen Identitätsarbeit, die sich auf den Themenbereich Gesundheit und Krankheit beziehen. Dabei soll der Begriff Gesundheits*handeln* betonen, dass sich die Annahmen, die sich das Individuum bezüglich seiner Gesundheit bildet, auch zukunftsorientiert durch seine Handlungen ausdrücken. Diese gesundheits-/ krankheitsbezogenen Annahmen entsprechen den subjektiven Konzepten und Theorien, die Individuen von ihrer Gesundheit und Krankheit haben (vgl. Kap. 2.1.5).

Höfer postuliert, dass Subjekte ihre Teilidentitäten hierarchisch ordnen. So erscheinen Stressoren, die auf die einzelnen Teilidentitäten einwirken, relevanter oder irrelevanter für das Subjekt, je nachdem wie wichtig es die betroffene Teilidentität einstuft. Wird zum Beispiel von einer Person nun die Teilidentität Gesundheit unter der Perspektive „jung, schlank, gesund, fit" als besonders zentral eingestuft, trifft eine chronische Erkrankung, die die Leistungsfähigkeit einschränkt oder das äußere Erscheinungsbild nachhaltig verändert, diese Person in besonders identitätsrelevanten Maße und verlangt aufwendige Bewältigungsarbeit.

Die drei Schnittstellen zwischen dem Konzept der alltäglichen Identitätsarbeit und dem des Kohärenzgefühls – identitätsrelevante Stressoren, Identität als Quelle von Kohärenz und Teilidentität Gesundheit/ Gesundheitshandeln – haben Aufschluss darüber geben können, wie sehr der alltägliche Identitätsprozess eines Menschen Auswirkungen auf dessen Gesundheit haben kann.

2.1.7.2.5 Konsequenzen für das Salutogenesemodell

Es lässt sich zusammenfassend sagen, dass die Verknüpfung, die Höfer zwischen der Salutogenese und dem Modell der alltäglichen Identitätsarbeit schafft, zwei zentrale Neuerungen für ein fortgeführtes Salutogenesemodell bringt.

Der Aspekt der *identitätsrelevanten Stressoren* ist nicht völlig neu für das Modell der Salutogenese. Antonovsky verwendet das transaktionale Stressmodell um die individuelle Bewertung von Reizen als Spannung oder als Stress zu verdeutlichen. Das Konzept der Teilidentitäten, die mehr oder weniger identitätsrelevant sind, illustriert in meinen Augen Antonovskys Ausführungen sehr gut, aber ohne etwas entscheidend Neues hinzuzufügen.

Die *Teilidentität Gesundheit/ Gesundheitshandeln* ähnelt zunächst dem von Faltermaier geschaffenen Konzept des Gesundheitsbewusstsein und des Gesundheitshandelns, erweitert es aber um die *Zukunftsperspektive.* War dort das Gesundheitshandeln Resultat von früheren Lebenserfahrungen, steuert das Modell der alltäglichen Identitätsarbeit den Aspekt der zukunftsorientierten Entwürfe und Ziele bei, der ein Teil der alltäglichen Identitätsarbeit ist. Unter Kap. 2.1.5 habe ich dem Vorschlag Faltermaiers zugute gehalten, dass er die „Laienperspektive" im Gesundheitswesen stärkt, er den Laien – längst überfällig – Handlungsfähigkeit attestiert. Dies kann weitergedacht werden, indem ihnen hier zusätzlich die Fähigkeit zu geplanten, zukunftsorientierten Handlungen und Verhaltensweisen in Bezug auf ihre eigene Gesundheit zugesprochen wird.

In meinen Augen ist jedoch der Aspekt der *Identität als Quelle des Kohärenzgefühls* die entscheidendste Fortführung des Salutogenesekonzeptes. Dieses muss in seiner Zeit gesehen werden. Neuere Konzepte der Sozialwissenschaften konzipieren menschliches Leben als prozesshaft, dynamisch, sich dauerhaft verändernd, wie zum Beispiel das Modell der alltäglichen Identitätsarbeit. Deshalb sehe ich den Schritt Höfers, die Stabilität des Kohärenzgefühls, die Antonovsky über ein gesamtes Erwachsenenleben hinweg konzipiert hat, aufzuweichen, als den wichtigsten an. Es erscheint aus heutiger Sicht verfehlt, anzunehmen, die Widerstandsressourcen einer Person und dementsprechend ihre Lebenserfahrungen blieben das gesamte Leben gleich. Insofern passt diese Erweiterung das Salutogenesemodell an die heutige gesellschaftliche Struktur an und erhöht so ihre aktuelle Gültigkeit entscheidend.

Ein weiterer Vorteil, der sich aus einer Dynamisierung des Kohärenzgefühls ergibt, scheint zumindest aus theoretischer Sicht zu sein, dass es auf diese Weise möglich wird, über eine Stärkung des Kohärenzgefühls auch die Gesundheit einer Person positiv zu beeinflussen.

2.1.8 Zusammenfassung: Themenkomplex Gesundheit – Krankheit

Zu Beginn dieses Kapitels war von der mechanistischen Krankheitsdefinition der Biomedizin die Rede, und dass diese Definition nach heutigem Stand der Forschung nicht ausreichen kann, das komplexe Themengebiet Gesundheit und Krankheit abzubilden. Darauf folgend habe ich diejenigen Theorien vorgestellt, die in meinen Augen am aussagekräftigsten für eine Weiterentwicklung, oft auch Abkehr von diesem Modell stehen.

Fasse ich die Kernaussagen zu Gesundheit und Krankheit dieser Ansätze hier zusammen, entsteht ein mehrdimensionales, prozesshaftes Bild von Gesundheit, dessen einzelne Komponenten sich gegenseitig beeinflussen und das nur eingebettet in die soziale, kulturelle, ökologische und politische Umwelt des Einzelnen betrachtet werden kann.

Gesundheit besteht aus einer körperlichen, einer psychischen, einer sozialen Dimension, ist ein Wohlbefinden auch auf kultureller, politischer, ökonomischer etc. Ebene. Zur Verfügung stehende Ressourcen aller Arten (von Geld, sozialen Netzwerken, über Bildung bis hin zur physischen Konstitution) bestimmen Gesundheit signifikant mit. Gesundheit ist nicht nur negativ (Abwesenheit von Krankheit) bestimmt, sondern eigenständig und positiv. Sie lässt sich aber nicht klar von Krankheit abgrenzen, sondern es erscheint sinnvoll, ein Kontinuum anzunehmen, auf dem Gesundheit und Krankheit nur die Extrempole darstellen und die Realität durch Mischformen beschrieben wird. Auf diesem Kontinuum ist der momentane Standpunkt einer Person weniger aussagekräftig als die Richtung, in die sie sich bewegt: Gesundheit und Krankheit können so nicht als stabile Zustände begriffen werden, sondern als ein dynamischer und andauernder, alltäglicher Prozess[24] von Belastung und Bewältigung.

---

[24] In diesem Zusammenhang schlagen Singer; Brähler (2007, 9) vor, nicht von Gesund*heit* sondern von Gesund*ung* zu sprechen. Es soll die Prozesshaftigkeit ausdrücken und den Menschen als bio-psycho-soziale Einheit betonen. Davon abgrenzend impliziert der Begriff Genesung den Bezug auf nur eine bestimmte Krankheit.

Die Rolle des einzelnen Subjektes wandelt sich vom passiven Patienten (*lat.* patiens: Leidender, Duldender, Geduldiger) zu einer aktiven Gestaltung: einerseits ist Gesundheit immer bestimmt durch aktives Handeln der Person, andererseits wird ihr Definitionsmacht über ihren eigenen Zustand und mögliche Einflussmöglichkeiten explizit zuerkannt. Die subjektiven Vorstellungen zu Gesundheit und Krankheit müssen als wertvolle Ressource gelten, die in einem Heilungsprozess nicht zu unterschätzen sind. Die Biographie eines Menschen, seine Lebenserfahrungen ebenso wie seine Zukunftsplanungen bestimmen den momentanen Standort und die Bewegungsrichtung auf dem Gesundheits-Krankheits-Kontinuum mit. Somit kann Gesundheit als eine *Fähigkeit* (Kickbusch, 2006) gesehen werden, Ressourcen gezielt einzusetzen, abzuwägen, auszuhandeln, Einfluss zu nehmen, beziehungsweise als ein dynamischer Zustand, der auf einem *biopsychosozialen Potential* (Bircher; Wehkamp, 2006, 53) basiert. Gesundheit entsteht im täglichen Handeln.

2.2 Die Institution Krankenhaus

Im Krankenhaus geht es darum, Krankheit zu heilen oder zumindest zu lindern und Gesundheit wieder herzustellen. Betrachtet man Gesundheit nun aber so umfassend wie oben beschrieben, kann es sich im Krankenhaus nur um einen sehr kleinen Ausschnitt des Gesundungsprozesses handeln. Dennoch bin ich der Meinung, dass eine Stärkung von Gesundheit eben genau im Krankenhaus beginnen kann. Hier hat die kranke Person direkten Kontakt mit dem Gesundheitswesen, und dieser direkte Kontakt kann zu einer heilsamen Ressource werden, kann Gesundung anregen und unterstützen. Der Umgang mit der kranken Person, das Verständnis von Gesundheit und Krankheit, das hier mitgeteilt wird, ist entscheidend für die weitere Krankheitsbewältigung. Bevor ich jedoch mögliche Auswirkungen der Institution auf das Individuum beschreibe, sollen zunächst die Entstehung des heutigen Krankenhauses und die organisatorischen Umrisse der heutigen Institution Krankenhaus aufgezeigt, von verschiedenen Fachrichtungen vorgetragene Kritikpunkte am Krankenhaus nachgezeichnet, und die derzeitigen Entwicklungen der stationären Patienten-/ Patientinnenbetreuung beschrieben werden.

2.2.1 Historische Wurzeln des Krankenhauses

Um das Krankenhaus in seiner heutigen Gestalt und Ausformung zu verstehen, lohnt es sich, einen Blick auf die Geschichte der Entstehung moderner Krankenhäuser zu werfen, da sich viele aktuelle Eigenschaften der Institution Krankenhaus auf ihre historischen Besonderheiten zurückführen lassen. Auch die charakteristische Ausformung der Arzt- und Patientenrollen findet hier eine Erklärung. Die vorgestellte Entwicklung bezieht sich nur auf das Gebiet des deutschen Sprachraums, da selbst in den Nachbarländern die Entstehungsgeschichte des Krankenhauses nicht immer parallel verlief.

Hervorgegangen sind Krankenhäuser in unserem Sinne, also zum Zwecke der Behandlung von körperlichen, geistigen und/ oder seelischen Leiden, aus Häusern der Armenfürsorge. Diese Entwicklung verlief keineswegs geradlinig und kontinuierlich.

> „Die alten Spitäler weisen nämlich zum Teil bereits recht früh Grundzüge eines Krankenhauses im heutigen Sinne auf, während sogenannte Krankenanstalten bis ins 19.

Jahrhundert und sogar bis ins 20. Jahrhundert durchaus noch in einzelnen Bereichen die traditionellen Hospitalfunktionen ausübten" (Jütte, 1996, 32f.).

Der Wendepunkt zwischen Armenspital („Herberge zum lieben Gott") und Krankenanstalt („Werkstätte zur Beseitigung fehlerhafter Körperzustände", Jetter, 1986, 199) ist um 1800 anzusiedeln, realistisch gesehen handelte es sich aber wohl eher um eine Übergangszeit von ca. 1750 bis 1870 (Jetter, 1973, 110).

Was unterschied nun die früheren Spitäler von den moderneren Krankenanstalten und welche Faktoren spielten eine Rolle bei dieser Entwicklung? Die Hospitäler[25] der mittelalterlichen Städte waren Asyle für Hilflose und Arme, letzte Zufluchtsstätten. Ärzte gab es dort üblicherweise nicht (Labisch; Spress, 1996, 14). Grundlage waren christliche Nächstenliebe und Erbarmen mit Armen und Kranken. Zentral in der Betreuung war einerseits die „Heils"-Pflege, also eine auf das geistige und leibliche Wohl fokussierte Pflege, die ausschließlich christlich motiviert war (sie war unbezahlt), und andererseits die Gottesdienste (Jütte, 1996, 41ff.). Frühe Spitäler bestanden aus länglichen Räumen, an deren Wänden Betten aufgereiht waren – mit der Möglichkeit, von jedem einzelnen aus den Altar an einer Stirnseite des Gebäudes zu sehen und den Priester hören zu können. Die Gottesdienstzeiten bestimmten den Tagesablauf im Hospital (Jetter, 1973, 26ff.).

Neben den Armenasylen entstanden eine Reihe von anderen Einrichtungen wie die sog. „Pesthäuser" (hier ging es um Absonderung der Kranken von den Gesunden) und die „Blattern- oder Warzenhäuser". Dabei handelte sich um Spitäler für Syphiliskranke mit neuerdings *therapeutischen* Aufgaben. Es wurden nur kranke Menschen aufgenommen (Jütte, 1996, 34f.). Größtenteils kamen aber *bedürftige* Kranke in diese Einrichtungen. Sie spielen jedoch als nun vorwiegend auf Heilung von Kranken ausgerichtete Anstalten für die Entwicklung vom Hospital zum Krankenhaus eine entscheidende Rolle.

Im Laufe des 18. Jahrhunderts erweiterte sich das Aufgabenfeld des Hospitals um den Bereich der Behandlung Kranker. Es gab nun auch Ärzte in den Spitälern, die Pflege war nicht mehr der einzig zentrale Aspekt der Betreuung, sondern wurde zu einem komplementären Tätigkeitsbereich zur (ärztlichen) Behandlung (Jütte, 1996, 41f.). Im ausgehenden 18. Jahrhundert änderte sich der Charakter der Hospitäler. Die *Behandlung von Kranken* nahm immer mehr Platz ein – zum Beispiel

---

[25] Die Wörter Spital und Hospital haben ihren etymologischen Ursprung im lateinischen „hospes", das mit *Gast* oder *Gastfreund* zu übersetzen ist, aber auch mit *Fremder* (Jetter, 1986, 10).

wurde in Wien das Hospital grundlegend umgebaut, stark vergrößert und auch umbenannt. Es hieß nun „Allgemeines *Kranken*haus" (Jetter, 1973, 110).

Obwohl immer noch der große Anteil der Patientinnen und Patienten arm war, nahm das Krankenhaus jetzt die Gestalt eines Ortes der Krankenversorgung – im Gegensatz zur Armenfürsorge – an (Paul, 1996, 107f.). Es muss jedoch erwähnt werden, dass die therapeutischen Möglichkeiten dieser Zeit noch relativ gering, sowie aus heutiger Sicht zweifelhafte Maßnahmen wie exzessiver Aderlass, noch üblich waren.

Wer es sich leisten konnte, ließ sich aber weiterhin zu Hause behandeln, denn mangels angemessener hygienischer Zustände und dem Wissen um Kontaktinfektionen bzw. steriler Wundversorgung starben viele Hospitalpatientinnen und -patienten. In der 1727 erbauten Charité in Berlin starben zum Beispiel bis ca. 1800 ein Drittel aller Patienten (Bleker, 1996, 131). Insofern war das Hospital zu dieser Zeit im Bereich der Krankenversorgung eine noch relativ unbedeutende Einrichtung. Es bot der mittellosen Bevölkerung der (schnell wachsenden) Städte bei Erkrankungen Zuflucht und ersetzte familiäre Betreuung wo sie durch eben diese demographische Entwicklung nicht mehr verfügbar war (Thomann, 1996, 146).

Zu Beginn des 19. Jahrhunderts veränderte sich der Umgang mit Krankheit an sich. Krankheiten sollten nun als „isolierbare Ereignisse serieller Natur" (Foucault, 1999, 112) betrachtet werden, und dies ging am Besten, wenn man viele Patientinnen und Patienten unter denselben Bedingungen beobachten konnte. Ziel war es, Aussagen über das Wesen, aber auch die Prognose der Krankheit machen zu können[26].

War man wenige Jahrzehnte früher noch davon ausgegangen, dass die Familie der eigentliche Ort für Kranke sei, da hier natürliches Mitleid zur besten Pflege führen musste, sah man nun im häuslichen Milieu die Krankheit „verschleiert und modifiziert" (ebd., 123). Vergleiche der besseren Erkenntnis wegen waren dort erschwert zu ziehen.

> „Sobald für die medizinische Erkenntnis Häufigkeitsverteilungen relevant werden, braucht man nicht mehr ein natürliches Milieu, sondern einen neutralen, in all seinen Teilen homogenen Bereich, der ausnahmslos für jedes pathologische Vorkommnis offen ist und somit den Vergleich ermöglicht" (ebd.).

---

[26] Hier ging es zum Beispiel um wahrscheinliche bzw. unwahrscheinliche Krankheitsverläufe. Pierre-Simon Laplace (1749-1827) hatte kurz zuvor die Wahrscheinlichkeitsrechnung eingeführt.

Mitte des 19. Jahrhunderts gab es große Fortschritte auf dem Gebiet der Medizin, vor allem der Chirurgie, die nun zum repräsentativen Aushängeschild der Krankenhäuser wurde. Durch die Entwicklung der Antisepsis durch Lister 1867 sank die Infektionsrate bei Operationen. Durch dieses noch sehr aufwendige Verfahren entfachte sich zudem eine Diskussion über die Hygienezustände im Krankenhaus. Fünfzehn Jahre später wurde die Bedeutung der Kontaktinfektion nachgewiesen und mit Sterilisation und Desinfektion gelangen der Medizin bahnbrechende Verbesserungen bei der Krankenversorgung (Thomann, 1996, 147ff.).

Diese Erfolg versprechenden Verfahren waren jedoch zu aufwendig um sie außerhalb eines Krankenhauses durchzuführen, so dass das ambulante Operieren immer mehr an Bedeutung verlor und die Krankenhäuser nun auch von wohlhabenderen Patienten und Patientinnen aufgesucht wurden. Diese Entwicklungen hatten zur Folge, dass die Krankenhausärzte, allen voran die Chirurgen, an Macht und Einfluss im Krankenhaus gewannen: der Pflege gegenüber, aber auch der Administration.

> „Drei Jahrzehnte hatten gereicht, um die Chirurgie vollständig umzugestalten. Das Krankenhaus war rehabilitiert, es war nicht mehr die Stätte, in der chirurgische Patienten höchster Lebensgefahr ausgesetzt waren" (ebd., 153).

Das Krankenhaus hatte aber auch die gesellschaftspolitische Aufgabe, Arbeitskraft möglichst schnell wieder herzustellen, Arbeitsausfälle zu reduzieren und somit die Produktivität von Deutschland, jetzt eine aufsteigende Industrienation, zu sichern. Die Entwicklung des modernen Krankenhauses galt als eine Parallele zur Industrialisierung. Industrie galt als der produktivste Einsatz an Ressourcen, und so war das Krankenhaus „die gesundheitspolitische Antwort auf die industrielle Entwicklung". Handwerksbetriebe, ebenso wie niedergelassene Arztpraxen galten als antiquiert (ebd., 154).

Aus dieser Entwicklung heraus wird ersichtlich, warum der Charakter des modernen Krankenhauses nicht durch Barmherzigkeit und Fürsorge, sondern durch Technikorientierung und Sterilität geprägt ist. Es handelte sich um weitreichende Errungenschaften, die der Medizin bis dahin unvorstellbare Fortschritte brachten und den Menschen ungleich höhere Chancen auf Heilung. Auch die Verwissenschaftlichung der Medizin spielt eine Rolle in der Entwicklung zum heutigen Medizin- und Krankenhaussystem. Wissenschaftlichkeit war sehr wichtig geworden. So lehrte Ende des 19. Jahrhunderts z.B. ein berühmter Ordinarius für Innere Medizin, B. Naunyn, „Medizin muss Wissenschaft sein, oder sie wird nicht sein"

(Lown, 2002, V). (Natur-)Wissenschaftliches Arbeiten ging einher mit Affektneutralität.

Aber auch die Einstellung der Menschen zu ihrer Gesundheit wandelte sich in dieser Epoche signifikant. War früher Gesundheit und Krankheit gottgewollt – man hatte sich seinem Schicksal zu fügen – entstand nun eine neue Denkweise. Jeder Mensch habe das Recht auf Gesundheit, Unversehrtheit, Leistungs-, aber auch Genussfähigkeit. Es war nun die Pflicht des Staates, diese Rechte zu sichern (Hartmann, 1984, 149). Parallel dazu entwickelte Otto v. Bismarck das soziale Versicherungssystem. 1883 wurde die Krankenversicherung eingeführt, was innerhalb kurzer Zeit zu einer Verdopplung der Krankenhauskapazitäten führte. 1884 folgte die Unfallversicherung, auch diese mit Auswirkungen auf die Krankenhäuser, vornehmlich auf die chirurgischen Abteilungen. Es folgten noch die Alters- und Invalidenversicherung, wodurch der Gedanke der vorsorgenden Anstaltsbehandlung genährt wurde (Labisch; Spress, 1996, 266).

Als in den 1950er Jahren die Antibiotika-Ära ihre Blüte erreichte, glaubte man auf natürliche Heilfaktoren, die aus der Zeit vor der Antisepsis stammten, ganz verzichten zu können. So verließ man auch in der Krankenhausarchitektur die Tradition der luftigen und hellen Konstruktionen und der vielen Terrassen, die frische Luft und Sonnenlicht zu den Patientinnen und Patienten bringen sollten (Murken, 1988, 226), zudem waren in der Wiederaufbauphase nach dem zweiten Weltkrieg die Neuplanungen von Rationalisierung geprägt.

Mit diesen Entwicklungen standen die Eckpfeiler unseres heutigen Gesundheitssystems und die weltanschaulichen Grundgedanken des heutigen Krankenhauses. So großartig diese Errungenschaften in der damaligen Zeit (auch für unsere heutige medizinische Versorgung) waren, so sehr zeigt sich, wie veraltet dieses System in der heutigen, postindustriellen Zeit sein muss; einer Zeit, in der Infektionskrankheiten weit hinter degenerativen, chronischen und altersbedingten Krankheitsbildern zurücktreten, die einer völlig anderen Behandlungslogik bedürfen. Bernard Lown, ein erfolgreicher und berühmter Kardiologe, der das „Vergessen der Heilkunst" zugunsten einer technologischen Medizin beklagt, fasst diese Entwicklung zusammen:

> „Die Reise der Medizin als eine Wissenschaft hat uns weit gebracht. Das meiste daran ist positiv. Es wäre töricht, wieder zum geneigten Kopf mit einem auf Körpergeräusche eingestimmten Ohr zurückkehren zu wollen, um fehlerhafte Funktionen an Herz und Lungen zu diagnostizieren. Aber wissenschaftlicher Fortschritt und technologische

Neuerungen berechtigen noch lange nicht, jene Qualitäten über Bord zu werfen, welche die Intimität verstärken und die Fürsorge fördern" (Lown, 2002, 22).

Aus dem damals vorherrschenden naturwissenschaftlichen Menschenbild, dem dualistischen Maschinenmodell von „Körpern ohne Seelen" und „Seelen ohne Körper" (Uexküll, v., 1961, zit. nach Frischenschlager, 1995, 84), den bahnbrechenden Fortschritten der Medizin Ende des 19. Jahrhunderts und in der ersten Hälfte des 20. Jahrhunderts, verfestigte sich das Bild vom Patienten, der aufgrund eines körperlichen Defektes von Spezialisten im Krankenhaus „repariert" werden musste – aber auch konnte. Die häufige Hilflosigkeit der Ärzte gegenüber zum Beispiel Infektionen war einem „Alles-ist-machbar"-Gefühl der modernen Ärzteschaft gewichen. Es herrschte der Glaube an den linearen Fortschritt vor, „dass alle ‚Leiden' behoben werden können, wenn man lange genug nach deren Ursache forscht" (Höfer, 2000, 72).

Daraus ergab sich die Vorstellung der unmündigen und unwissenden Patientinnen und Patienten, die dem Folge zu leisten hatten, was die „Halbgötter in Weiß" anordneten. Die Laienperspektive der Patientinnen und Patienten schien da von keinem Nutzen, hatte man das „Unwissenschaftliche" doch gerade erst mit viel Erfolg hinter sich gelassen.

Vor allem die Verwissenschaftlichung der Medizin hat – neben all den unbestrittenen Errungenschaften – deutliche Spuren in der Ausprägung des heutigen Krankenhauses hinterlassen. Die Abstraktion der Krankheit vom kranken Menschen, sogar von seiner natürlichen Umgebung, um die wahre Gestalt der Krankheit erkennen zu können, hat große Erfolge gefeiert. Ob allerdings unter heutigen Umständen und auf der Grundlage eines umfassenden Verständnisses von Gesundheit und Krankheit dies immer noch der beste Weg ist, bleibt zu bezweifeln.

2.2.2 Das Krankenhaus – Organisation

Im Folgenden soll die Organisation der heutigen Institution Krankenhaus dargestellt werden. Dies hat zum Ziel, die rechtlichen Grundlagen, aber auch die institutionsimmanenten Spannungsfelder aufzuzeigen, die sich aus organisatorischen Gründen ergeben.

Die Organisation eines heutigen Krankenhauses besteht vorrangig aus drei Säulen: der Ärzteschaft, der Pflege und der Verwaltung. Diese Bereiche sind in sich meist recht klar hierarchisch gegliedert und werden von je einer Person (ärztlicher Direktor/ -in, Pflegeleitung und Verwaltungsdirektor/ -in) geleitet, aus denen sich wiederum die Klinikleitung zusammensetzt.

Die meisten Krankenhäuser befinden sich in öffentlicher Hand, jedoch werden mehr und mehr Häuser von privaten Betreibern übernommen. Inzwischen gibt es eine Reihe von „Krankenhaus-Ketten" (z.B. Helios, Paracelsus, Asclepios), das heißt von privaten Firmen, die öffentliche Krankenhäuser übernehmen, z.B. in GmbHs umwandeln und dann privat betreiben.

Die gesetzliche Definition von Krankenhäusern lautet gem. SGB V, §107 (1):

„Krankenhäuser im Sinne dieses Gesetzbuches sind Einrichtungen, die
1. der Krankenhausbehandlung oder Geburtshilfe dienen,
2. fachlich-medizinisch unter ständiger ärztlicher Leitung stehen, über ausreichende, ihrem Versorgungsauftrag entsprechende diagnostische und therapeutische Möglichkeiten verfügen und nach wissenschaftlich anerkannten Methoden arbeiten,
3. mit Hilfe von jederzeit verfügbarem ärztlichen, Pflege-, Funktions-, und medizinisch-technischem Personal darauf eingerichtet sind, vorwiegend durch ärztliche und pflegerische Hilfeleistung Krankheiten der Patienten zu erkennen, zu heilen, ihre Verschlimmerung zu verhüten, Krankheitsbeschwerden zu lindern oder Geburtshilfe zu leisten, und in denen
4. die Patienten untergebracht und verpflegt werden können."

Der gesetzliche Auftrag eines Krankenhauses findet sich in §2 Nr.1 des Krankenhausgesetzes:

„Eine Einrichtung zur stationären Patientenbehandlung (...), in der „durch ärztliche und pflegerische Hilfeleistungen Krankheiten, Leiden oder Körperschäden festgestellt, geheilt oder gelindert werden (...)." (Lecher, 2002, 11).

Insgesamt gibt es in der Bundesrepublik Deutschland 2.104 Krankenhäuser mit 510 800 Betten. Jährlich werden 16,8 Mio. Patientinnen und Patienten im Krankenhaus behandelt (Zahlen aus dem Jahr 2006. Deutsche Krankenhausgesellschaft, 2008). Rechnet man medizinisches, pflegerisches und Verwaltungspersonal zusammen, kommen auf eine Patientin/ einen Patienten ca. 1,5 im Krankenhaus Beschäftigte. Noch nicht mit gerechnet ist der gesamte Servicebereich wie Wäscherei, Küche, Bettenzentrale etc. (vgl. Braun, 1994, 104). Die Krankenhausversorgung macht 31% der gesamten Gesundheitskosten Deutschlands aus (Lecher, 2002, 12f.).

Es handelt sich also um gewaltige Dimensionen. Auch jedes einzelne Krankenhaus steht vor der großen organisatorischen Aufgabe, komplexe diagnostische und therapeutische Abläufe zu koordinieren und dabei zumindest kostenneutral zu arbeiten.

Also schwelt ein Dauerkonflikt in der Institution Krankenhaus, der sich aus der Doppelrolle ergibt, die ein Krankenhaus immer innehat: Einerseits soll es eine humane Einrichtung sein, die uneigennützig kranke Menschen heilen, oder zumindest ihre Leiden mindern soll. Dabei sollen alle zur Verfügung stehenden Mittel eingesetzt werden. Andererseits muss sich ein Krankenhaus auch finanziell rechnen, es muss wirtschaftlich mit seinen Ressourcen umgehen (im Falle von privaten Trägern sogar Profit bringen).

> „Auf der Ebene der Organisation gelten andere Werte und Orientierungen als auf der Ebene der direkten Betreuung von Patienten. Um diese unterschiedlichen Werte haben sich je eigene Kulturen, Kommunikationsweisen und Sprachen gebildet, die sich im Konflikt oft verständnislos, auch feindlich gegenüber stehen. Der jeweilige Sinn beider Ebenen muss explizit, kommunizierbar gemacht werden, denn beide haben ihre Berechtigung und beide sind nicht bruchlos ineinander überführbar" (Wehkamp, 2004, 21).

Oft existieren in einem Krankenhaus daneben noch andere Interessen und Verpflichtungen, die wiederum mit den Zielen der Ärzteschaft/ Pflegenden und den Zielen des Managements konkurrieren, z.B. Unterricht, Forschung und personalorientierte Ziele (Seidl; Walter, 1979, 63).

2.2.3 Das Krankenhaus – aus medizinsoziologischer Sicht

In den 1970er Jahren beforschten eine Reihe von Soziologinnen und Soziologen das Krankenhaus als Institution und als Ort von Interaktion (vgl. z.B. Siegrist, 1978; Engelhardt et al., 1973; Rohde-Dachser, 1970; Rohde, 1975; Raspe 1976). Sie haben wertvolle Informationen über die Institution Krankenhaus gesammelt, mussten sich aber später auch für allzu viel Pathologisierung der Strukturen kritisieren lassen.

> „Im Extrem sieht das so aus, dass das Krankenhaus und seine Subsysteme für „krank" erklärt werden, und einem einfachen mechanistischen Ursachenmodell folgend wird angenommen, dass die Patienten unter diesen Umständen zwangsläufig leiden oder regredieren. In dem hinter solchen Vorstellungen stehenden Menschenbild ist kein Platz für einen Patienten als Subjekt, der die Bedingungen im Krankenhaus selbst einschätzt

(bewertet, mit anderen Lebensbedingungen vergleicht, im gegebenen Rahmen handelt) und der sich aktiv Spielräume für eine Einflussnahme eröffnet" (Böhm, 1993, 29).

Ich kann diese Einwände nachvollziehen, bin aber trotzdem der Meinung, dass die oben aufgeführten Studien an dieser Stelle gut geeignet sind, die Institution Krankenhaus[27] zu beschreiben. Diese Studien haben zudem ein wichtiges Stück Arbeit geleistet in Hinsicht auf die Wahrnehmung von Patientenbedürfnissen im Krankenhaus.

Aus soziologischem Blickwinkel ist ein Krankenhaus zunächst einmal eine Institution. Diese wurden 1976 von Raspe definiert als:

> „komplexe, aber auch fest umrissene und wohlausgeformte Regulativmuster sozialen Handelns. Sie entlasten die gehorsam in ihrem Bann stehenden Personen aus der Unsicherheit und Unvorhersehbarkeit ständiger Improvisation und Neuschöpfung des Verhaltens dadurch, dass sie vorgefertigte, genormte Handlungsketten bereitstellen und ihren Gebrauch zu bestimmten Anlässen zwingend vorschreiben oder wenigstens nahelegen" (Raspe, 1976, 1).

Diese Regularien haben aber in großen Institutionen wie Krankenhäusern auch den Sinn, die Funktionsfähigkeit aufrecht zu erhalten.

> „Lebensbedürfnisse einer größeren Anzahl von Individuen an einem Ort aufeinander abzustimmen und zu befriedigen, setzt in beträchtlichem Umfang Reglementierung, mithin Voraussehbarkeit des Handelns und der zu erbringenden Leistung voraus. (...) Daher ist jede Anstalt mehr oder weniger gezwungen, eine Ordnung zu deklarieren und über ihre Einhaltung zu wachen" (Siegrist, 1976, 27).

Böhm (1993) geht noch weiter als Raspe und charakterisiert Krankenhäuser im Sinne Erving Goffmans als „totale Institutionen" (Goffman, 1961). Goffman selber rechnet Krankenhäuser nicht explizit zu der Kategorie „totale Institutionen" (ebd., 16f.) – seine Untersuchungen fanden zum größten Teil in psychiatrischen Kliniken

---

[27] An dieser Stelle möchte ich nochmals betonen, dass mein Gebrauch des Wortes „das Krankenhaus" verallgemeinernd gemeint ist. Hier soll kein einziges engagiertes Projekt zur Humanisierung des Krankenhauses „unter den Teppich gekehrt" werden, keine (wünschenswerten!) Veränderungen negiert werden. Wenn ich im Folgenden von „dem Krankenhaus" schreibe, meine ich die in Deutschland am häufigsten zu findende, am biomedizinisch-mechanistischen Modell von Krankheit (vgl. Kap. 2.1.1) orientierte Institution Krankenhaus.

statt und beziehen sich darüber hinaus auf Gefängnisse, Kasernen etc. – jedoch lassen sich durchaus Elemente seiner Beschreibungen auch auf Krankenhäuser anwenden – z.B. folgende Merkmale, die Böhm auflistet:

- „die meisten Personen sind uniformiert
- das Verhalten im Krankenhaus ist hochgradig ritualisiert
- die verschiedenen Funktionsgruppen grenzen sich in kastenähnlicher Weise voneinander ab
- Individuen folgen in starkem Maße den rollenspezifischen Erwartungen, die an sie herangetragen werden" (Goffman, 1972; zit. nach Böhm, 1993, 22).

Mit Blick auf die Patientinnen und Patienten, beurteilen Rohde; Rohde-Dachser diese Ausformung von Krankenhaus als eine Art „totaler Institution" kritisch und als unverhältnismäßig.

> „Der Kranke empfindet die Grundstimmung der Krankenhauskultur als apersonal, wenn nicht inhuman, und zweifellos wären viele allzu penetrante Symbole der Affektneutralität im Krankenhaus (weiße Wände, weiße Kleidung, weiße Möbel) entbehrlich" (Rohde; Rohde-Dachser, 1970, 54).

Klare Regeln und Normen sind jedoch ein notwendiger Aspekt der Institution Krankenhaus. Als weitere, den reibungsarmen Ablauf des Krankenhauses garantierende Aspekte werden wissenschaftliche Rationalität und Affektneutralität aufgeführt. Von Seiten der Patientinnen und Patienten sieht es jedoch oft nach menschlicher Distanz aus.

> „Diese Distanz soll nicht verharmlost, aber ebenso wenig verteufelt werden. Letztlich impliziert alles Erkennen ein Sich-Distanzieren, und von jedem Sich-Distanzieren geht etwas wie lähmende Kälte aus. Der erkennende Blick hat – im Gegensatz zur vollmenschlichen Begegnung – etwas vom Blick der Medusa, er „fixiert" das Begegnende, macht es erstarren. Freilich nicht nur: Distanzieren setzt Partizipieren voraus; doch behält ersteres im Erkenntnisprozeß die Oberhand. Deswegen in Verschwommenheiten auszuweichen oder überhaupt auf alles Erkennen zu verzichten, hilft nicht weiter. Es hat keinen Sinn, aus falsch verstandener Humanität auf alle Diagnostik zu verzichten (...). Vergessen wir dabei nicht: Grundlage des Erkennens, des Diagnostizierens war und ist die Typisierung von Ereignissen. Diagnostizieren besteht immer aus diesem Substrat" (Raspe, 1976, 7f.).

2.2.4 Aktuelle Entwicklungen im Krankenhauswesen

Waren in den 1960er Jahren[28] die Rollen noch klar verteilt und von Asymmetrie geprägt – der Arzt als Heilender, als „Halbgott in Weiß", die Patientinnen und Patienten als Erduldende – wurde in den 1970er Jahren, wie gerade beschrieben, die Diskussion um die Humanisierung des Krankenhauses laut. Bürgerrechte und Demokratisierung waren brennende Themen auch im Gesundheitswesen. Während der 1980er Jahre wurden zum ersten Mal die Grenzen des Sozialstaates diskutiert. Patientinnen/ Patienten wurden zu Mitakteuren, ihre Rolle wurde unter anderem dadurch gestärkt, dass sie sich auch durch ihre Position als Beitragszahler als Leistungs*erbringer* sahen; auch die Selbsthilfebewegung erstarkte. In den 1990er Jahren galt das Gesundheitswesen – pointiert formuliert – als der „Markt für den Erwerb des individuellen Gutes Gesundheit". Es ging um Angebot und Nachfrage, wobei die Ärztin/ der Arzt als Anbieter oder Verkäufer fungierten, und aus Patientinnen/ Patienten Kunden, Käufer, Konsumenten, Verbraucher wurden. Das Krankenhaus wurde nun auch auf Effizienz und Kundenzufriedenheit hin untersucht (Trojan, 1998, 16ff.).

Das Krankenhauswesen in Deutschland wandelte sich in den letzten Dekaden in enormem Ausmaß. Bruckenberger (2006, 33) illustriert diese Entwicklungen anhand einiger Zahlen: Während in den letzten 15 Jahren in Deutschland die Anzahl der vollstationär behandelten Fälle um 18,7% gestiegen ist, sind die Anzahl der Betten um 18,6% und die Verweildauer um 36,4% gesunken, ebenso die Anzahl der Krankenhäuser um 7,7%. Diese Zahlen beziehen sich auf den Zeitraum 1992-2003, wobei es sich um weiterhin anhaltende Trends handelt. Es wird von einem weiteren Bettenabbau um 15-30% in den nächsten Jahren ausgegangen, was weitere Krankenhausschließungen mit sich bringen wird (ebd., 84).

Das eindringlichste Schlagwort aber, das nun schon seit geraumer Zeit unauflöslich mit dem Gesundheitswesen im Allgemeinen und dem Krankenhaus im Speziellen verbunden ist, heißt *Kostendämpfung*. Ein extremer Effizienzdruck lastet durch die zunehmende Unterfinanzierung der Sozialversicherungen auf dem Gesundheitssystem (Richter, 2008, B1146), und so hatten sämtliche Gesundheitsreformen der letzten Regierungen nicht die Reformierung der Gesundheit, sondern

---

[28] Diese Zehn-Jahres-Schritte seien als grober Überblick gedacht, ohne Anspruch auf Vollständigkeit. Eine Verallgemeinerung ist billigend in Kauf genommen, da es an dieser Stelle um die Darstellung einer Entwicklungslinie geht, nicht um eine feingliedrige, historische Aufarbeitung der Krankenhausgeschichte.

die ökonomischen Folgen von Krankheit (Hontschik, 2006, 18) und das Einsparen von Finanzmitteln zum Ziel. Die Strukturen des Systems und dessen Grundprinzipien wurden nicht angetastet (Faltermaier, 2005, 10).

2.2.4.1 Das Gesundheits-Modernisierungs-Gesetz

Die Einführung der Diagnosis Related Groups (DRGs) stellt wohl die einschneidenste Veränderung des Krankenhauswesens in den ersten Jahren des neuen Jahrtausends dar. Durch das zum 1.1.2004 in Kraft getretene Gesundheits-Modernisierungs-Gesetz (GMG) sollte die Versorgung im Krankenhaus effizienter aber vor allem auch kostensparender strukturiert werden. Für die Krankenhäuser wurde diese Umstrukturierung am spürbarsten durch die veränderte Vergütungsregelung. Wurden Krankenhausleistungen davor anhand von Tagessätzen vergütet, geschieht dies nun anhand der DRGs, so dass den Krankenhäusern je nach Diagnose eine bestimmte Pauschale bezahlt wird, unabhängig von der jeweiligen Liegedauer der betroffenen Person und den tatsächlich erbrachten Leistungen (Jedrzejczak, 2006, 22; Flintrop, 2006, 2683). Unter anderem hat dies große Auswirkung auf die durchschnittliche Verweildauer im Krankenhaus. Patientinnen und Patienten liegen immer kürzer und dementsprechend kränker im Krankenhaus – mit Auswirkungen auf die benötigte Pflege- und Behandlungsintensität (Bartholomeyczik, 1993, 86). Die Rechnung: weniger Patienten/ Patientinnen ist gleich weniger Personal ist also nur bedingt richtig. Vor allem den speziellen Bedürfnissen chronisch Kranker ist auf diese Weise kaum zu begegnen (Flintrop, 2006, 2684).

Methoden aus der modernen Betriebsführung und betriebswirtschaftliche Überlegungen der Unternehmensführung sollen Abhilfe schaffen wie zum Beispiel Finanzcontrolling (Thiede, 2006, 277) oder andere wirksame Controlling- und Steuerungsinstrumente (Lohfert, 2006, 326). Neben diesen Maßnahmen auf rein organisatorischer Ebene werden Methoden der modernen, ökonomiezentrierten Betriebsführung auch auf die medizinischen und pflegerischen Abläufe im Krankenhaus übertragen – mit dem Ziel, effizienter und dabei vor allem preiswerter zu arbeiten. Im GMG ist seit 2004 unter anderem die Durchführung von Qualitätsmanagement im Krankenhaus verpflichtend festgeschrieben.

Als ein Beispiel für Umstrukturierungen auf der Behandlungsebene lässt sich die Einführung von Patientenpfaden (Clinical Pathways, CPW) nennen. Man versteht unter Patientenpfaden Handlungsempfehlungen, die abhängig von der Diagnose beziehungsweise der geplanten Maßnahmen sämtliche zu erbringenden Leistungen für den gesamten Krankenhausaufenthalt beschreiben, und zwar berufsgruppenübergreifend (Vogel, 2006, 350). Ziel ist eine Ablaufoptimierung durch Standardisierung. Es sei angemerkt, dass die Einführung dieser klinischen Behandlungspfade noch nicht wirklich in der Praxis angekommen ist, und auch die Resultate der bis jetzt partiellen Einführung hinter den Erwartungen zurückbleiben (Richter, 2008, B1147). Es handelt sich also um einen mehr oder weniger realisierbaren Versuch der Effizienzsteigerung. An diesem Beispiel zeigt sich, dass die derzeitigen Entwicklungen im Gesundheitswesen mehr ein „Nachhinken" hinter den strukturellen Vorgaben der Politik sind, die Diskussion um Strukturen, Finanzierbarkeit aber auch um Werte im Gesundheitswesen wird nicht systematisch genug geführt.

Weitere Umstrukturierungen mit dem Ziel der Effizienzsteigerung finden auf personeller und/ oder organisatorischer Ebene statt, und reichen von Vernetzungen mit dem ambulanten Bereich bis hin zu Qualifizierungsmaßnahmen des Personals, Schließung ganzer Stationen, Outsourcing von Teilbereichen, Zertifizierungen, dem Heranziehen externer Beraterfirmen etc. (ebd., 349).

2.2.4.2   Krankenhausprivatisierungen

Ein weiterer Trend, der sich im Zuge der Verknappung öffentlicher Geldmittel abzeichnet und durch die DRG-Einführung begünstigt wird, ist die Privatisierung von Krankenhäusern. Inzwischen sind rund 30% der Krankenhauseinrichtungen[29] in privater Trägerschaft, wobei dessen Spektrum von fachärztlichen Praxen „mit angeschlossener Kleinstklinik bis hin zu den Kliniken großer, international tätiger, börsendotierter Klinikgesellschaften" (Berr, 2005, 188) reicht. Mit *privat* ist im Gegensatz zu *gemeinnütziger Trägerschaft* gemeint, dass Privatinteressen der Träger, vorrangig finanzieller Art, vertreten werden. Durch diese Erwerbsorientierung ergeben sich neben einem starken Kostenbewusstsein, das auch positiv eingeschätzt werden kann, die Bedenken, dass auf diesem Weg auf Dauer eine flächendeckende Krankenhausversorgung nicht gesichert ist. Private Träger haben die Tendenz, lukrative Bereiche wie zum Beispiel Fachkliniken zu betreiben, jedoch an der Basisversorgung wenig Interesse zu zeigen (Berr, 2005, 191).

---

[29] Diese Zahl stammt aus dem Jahr 2002 und bezieht sich auf Bayern, illustriert aber einen bundesweiten Trend.

2.2.4.3 Der Kundenbegriff im Krankenhaus

Vermehrt wird im Zuge der Qualitätsdebatte im Krankenhaus gefordert, Patientinnen und Patienten als Kundinnen und Kunden anzusehen. Dies hat Auswirkungen auf die Art, wie mit ihnen umgegangen wird/ werden soll („der Kunde ist König!"), aber auch auf die Anforderungen, die an die Patientinnen und Patienten gestellt werden. Wie schon erwähnt, leitet sich der Begriff Patient von lateinischen *patiens* ab und meint den Erduldenden, den Erleidenden, den Geduldigen. War dies über lange Zeit stimmig mit der tatsächlichen Patientenrolle, ist das heute so nicht mehr der Fall. Trotzdem erachte ich den Begriff Kunde/ Kundin nicht als glücklich gewählt.

Der Kundenbegriff impliziert Autonomie und Entscheidungsfreiheit, er rückt die Patientinnen und Patienten – oder eben Kundinnen und Kunden – in den Blickpunkt. Sie werden auf diese Weise zu Koproduzenten ihrer Gesundheit. Auch Transparenz und Qualität klingen nach Lecher (2002, 26) positiv weil provozierend im Kundenbegriff an. Im eigentlichen Sinne des Wortes geben Kundinnen und Kunden jedoch freiwillig gegen ein frei gewähltes Produkt (oder eine Dienstleistung) Geld, und sie sind nicht über das definiert was sie sind, sondern eher über das, was sie kaufen (Schernus, 2000, 220; Schernus, 1997). Und das lässt den Vergleich Patient – Kunde hinken. Freiwilligkeit ist in Akutsituationen nicht zu unterstellen, das große Wissensgefälle zum medizinischem Personal, aber auch die undurchsichtigen Abrechnungsmodalitäten mit den Krankenkassen lassen den Kundenbegriff unpassend erscheinen (Lecher, 2002, 25f.).

> „Ein Kunde ist ein Mensch mit Interesse an Produkten oder Dienstleistungen eines Unternehmens. Deshalb prüft er, was er kaufen möchte, und bezahlt es auch selbst. Diese Charakteristika treffen vielleicht auf Personen zu, die Schönheitschirurgie oder Wellness- und Lifestyle-Leistungen beanspruchen, nicht aber für kranke Menchen, die medizinischer Hilfe bedürfen" (Bircher; Wehkamp, 2006, 81).

Braun et al. haben die Verteilung der Kosten auf verschiedene Patientengruppen untersucht und sind zu dem Ergebnis gekommen, dass nur 5% aller Versicherten 60% der Kosten im Gesundheitswesen verursachen. Diese 5% sind zum großen Teil schwer krank.

> „Über den Aufwand, der für sie entsteht, entscheiden Kliniken und spezialisierte Ärzte, und nicht die Konsumenten selbst. In diesen Fällen das Nachfrageverhalten eines wählerischen Kunden zu unterstellen, ist absurd. Am ehesten kommen diejenigen Versicherten als freiwillige Konsumenten in Frage, die in der Regel gesund sind. Zu dieser

Gruppe gehören etwa die Hälfte aller Versicherten; sie verbrauchen aber nur 3% der gesamten Behandlungsausgaben" (Braun et al., 1998, 37ff.).

Selbstbestimmung und Autonomie funktioniert nur bei einem kleinen Prozentsatz der Krankenhauspatientinnen und -patienten. Hohes Alter, Demenz, der deutschen Sprache nicht mächtig – das sind nur einige Gründe, warum es Menschen nicht unbedingt möglich ist, aktive Therapieentscheidungen zu treffen und sich wie Kundinnen und Kunden zu verhalten (Rogler, 2006).

Kritische Stimmen zur aktuellen Entwicklung des Gesundheitswesens gehen davon aus, dass der Trend zu Patientenorientierung – dem der Kundenbegriff ja entspringt – primär ökonomischen und weniger humanistischen Zielen folgt (Trojan, 1998, 18f.). So ist zum Beispiel Patientenzufriedenheit als eine relevante Outcome-Variable erkannt worden, sie korreliert mit hoher Compliance. Auch kommen Patientinnen und Patienten mit hoher Wahrscheinlichkeit wieder in genau jenes Krankenhaus, waren sie dort einmal zufrieden. Dies zeugt weniger von einem ernst gemeinten Interesse am Wohlergehen der zu behandelnden Menschen als von ökonomischen Überlegungen. Schernus glaubt, der Begriff des Kunden habe in diesem Sinne noch weitere Vorzüge. Er ist „insofern ein nützlicher, als er die Emotionen von vornherein neutralisiert und befreit von unbequemen Beziehungs- und Begegnungsansprüchen" (Schernus, 2000, 219).

2.2.4.4   Patientenorientierung

Auch wenn der Begriff des Kunden/ der Kundin noch nicht der Passende ist und Patientenorientierung an mancher Stelle als Deckmantel für ökonomische Ziele verwendet wird, möchte ich aber auch erwähnen, dass es durchaus Modelle gibt, in denen die „echte", am kranken Menschen interessierte Patientenorientierung immer selbstverständlicher wird, und zwar oft Erfolg versprechend verknüpft gerade mit Aspekten der Qualitätssicherung, wie zum Beispiel ein funktionierendes Beschwerdemanagement im Krankenhaus, regelmäßige Befragungen, ehrenamtliche Helferinnen, die Patientinnen/ Patienten oder Angehörige begleiten und Wege erklären, Besuchsdienste, usw. Hier wird eben *durch* die Orientierung an den Bedürfnissen der Betroffenen die Qualität im Krankenhaus gehoben. Auch durch die Verknüpfung der Ethik der Heilberufe mit den Herausforderungen der Ökonomie (Wehkamp, 2004) wird mit dem Ziel einer Optimierung der Behandlung/ Betreuung für alle Beteiligten versucht, die Diskrepanz zwischen Ärzteschaft/ Pflege und Krankenhausmanagement zu bearbeiten.

Patientenbewegungen und Selbsthilfegruppen haben in den letzten Jahrzehnten stetig zugenommen, man geht inzwischen von ca. 80.000 Selbsthilfegruppen mit ca. 3 Millionen Mitgliedern in Deutschland aus (Siegrist, 2005, 234). Damit formiert sich neben Verwaltung, Pflege und Ärzteschaft eine vierte einflussreiche Säule, die anfängt, die Rechte der Patientinnen/ Patienten und deren Berücksichtigung auf verschiedenen gesellschaftlichen Ebenen, in Ansätzen auch im Krankenhaus selber, durchzusetzen und zu überwachen. Dies ist ein erster Schritt, aber sicher von der Übermacht ökonomischer Interessen und den Versuchen der Besitzstandswahrung mächtiger Berufsgruppen im Gesundheitswesen noch überlagert.

Um den theoretischen Rahmen dieser Studie nicht zu umfangreich werden zu lassen, soll an dieser Stelle auf weiterführende Literatur zu Modellen und Entwicklungen verwiesen werden, die eine zunehmende Patientenorientierung und Stärkung der Selbsthilfebewegung in Krankenhäusern beschreiben (z.B. Wolters, 1986; Siegrist, 2005; Werner, 2006; Haart, 2007; Frampton, 2008). Fakt ist, und dies spiegelt sich auch in den Erfahrungen der in der vorliegenden Studie befragten Patientinnen und Patienten wider, dass eine umfassende Patientenorientierung in deutschen Krankenhäusern derzeit unsystematisch und nur vereinzelt zu finden ist.

2.2.5   Zusammenfassung: Die Institution Krankenhaus

Solange sich die zugrunde liegende Definition von Gesundheit und Krankheit nicht verändert – im Sinne der obigen Zusammenschau (S. 48/ 49) – zu einer multidimensionalen, dynamischen und prozesshaften Vorstellung von Gesundheit und Krankheit, und die Versorgung im Krankenhaus der mechanistischen Reparaturlogik von Krankheit verhaftet bleibt, bleiben viele Ressourcen ungenutzt (beziehungsweise werden wenn, dann nicht systematisch, sondern eher zufällig genutzt) um Gesundheit nachhaltig herzustellen und zu erhalten. Das in anderen Wissenschaftsdisziplinen längst Einzug gehaltene Paradigma des multifaktoriellen, systemtheoretischen Denkens hat den systematischen Schritt in das Gesundheitswesen noch nicht vollziehen können, und so hinkt auch die Institution Krankenhaus in seiner historisch bedingten heutigen Form dem modernen Wissenschaftsverständnis hinterher. Bis jetzt wurden die Chancen für das Gesundheitswesen – und als dessen Teil für das Krankenhaus – die im neuen Paradigma liegen, noch nicht genutzt. Richter (2008, B1149) fordert deshalb die längst überfällige, breite Diskussion darüber zu führen, was eigentlich das Wesen des Krankenhauses im neuen

Jahrtausend ausmachen soll und sieht als wichtigen Auskunftsfaktor die subjektiven Erfahrungen von Patientinnen und Patienten. Diese Arbeit möchte ein Bestandteil dieser Diskussion sein.

In den vorangegangenen Kapiteln habe ich zum einen den Themenkomplex Gesundheit – Krankheit diskutiert, zum anderen die Institution Krankenhaus von verschiedenen Blickrichtungen beleuchtet. Bevor durch die Darstellung und Auswertung der Interviews die subjektive Seite der Erfahrungen mit dem Krankenhaus ins Zentrum gerückt wird, soll im Folgenden beschrieben werden, wie in der Fachliteratur von theoretischer Seite die Situation *krank im Krankenhaus* gekennzeichnet wird. Auch hier zeigt sich, dass die Einschätzung der Situation bedingt ist durch die zu verschiedenen Zeitpunkten jeweils vorherrschenden Theorien zu Gesellschaft und Menschenbild, aber auch durch die jeweiligen Definitionen von Gesundheit und Krankheit.

2.3 Krank im Krankenhaus

Schwere Krankheit bedeutet eine Krisensituation, die von der erkrankten Person bewältigt werden muss. Diese Bewältigung findet auf verschiedenen Ebenen statt, da es sich um eine vielschichtige Situation handelt. Einerseits geht es um Belastungen, die die *Krankheit* selber direkt hervorgerufen hat, wie Schmerzen, Funktionseinschränkungen, aber auch Angst, Abhängigkeit, usw. Die *Behandlung* dieser Krankheit ist zudem mit Anforderungen verbunden, die verkraftet werden müssen. Das können Schmerzen sein, aber auch Nebenwirkungen oder Einschränkungen des täglichen Lebens. Als dritte zu bewältigende Ebene müssen die *Bedingungen*, unter denen jemand behandelt wird, betrachtet werden (Scheer, 1994, 220). Der institutionelle Rahmen des Krankenhauses bestimmt diese Bedingungen signifikant mit. Diese drei Belastungsfaktoren wirken in der Situation *krank im Krankenhaus* zusammen.

Die bereits beschriebene medizinsoziologische Literatur der 1970er Jahre, aber auch andere Autoren, beschreiben weitreichende Auswirkungen der Krankheit auf verschiedene Bereiche des Lebens, zum Beispiel in physischer, psychischer, ökonomischer oder sozialer Hinsicht[30]. Dies kann durch das umfassende Bild, das oben von Gesundheit und Krankheit gezeichnet wurde, nur bestätigt und verdeutlicht werden. Die Krankheit kann also als eine starke Verunsicherung in vielen relevanten Lebensbereichen charakterisiert werden. In dieser „Verfassung" betreten die Patientinnen und Patienten in spe nun das Krankenhaus.

2.3.1 Die Krankenhausaufnahme

Die Routinen der Krankenhausaufnahme, also eine erste Anamnese (vielleicht samt körperlicher Untersuchung im Mehrbettzimmer vor fremden Augen und Ohren), Diagnosemaßnahmen, erste Behandlungsentscheidungen, die Eigenarten der Institution Krankenhaus wie zum Beispiel der stark reglementierte Tagesablauf – all diese Eindrücke und Erfahrungen versetzen eine ins Krankenhaus eingewiesene Person in eine „andere Welt". Das entscheidendste Merkmal dieser Situation ist vielleicht die eingeschränkte Mitbestimmungs- und Gestaltungsmöglichkeit. Die

---

[30] vgl. hierzu z.B. Engelhardt et al. (1973, 93); Frischenschlager (1995, 603); Filipp (1992, 25 und 1996, 15); Wilker (1994, 267) und Harrer (1995, 410).

aktiv Handelnden sind nun andere, wie Ärztinnen, Ärzte, Pflegepersonal, technische Assistenz. Keupp redet von einer „Enteignung von Krankheit und Gesundheit, welche an die Medizin übergeben werden" (Keupp, 1997, 36). Es ist für die meisten Menschen eine ungewohnte, fremde Situation, auch die persönlichen Grenzen, das eigene Selbstbild, die eigene Würde betreffend.

Zudem wird man sich dem Leiden, den Schmerzen und vielleicht auch dem Sterben von Mitpatientinnen und -patienten nicht entziehen können. Das, was im Alltag meist weit entfernt erscheint, hat man nun stets vor Augen. Man befindet sich im „Abseits der normalen Welt", in einer „Zone des Unheimlichen" (Meier, 1995, 13).

Das Krankenhausgebäude, in welches sich der kranke Mensch nun begeben hat, wurde mit hoher Wahrscheinlichkeit nach Kriterien der Funktionalität gebaut – Kriterien, die die nicht-medizinischen Bedürfnisse der Menschen, die sich darin aufhalten (Personal, Patientinnen/ -en sowie Angehörige) nicht unbedingt berücksichtigen.

> „The clean, sterile lines and the lack of ornamention that we associate with the most modern hospitals have their roots in the modern architectural movement that began in Germany in the 1920s, which coincided with the beginning of high-tech scientific medicine. These buildings were designed to reflect the medical equivalent of the scientific model, with its values of objectivity, rationality and efficiency" (Moore; Komras, 1993, 6).[31]

Diese oder eine ähnliche Situation erwartet die meisten Krankenhauspatientinnen und -patienten bei ihrer Einweisung. Was geschieht nun durch die übliche Krankenhausroutine mit der Person selber? Zunächst einmal wird die Alltagskleidung, die Teil der sozialen Rolle und Identität sein kann, gegen die „Krankenhausuniform Schlafanzug/ Nachthemd" (Bettex, 1986, 91) eingetauscht. Man entledigt sich im Krankenhaus zum Teil seines Status und seiner sozialen Rolle. Dies kann zu Schwierigkeiten führen, da die soziale Rolle ein großer Faktor für Sicherheit und Handlungsfähigkeit darstellen kann. Im Krankenhaus wird die Person hauptsächlich in ihrer neuen Rolle gesehen, der Rolle als Patientin/ Patient.

---

[31] Es zeigt sich inzwischen ein leises Umdenken zu mehr Persönlichkeit; vgl. die neue Schule der Krankenhaus-Architektur (Alvarez, 2004, 12).

2.3.2   Die Patientenrolle

Im Krankenhaus finden Patientinnen und Patienten ein soziales Gefüge verschiedener Gruppen und Individuen vor, mit spezifischen Normen und Werten. Es findet die „Sozialisation zum Patienten" (Dörner, 1975; zit. nach Flick, 1998, 26) statt. Zu der allgemeinen Krankenrolle (vgl. Kap. 2.1.2), tritt mit der Krankenhausaufnahme die institutionalisierte Krankenrolle, die Patientenrolle hinzu. Vor allem durch die Dimension der „expertengesteuerten Einflüsse" (Mahlzahn, 1994, 215) wird die Krankenrolle im Krankenhaus zur Patientenrolle ergänzt.

Patientinnen und Patienten sind nun zunächst die „Empfänger" von Dienstleistungen, die ihnen von verschiedenen Berufsgruppen angeboten werden. Es richten sich verschiedene Erwartungen an sie, die vorrangig an den Zielen der Organisation Krankenhaus orientiert sind (Elsbernd; Glane, 1996, 17; Mahlzahn, 1994, 215). Erwartet wird in erster Linie, dass sich der Patient/ die Patientin in die Behandlungsroutine einfügt und den Notwendigkeiten der Institution weitgehend unterwirft.

> „Zu diesen zielorientierten Anteilen der Patientenrolle in medizinischen Organisationen gehört, daß der Patient sich generell vorbehaltlos in die institutionalisierten Selbstverständlichkeiten des Medizin-Betriebes schickt, Eingriffe in seine körperliche (u.U. auch seelische) Intimsphäre duldet, Schmerzen und Wartezeiten erträgt, für ihn undurchschaubare Handlungen an sich geschehen und anderes über sich ergehen lässt – als Opfer für möglichst reibungslose Besserungs- und Heilungsaktivitäten" (Mahlzahn, 1994, 215).

Siegrist fasst in seiner Studie über Arbeit und Interaktion im Krankenhaus die Hauptmerkmale der Patientenrolle wie folgt zusammen: „abrupter Rollenwechsel; kollektiver Tagesablauf; ständige Präsenz; Kontaktbegrenzung; Informationsbegrenzung; Unpersönlichkeit der Beziehungsform; hohes ungeregeltes Sanktionspotential" (Siegrist, 1978, 7f.).

Wie nun die einzelne Patientin/ der einzelne Patient auf diese institutionell geformten Anforderungen reagiert, hängt von der konkreten Situation (z.B. den behandelnden Personen), aber auch von den persönlichen Einstellungen und den zur Verfügung stehenden Ressourcen aller Art ab. Auch die Erwartungen, die die jeweilige Person an das Krankenhaus stellt, bestimmen die Situation mit.

Exkurs: Regression bei Krankenhauspatientinnen/ -patienten

Die Diskussion um die Patientenrolle und daraus folgend um die Arzt-Patient-Beziehung war lange Zeit von der Vorstellung beherrscht, Patientinnen und Patienten würden im Krankenhaus zwangsläufig regredieren. Dieser Zwangsläufigkeit bin ich in derart vielen Schriften zur Arzt-Patient-Beziehung begegnet, dass ich dem Thema weiter nachgegangen bin. Die Beschreibung regressiver Tendenzen bei Krankenhauspatientinnen und -patienten lässt sich über die Zeit parallel zu den jeweils aktuellen theoretischen Überzeugungen lesen. Regression wird definiert als

> „ein Abwehrmechanismus des Ich, als das Zurückfallen von einer genetisch späteren auf eine genetisch frühere Entwicklungsstufe als Folge einer schweren Frustration" (Dorsch et al., 1994, 652; Uexküll, v., 1996, 373).

Talcott Parsons verbindet Anfang der 1950er Jahre seine Definition der Krankenrolle, die der funktionalen Handlungstheorie entspringt, mit dem psychoanalytischen Theorem der Regression. Für ihn sind *Hilfsbedürftigkeit, technische Inkompetenz* und *emotionale Abhängigkeit* (Parsons, 1951, 440) die drei zentralen Aspekte der Krankenhaussituation. Angst und Leiden würden in dieser Situation kompensiert durch den „Abbau von Ich-Leistungen". Lederer führt diesen Gedanken fort. Jeder nicht-chronisch Kranke durchläuft das Stadium,

> „in dem er sich ganz seiner Krankheit und der Obhut anderer überlässt. Diese Phase der „akzeptierten Krankheit" wird von Verhaltensweisen begleitet, welche der Patient „in früherer Zeit während seiner Kindheit ausgeübt hat" und die sich als verstärkter Triebgehorsam, Interessensbegrenzung, emotionale Abhängigkeit und Hypochondrie beschreiben lassen: Der Patient ist vorwiegend mit Essen und Ausscheiden, oralen und analen Aktivitäten beschäftigt; er versucht, Unlust jeder Art zu vermeiden. Durch diese „narzisstische" Befangenheit wird seine Urteilsfähigkeit hochgradig subjektiv und unzuverlässig. Verunsichert durch den ungewöhnlichen Rollenwechsel, sucht er Schutz und Geborgenheit bei Arzt und Schwester. In Zeiten, in denen er alleingelassen wird, beschäftigt er sich vornehmlich mit seinem Zustand und seinem Leib, „ähnlich wie das Kind in der Phase körperbezogener Neugier und Forschungstätigkeit" (Lederer, 1958, 251f., zit. nach Siegrist, 1972, 272).

Wiederum im Zuge der medizinsoziologischen Untersuchungen der 1970er Jahre (vgl. Kap. 2.2.3) änderte sich die Einstellung zur Regression von Krankenhauspatientinnen/ -patienten. Nun wurden die autoritären und unmündig machenden

Strukturen des Krankenhauses für die Regression von Patientinnen und Patienten verantwortlich gemacht.

> „Unselbständige, infantile Verhaltensweisen sind umso deutlicher, je autoritärer der Umgang von Ärzten und Pflegepersonal mit den Kranken ist. Wenn der Kranke nicht bewusst als verantwortlicher Partner in einen kooperativen therapeutischen Prozeß einbezogen wird, wenn er sich vorwiegend als passives Objekt überlegener Entscheidungen anderer wahrnimmt, d.h. wenn er lediglich Anordnungen und Anweisungen erhält, deren Sinn ihm nicht verständlich interpretiert wird, so wird die Regression gesteigert" (Engelhardt et al., 1973, 62f.).

Zudem wurde der Ärzteschaft unterstellt, sie würde die Regression der Patientinnen und Patienten als Legitimation für einen nicht partizipativen Kommunikationsstil benutzen, denn unmündige, regredierte Menschen müsse und könne man nicht ernst nehmen (Siegrist, 1972, 271).

Im Zuge der Stärkung von Patientenrechten wurde es leiser um das Thema Regression im Krankenhaus, und im Gegensatz zum unmündigen Patienten definiert die moderne Krankenhaustheorie Patientinnen und Patienten heute zu Kunden/ Kundinnen um. Wie bereits beschrieben, wird hier von den kranken Menschen so viel Kompetenz, Entscheidungsfähigkeit und Aktivität gefordert, dass an diesen Anforderungen wiederum harsche Kritik geübt wird.

Es erscheint unwahrscheinlich, dass sich die Patientenschaft in den letzten fünfzig Jahren komplett gewandelt hat, von gänzlich kindlich-unmündig zum selbstbestimmten und informierten Kunden, selbst wenn Tendenzen dieser Art bestehen können. Dennoch bin ich der Meinung, dass diese Bandbreite an Copingstilen nicht nur abhängig von der jeweiligen „Patientenepoche" ist, sondern auch von dem theoretischen Rahmen, auf dessen Grundlage die jeweiligen Autorinnen und Autoren ihre Betrachtungen vornehmen.

Man wird meines Erachtens auf jeder Station Patientinnen und Patienten finden, die zum Beispiel mit aktiver Informationssuche offensiv auf die Belastungssituation Krankheit reagieren, aber auch diejenigen, bei denen die Krankheit das Bedürfnis weckt, Verantwortung abzugeben und vielleicht auch regressive Tendenzen zu entwickeln.

Lassen sich die Erwartungen des Krankenhauses an die Patientinnen und Patienten grob in der Verpflichtung zusammenfassen, sich vorbehaltlos einzulassen, so kann man die Anforderungen an die im Krankenhaus Arbeitenden komplementär dazu beschreiben. Daher sollen im Folgenden die Ärzteschaft und das Pflegepersonal als die zwei größten Gruppen der im Krankenhaus Beschäftigten dargestellt und die jeweilige Charakteristik ihrer Beziehung zu den Patientinnen und Patienten beleuchtet werden.

2.3.3 Die im Krankenhaus arbeitenden Berufsgruppen und ihre Beziehung zu den Patientinnen/ Patienten

2.3.3.1 Ärztinnen/ Ärzte

2.3.3.1.1 Die Arztrolle

In Bezug auf die Beschreibung der Arztrolle formulierte Parsons grundlegende Anforderungen, die von der Seite der Gesellschaft an die Ärztinnen und Ärzte gerichtet werden (Parsons, 1951). Dies ist zunächst die *affektive Neutralität*, die besagt, dass sachorientiert und ohne (störende) emotionale Beteiligung gehandelt werden soll. Als zweites fordert Parsons die *funktionale Spezifität*, also fachliche Kompetenz. Überdies sollen Ärztinnen und Ärzte alle Menschen, ungeachtet ihrer sozialen Stellung, Rasse, Religion etc., gleich behandeln, was Parsons das Gebot des *Universalismus* nennt. Zuletzt fordert er von der Ärzteschaft eine *Kollektivorientierung*, womit Uneigennützigkeit gemeint ist: Sie sollen aus der Notlage eines Menschen keine eigenen Vorteile ziehen (Engelhardt et al., 1973, 196f.).

Parsons formuliert hier auf der Basis der gesellschaftlichen Verpflichtung ähnliche Anforderungen an die Ärzteschaft, wie sie seit zwei Jahrtausenden im Eid des Hippokrates, der ersten grundlegenden Formulierung einer ärztlichen Ethik festgeschrieben sind. Dessen zwei obersten Gebote lauten: Nil nocere (Niemanden und nichts schaden) und Salus aegroti suprema lex (Das Wohl des Patienten ist das höchste Gebot) (Hartmann, 1984, 21ff.). Das allgemeine Werte- und Normensystem der Ärzteschaft orientiert sich heute noch am Eid des Hippokrates, dessen zentrale Aspekte 1948 in einer Genfer Deklaration in eine modernere Fassung gebracht wurden. Die deutsche ärztliche Berufsordnung lehnt sich bis heute daran an (Kirschning, 2001, 177).

Das Medizinstudium ist der Ort, an dem die *berufliche Sozialisation* der angehenden Mediziner und (inzwischen mehr als 50%) Medizinerinnen beginnt. Hier dominiert weiterhin das Maschinenmodell vom menschlichen Körper, und der erste Kontakt mit „Patienten", den die Studierenden haben, ist das Sezieren von Leichen im vorklinischen Abschnitt des Studiums (ebd., 196).

Schon Mitte des 20. Jahrhunderts beschreibt Viktor v. Weizsäcker die heute noch gültige Diskrepanz zwischen einer häufigen Motivation vor Studienbeginn und im Studium tatsächlich vermittelten Inhalte. „Die sanfte Fessel des wissenschaftlichen Lehrplanes" verdrängt den anfänglich zentralen Wunsch, kranken Menschen zu helfen und ihnen Heilung zu bringen.

> „Von kranken Menschen und vom Helfen ist da nicht mehr viel die Rede. Die interessante, staunenswerte und wunderbare Einrichtung der Natur fasziniert. Gefesselt ist der Hörende und Sehende von der Klugheit und Exaktheit der Forschung, berauscht von dem Geist und der Erfindung derer, die der Natur ihr Geheimnis zu entreißen und abzulisten wissen. Der Intellekt wird aufgeregt und die Sentimentalität wird verächtlich. Jetzt beginnt eine verborgene Veränderung des Gemüts" (Weizsäcker, v. V., 1951, 195f.).

Das Studium, dem naturwissenschaftlichen Denken verhaftet, beschränkt sich hauptsächlich auf das Vermitteln von Fachwissen und von dementsprechenden Fertigkeiten. In den letzten Jahren wird zunehmend versucht, durch eine erweiterte Approbationsordnung die Ausbildung praxisorientierter und interdisziplinärer zu gestalten. Zum Beispiel soll durch das Hinzufügen psychosozialer Fächer die Interaktionskompetenz der angehenden Ärztinnen und Ärzte gefördert werden; die aktuellen Rahmenbedingungen wie hohe Studierendenzahlen, Mangel an Lehrpersonal (Kostendämpfung), aber auch die weiterhin bestehende Orientierung am klinischen Modell der Medizin lassen diese Bemühungen aber als wenig Erfolg versprechend erscheinen (Siegrist, 2005, 238). Die weitere berufliche Sozialisation zum Arzt/ zur Ärztin erfolgt während der viele Jahre dauernden Assistenzarztzeit im Krankenhaus. Sie ist meist von steiler Hierarchie und wenig Handlungsspielraum geprägt.

Trotzdem ist in der Gesellschaft mit dem Arztberuf auch heute noch hohes soziales Prestige verbunden, in einigen Spezialgebieten bestehen sehr gute Verdienstmöglichkeiten, und die Niederlassung in einer eigenen Praxis gilt weiterhin als Ideal der von Selbstbestimmung geprägten Freiberuflichkeit.

2.3.3.1.2 Aktuelle Belastungsfaktoren von Krankenhausärztinnen und -ärzten

Eine sehr große Arbeitsbelastung inklusive vieler Nacht- und Wochenenddienste, aber auch die zunehmende Bürokratisierung des ärztlichen Berufsbildes erfordern hohe Anpassungsleistungen und viel Engagement von den Krankenhausärztinnen und -ärzten. Sie stellen fest,

„dass sie immer mehr Verwaltungsarbeit übernehmen müssen, extrem wenig Zeit für die Patienten bleibt und sie bei der Therapie zunehmend sparen müssen" (Viciano, 2007, 3).

Ökonomische Überlegungen bestimmen zunehmend den ärztlichen Alltag mit. Im Rahmen des Finanzcontrollings und externen Qualitätsmanagements sind es nicht mehr die ärztlichen Mitarbeiter/ -innen alleine, die bestimmen, welches Medikament gegeben werden darf, welche Maßnahme angeordnet wird. Die Krankenhausverwaltung, zum Teil auch externe Qualitätsberater, beschneiden hier zunehmend die ursprünglich exklusive ärztliche Entscheidungskompetenz.

Die Personalkosten verbrauchen den Löwenanteil des Krankenhausbudgets. Da das bestehende System nicht grundlegend reformiert wird, sondern nur durch Kosteneinsparungen versucht wird, die weitere Finanzierbarkeit aufrecht zu erhalten, ist es nicht verwunderlich, dass an Personal, auch an ärztlichem, gespart wird. Dies erhöht den Arbeitsdruck auf den Einzelnen nochmals und lässt die Anzahl der Nacht- und Wochenenddienste weiter steigen.

Die ärztliche Unzufriedenheit mit den Arbeitsbedingungen in deutschen Krankenhäusern lässt sich unter anderem an einer steigenden Arbeitsmigration deutscher Ärztinnen und Ärzte in Länder wie die Schweiz, die Niederlande, Norwegen oder England ablesen, in denen bessere Arbeitsbedingungen, aber auch höhere Verdienstmöglichkeiten bestehen. Auch wird diese Unzufriedenheit durch eine Umfrage unter deutschen Ärztinnen und Ärzten deutlich, die ermittelte, dass nur noch gut die Hälfte ihren eigenen Kindern den Arztberuf wünscht (Siegrist, 2005, 241).

2.3.3.1.3   Arzt-Patient-Beziehung[32]

Der Charakter der Patienten- wie auch der Arztrolle bedingt die Art der Beziehung zueinander. Sie ist von gegenseitigen Rechten und Pflichten geprägt. In Anlehnung an seine Definitionen der Krankenrolle und der Arztrolle hat Parsons 1953 das *Zwei-Rechte-Zwei-Pflichten-Modell* entworfen, um die Arzt-Patient-Beziehung zu charakterisieren. Nur wenn Rechte und Pflichten auf beiden Seiten eingehalten werden, so Parsons, kann das soziale System funktionieren. Nur wenn die kranke Person sich bemüht, wieder gesund zu werden, steht ihr auch das Recht zu, nicht

---

[32] Das Geschriebene gilt natürlich auch für Ärztinnen und Patientinnen, hier hat das Argument der Lesbarkeit gesiegt.

verantwortlich für ihre Situation gemacht zu werden. Ebenso kann der Arzt/ die Ärztin nur dann das Recht haben, die körperliche und personale Integrität der Person zu verletzen, wenn er/ sie sich an dessen Wohlergehen orientiert (Parsons, 1953, zit. nach Brucks, 1998, 34)[33].

	Patient	Arzt
Rechte	Fortdauer ökonomischer und sozialer Sicherheit	Erwartung auf (zeitlich begrenzte) Exklusivität des Vertrauens des Patienten
	nicht verantwortlich gemacht werden für den gegenwärtigen Zustand	Zugang zu normativ geschützten Tabuzonen
Pflichten	sich um baldige Gesundung zu bemühen	sich vollständig am Wohlergehen des Patienten orientieren
	einen Arzt aufsuchen und dessen Anordnungen befolgen	den höchsten Stand wissenschaftlich abgesicherter Kompetenz einsetzen

Tab. 1: nach Brucks (1998, 34): Zwei-Rechte-Zwei-Pflichten-Modell nach Parsons

Die heutige Ausprägung der Arzt-Patient-Beziehung basiert, wie die Institution Krankenhaus allgemein, auf dem mechanistischen Modell von Krankheit und deren Beseitigung. Auch wenn ein Umdenken langsam stattfindet – und sei es nur um die Compliance zu verbessern –, „die Fesseln des klassischen Paradigmas (...) schlossen das Gebiet der Beziehung aus der Wissenschaftlichkeit aus" (Uexküll, v., 1995, 6), so dass bis heute der Arzt-Patient-Beziehung von Seiten der Medizin keine relevante Behandlungsbeeinflussung zugeschrieben wird. Die Krankheit wird von der sie tragenden Person abstrahiert und behandelt.

Bevor sich das mechanistische Weltbild durchsetzte, war die Beziehung zwischen Arzt/ Ärztin und Patient/ Patientin durchaus von Bedeutung, wenn auch in anderer, weil paternalistischer Ausprägung als dies heute gefordert wird. Foucault zitiert eine Äußerung zur Arztrolle von Dumas aus dem Jahr 1807:

---

[33] Parsons Konzept der Arzt-Patient-Beziehung ist verhaftet in seiner struktur-funktionalen Handlungstheorie und ist – vor allem auf die heutige Situation bezogen – nicht ohne Kritik geblieben; vgl. dazu Siegrist (2005, 240).

„... sich zum Herrn der Kranken und ihrer Beschwerden machen; ihre Schmerzen lindern; ihre Beunruhigung besänftigen; ihre Bedürfnisse erraten; ihre Launen ertragen; ihren Charakter schonen und ihrem Willen befehlen – nicht wie ein grausamer Tyrann, der über Sklaven herrscht, sondern wie ein zärtlicher Vater, der über das Schicksal seiner Kinder wacht" (Foucault, 1999, 102).

Ein guter Patient/ eine gute Patientin ist heute – etwas überspitzt formuliert – wer kooperativ ist, sich an die Regeln hält und ansonsten nur tut, was ihm/ ihr gesagt wird. Er/ sie ist der Laie in einer professionellen Organisation und steht in einem Abhängigkeitsverhältnis zu den im Krankenhaus Arbeitenden.

Bei dem Verhältnis zwischen Patient/ Patientin und den im Krankenhaus Arbeitenden gibt es einen wichtigen Unterschied in der *Involviertheit* in das Geschehen: Ärztinnen/ Ärzte, Pflegepersonal etc. erleben, unabhängig von ihrer Empathiefähigkeit, die Situation als berufliche Routine. Der kranke Mensch jedoch erlebt den Krankenhausaufenthalt in persönlicher Betroffenheit (ebd.). Zudem ist dieses Verhältnis von *Asymmetrie* geprägt:

„Unterschiedliche Wissensverteilung führt dazu, daß der Arzt Experte und der Patient Laie ist. (...) Die unterschiedlichen Rollen in der Organisation definieren eine Abhängigkeit. Der Arzt ist das ranghöchste Mitglied der Institution, außerdem ist er in der Lage, dem Patienten Gewünschtes vorzuenthalten (z.B. Krankenstand). Der Patient als Hilfebedürftiger hat dem Arzt gegenüber eine untergebene Stellung" (Jandl-Jager, 1995, 872).

Ein wichtiger Kontaktpunkt zwischen Patientin/ Patient und den behandelnden Ärztinnen/ Ärzten ist die Visite. Auch sie ist schon rein optisch von Asymmetrie geprägt. Während (oft mehrere) in weiße Kittel gekleidete Ärztinnen/ Ärzte am Bett stehen, liegt/ sitzt die kranke Person in Schlafanzug/ Nachthemd im Bett. Die Asymmetrie zieht sich auch durch den Bereich Sprache: Redet die Patientin/ der Patient von Befindlichkeiten und verwendet dafür häufig alltagssprachliche Formulierungen, wird von ärztlicher Seite meist in Fachtermini von Diagnosen oder Therapien gesprochen.

Die Visite hat neben dem Krankenbesuch und der körperlichen Untersuchung auch die Funktionen Kurvenvisite, Organisationsabsprache und Arbeitsbesprechung inne (Hartmann, 1984, 163f.) und wird so zum Ort von Absprachen zwischen Assistenz- und Oberärztinnen/ -ärzten. Häufig hat sie „faktisch mehr den Charakter einer ärztlichen Besprechung über den Patienten als denjenigen eines Gespräches mit dem Kranken, obwohl letzteres durch das Arrangement oft suggeriert" wird (Siegrist, 1972, 279). Studien haben ergeben, dass Patientinnen und Patienten, reden sie über ihre Krankheit, im Durchschnitt nach 18 Sekunden von ärztlicher Seite unterbrochen werden (Gordon; Sterling, 1999, 24).

Bei der Interaktion zwischen Ärztinnen/ Ärzten und Patientinnen/ Patienten treffen zudem verschiedene *Grundmuster* des Denkens und Handelns aufeinander, die als soziale Konstrukte anhand von gesellschaftlichen Bedingungen (vgl. mechanistisches Bild von Krankheit) entstanden sind. Kirschning beschreibt dies auf der Grundlage ihrer Studie über Brustkrebspatientinnen.

> „Die Patientinnen erwarten, in einer existentiellen Krise vom ärztlichen Gegenüber als Subjekt wahrgenommen zu werden. Die Ärztinnen und Ärzte sind demgegenüber an der Ausführung eines Behandlungsschemas orientiert, in dem nicht der erkrankte Mensch, sondern die objektivierbaren Aspekte einer Krankheit im Mittelpunkt stehen. (...) Beide Gruppen denken und handeln innerhalb ihrer „Grundmuster", die jeweils ihre eigene Berechtigung haben" (Kirschning, 2001, 139).

Im Zuge des sich verändernden Krankheitspanoramas (v.a. Zunahme von degenerativ-chronischen Krankheiten) verändert sich auch die Rolle der Patientinnen und Patienten und infolge dessen auch die Arzt-Patient-Beziehung. Viele chronisch kranke Menschen, die schon seit längerer Zeit mit ihrer Krankheit leben, verfügen über ein beachtliches Wissen und viel Erfahrung in Bezug auf den Umgang mit ihrer Krankheit. Sie können als „Manager" für ihre Krankheit und deren Behandlung gesehen werden. Hier greift die Dichotomie Experte – Laie nicht mehr, es muss sich bei dieser Art von Patientinnen und Patienten um wirkliche Partnerinnen/ Partner im Behandlungsprozess handeln, ohne deren Mitarbeit die Krankheit bei weitem nicht so gut „gemanagt" und bewältigt werden könnte. Manchmal übernehmen auch Angehörige diese Koordinierungsrolle, die dann wichtige Gesprächspartnerinnen und -partner in der vormaligen Zweierbeziehung Arzt-Patient werden müssen.

Solange jedoch der Arzt-Patient-Beziehung von institutioneller Seite wenig Beachtung geschenkt wird, auch im Medizinstudium keinen zentralen Platz erhält, ist es von den individuellen Überzeugungen und Kompetenzen der einzelnen behandelnden Ärztinnen und Ärzten abhängig, ob die Kommunikation zwischen ihnen und den von Krankheit Betroffenen gelingt und somit positive Auswirkungen auf die Gesundung hat. Die Wirkfaktoren Kommunikation und Beziehung werden im heutigen Krankenhaus meist unterschätzt.

2.3.3.2   Das Pflegepersonal

2.3.3.2.1   Selbstverständnis der heutigen Pflege

Der Stellung des Pflegepersonals im Krankenhaus ist historisch bedingt eigen, dass sie von Abhängigkeiten geprägt ist. Bischoff konstatiert,

> „...daß die Krankenpflege immer drei Herren zu dienen hatte, und jeder stellte unterschiedliche Erwartungen: Der Betrieb Krankenhaus erwartete, daß die Pflege den ökonomischen, rationalen Kriterien eines Wirtschaftsbetriebes folgt; die Medizin erwartete, daß die Pflege ihrem naturwissenschaftlich-technischen Verständnis folgt; der Patient schließlich erwartete, daß die Pflege sich ihm immer menschlich zuwendet" (Bischoff, 1992, 147).

Das heutige Selbstverständnis der Pflege hat sich stark von seinen historischen Wurzeln, die in der christlichen Tradition liegen, weiterentwickelt. Pflege war motiviert durch Nächstenliebe und Barmherzigkeit (Seeberger, 1998), sie war ein unentgeltlicher Dienst an Armen und Schwachen (vgl. Kap. 2.2.1). Auch wenn der Wunsch zu helfen und zu pflegen bis heute zu den Hauptmotivationen von angehenden Krankenpflegerinnen und -pflegern gehört, hat sich ein eigenständiges und selbstbewusstes Berufsverständnis herausgebildet, das durch neue Pflegekonzepte und vor allem durch die Akademisierung der Pflege (Siegrist, 2005, 245) neue Akzente setzt und dabei die ärztliche Dominanz und die nachgeordnete Stellung des Pflegepersonals anfängt aufzuweichen.

2.3.3.2.2   Aufgabenbereiche des Pflegepersonals

Die Aufgaben der stationären Krankenhauspflege lassen sich in drei Bereiche unterteilen. Zunächst gibt es den Bereich der *Grundpflege*. Sie beinhaltet die

> „Erfüllung der normalen Erfordernisse des täglichen Lebens unter Krankenhausbedingungen, also Betten, Waschen, Hilfe beim Essen und wenn nötig auch bei den täglichen Ausscheidungen" (Braun, 1994, 68).

Der zweite Bereich, die *Behandlungspflege*, umfasst therapeutische Maßnahmen als spezialisierte, an Expertise gebundene Tätigkeiten (Siegrist, 2005, 243), wie z.B. Wickel, Injektionen, Katheter legen. Auch die verantwortungsvolle Aufgabe der Medikamentenverteilung fällt in diesen Bereich. Über diese beiden Bereiche hinaus liegen die *psychischen und sozialen Belange* der kranken Menschen im Aufgabenbereich der Pflege. Hier sind kommunikative Fähigkeiten und soziale Kompetenz gefordert (ebd.).

Die bereits besprochenen Veränderungen im Krankenhauswesen wirken sich auch auf den Aufgabenbereich der Pflege aus. Durch die Einführung der DRGs liegen Patientinnen und Patienten kürzer, dafür kränker, und so für die Pflege arbeitsintensiver im Krankenhaus. Die Verschiebung des Krankheitsspektrums im Krankenhaus, hin zu mehr chronisch-degenerativen Krankheiten, lässt Pflegende auch zu Beratern in Bezug auf den Umgang mit der Krankheit werden.

2.3.3.2.3   Belastungsfaktoren des Pflegepersonals

Hohe Fluktuation und geringe Berufsverweildauer (die durchschnittliche Zeit, die Pflegekräfte nach Abschluss ihrer Ausbildung im Beruf verweilen, liegt derzeit bei fünf bis sechs Jahren; Siegrist, 2005, 247), lassen auf eine hohe Arbeitsbelastung schließen. Schichtarbeit, hohe körperliche Beanspruchung wie das Heben von Patientinnen und Patienten, aber auch Konflikte in der Zusammenarbeit mit anderen Berufsgruppen bestimmen den Alltag für Pflegekräfte im Krankenhaus und ergeben eine sehr belastende Arbeitssituation. Personaleinsparungen in der Pflege erhöhen den Zeitdruck. Schlechte Bezahlung und wenig Aufstiegsmöglichkeiten kommen hinzu und lassen das Berufsbild der Pflege wenig verlockend erscheinen.

> „Pflegearbeit ist intensiv, mit hoher Genauigkeit, ständiger Konzentration verbunden und gleichzeitig überaus zerrissen. Die notwendige Konzentration auf eine Aufgabe wird ständig unterbrochen. Die Zerrissenheit ist das tägliche Chaos auf der Station, bei dem die Krankenschwester gleichzeitig verschiedenen Vorgesetzten und den Anforderungen der Funktionseinheiten Rechnung tragen muß, unterschiedlichen Bedürfnissen der PatientInnen genügen möchte und von den Angehörigen ebenfalls gefordert wird. Keine Arbeit kann in der erforderlichen Zeit hintereinander weg ausgeführt werden" (Bartholomeyczik, 1993, 89).

Die bereits angesprochene Akademisierung der Pflege beginnt, die Strukturen zu verändern, z.B. Aufstiegs- und Weiterqualifizierungsmöglichkeiten zu vergrößern, aber eben auch das Selbstbild der Pflege beginnt auf diesem Wege ein selbstbewussteres zu werden.

2.3.3.2.4   Die Beziehung zwischen Pflegepersonal und Patientinnen/ Patienten

Zum Pflegepersonal haben Patientinnen und Patienten im Krankenhaus den meisten Kontakt. Sie erleben sich – je nach Schweregrad der Krankheit und je nach Funktionseinschränkung – *abhängig* von Krankenpflegerinnen und -pflegern. Die Erwartungen, die an das Pflegepersonal gestellt werden, sind vielfältig und tragen sicher zur großen Arbeitsbelastung bei. Kocher hat verschiedene Umfragen ausgewertet und kommt zu einer beachtlichen Liste an Erwartungen an das Pflegepersonal von Seiten der Patientinnen und Patienten: Sie sollen nicht ständig wechseln, Zeit für den Patienten haben, über große technische Kenntnisse verfügen, geschickt und aufmerksam sein, gerne Informationen weitergeben, den Patienten akzeptieren und als menschliches Wesen behandeln, mit ihm sympathisieren, ihn ermutigen und seine Interessen vertreten (Kocher, 1980, 89).

Auch von Seiten des Pflegepersonals bestehen Erwartungen an die zu Pflegenden. Vor allem das sich Einfügen in den Stationsalltag wird von Pflegekräften als Voraussetzung für eine gute Zusammenarbeit gesehen.

Es würde den Rahmen dieser Arbeit sprengen, alle im Krankenhaus arbeitenden Berufsgruppen und ihre Beziehungen zu den Patientinnen und Patienten darzustellen. In Kapitel 5, der Ergebnisdarstellung der Interviewstudie, werden noch weitere relevante Berufsgruppen (Seelsorge, Sozialarbeit, Psychoonkologie, Physiotherapie) erwähnt werden. An dieser Stelle gilt das Augenmerk den beiden prominentesten Berufsgruppen, der Ärzteschaft und dem Pflegepersonal. Ziel war weniger die Vollständigkeit als die Beschreibung der Eingebundenheit der Patientinnen und Patienten in vielfältige soziale Beziehungen, die Erwartungen, Rechte und Pflichten auf beiden Seiten mit sich bringen.

2.3.4   *Zusammenfassung*

Die Situation, als kranker Mensch ins Krankenhaus zu kommen, sich dort einer Diagnosestellung und/ oder einer Therapie zu unterziehen, beinhaltet zusammenfassend betrachtet ein großes Konfliktpotential. Dieses Zusammentreffen von Individuum und Institution bedeutet im Regelfall, dass sich das Individuum in die Institution einzufügen hat.

Ein Krankenhausaufenthalt bedeutet also in den meisten Fällen, dass eine durch Krankheit belastete Person sich der Routine des Krankenhauses, aber auch dem dort herrschenden Bild von Gesundheit und Krankheit, den dort üblichen Interaktionen, Hierarchien und Gepflogenheiten unterzuordnen hat. Als Gegenleistung erhält sie meist eine Heilung oder Linderung der eigenen Krankheit. Ob nichtmedizinische Bedürfnisse der Person wahrgenommen und befriedigt werden, unterliegt im Regelfall keiner systematischen Förderung durch das Krankenhaus.

Die Beziehung zu den Personen, auf die die Patientin/ der Patient im Krankenhaus trifft, und zu denen sie sich in unterschiedlichem Maß in Abhängigkeit erlebt, beruht auf historisch bedingten, relativ festgefügten Rollenzuschreibungen.

Aber auch Ärztinnen/ Ärzte und das Pflegepersonal unterliegen ihrerseits zahlreichen Belastungsfaktoren, die sich aus der Organisation der Institution ergeben und durch die derzeitigen Sparmaßnahmen des Gesundheitssystems verschärft werden. Meist sind sie im Bereich Kommunikation unzureichend für den einfühlsamen Kontakt mit kranken Menschen ausgebildet.

Diese Aussagen ergeben sich aus der theoretischen Analyse der Situation *krank im Krankenhaus*. Wie konfliktreich das Krankenhaus von Patientinnen und Patienten tatsächlich gesehen wird, und ob beziehungsweise welche Aspekte sic als Gesundung unterstützend oder behindernd erleben, wird das Thema des 5. Kapitels sein.

2.4 Die spezifische Situation von Krebspatientinnen und -patienten

Die Interviews dieser Studie wurden mit Krebspatientinnen und -patienten geführt. Die Krankheit Krebs bringt spezifische Belastungsfaktoren mit sich, die sich aus der Charakteristik dieser Krankheit und aus den sozialen Repräsentationen ergeben, die von Krebs existieren. Diese Faktoren sind mit daran beteiligt, wie die Interviewpartnerinnen und -partner ihre Erkrankung erlebt haben und welche Hilfen von Seiten des Krankenhauses sie infolgedessen als positiv bewerten. Um mit dem theoretischen Rahmen der Untersuchung eine Basis für das Verständnis der Situation zu schaffen, in der sich die Interviewten befinden, und aus der heraus ihre Erzählungen stammen, bedarf es an dieser Stelle einer Betrachtung der spezifischen Situation, in der sich an Krebs erkrankte Menschen befinden.

2.4.1 Soziale Repräsentationen von Krebs

Die sozialen Repräsentationen von Krebserkrankungen, also die gesellschaftliche geteilte Auffassung, was Krebs sei, auch wie bedrohlich Krebs sei, unterscheidet sich von der vieler anderer Krankheitsbilder.

> „Cancer patients are faced with a disease that is generally associated with long-lasting uncertainty, pain, and death. Myocardial infarction patients and diabetes patients, on the contrary, are able to influence their disease course by adopting a healthy lifestyle in conjunction with their environment" (Penninx; Kriegsman et al., 1996, 225).

Das Erhalten einer Krebsdiagnose löst daher bei den meisten Betroffenen eine umfassende Krise aus.

> „Krebs wird mit Unheilbarkeit, mit Sterben-Müssen, mit Schmerz und Siechtum in Verbindung gebracht und auch von Ärzten oft mit kurativer Hilflosigkeit assoziiert. An Krebs zu erkranken bedeutet daher für die direkt wie indirekt Betroffenen (z.B. Familie) in eine massive Lebenskrise zu geraten" (Frischenschlager, 1995, 601).

2.4.2   Krebs als Metapher

Susan Sontag hat anhand von literarischen und politischen Äußerungen aufgezeigt, dass Krebs häufig dann als Metapher verwendet wird, wenn bestimmte Zustände als besonders unnatürlich oder moralisch verwerflich kritisiert werden sollen. Der Gebrauch von Krebs als Metapher „läuft darauf hinaus, dass man vor allem anderen sagt, ein Ereignis oder eine Situation sei uneingeschränkt und unwiderruflich böse" (Sontag, 2005, 70). Sontag argumentiert weiter, dass die Beschreibung eines Phänomens als Krebs an sich schon eine Anstiftung zu Gewalt darstellt (ebd., 70): „strenge" Maßnahmen lassen sich damit rechtfertigen. Sie führt als Beispiele eine beachtliche Liste von Krebsmetaphern auf, die den verschiedensten politischen Anschauungen dienen sollen (Watergate als Krebs im Inneren, nahe dem Präsidentenamt; Israel als Krebs im Herzen der arabischen Welt; Stalinismus als der Krebs des Marxismus etc. (ebd.)).

Dieser Gebrauch der Krebserkrankung für die Illustration des Bösen wirkt sich häufig auf diejenigen Menschen aus, denen Krebs diagnostiziert wird. Sontag fordert demnach:

> „Solange eine besondere Krankheit als ein bösartiger, unbezwingbarer Feind und nicht einfach nur als Krankheit behandelt wird, werden die meisten Menschen mit Krebs in der Tat demoralisiert sein, wenn sie erfahren, dass sie Krebs haben. Die Lösung kann wohl kaum darin bestehen, dass man Krebspatienten nicht länger die Wahrheit sagt, sondern nur in der Berichtigung der Vorstellung von dieser Krankheit, ihrer Entmystifizierung" (ebd., 11).

2.4.3   Das Konstrukt Krebspersönlichkeit

Ein weiterer Aspekt, der eine Krebserkrankung für die betroffene Person zu einer großen Belastung werden lassen kann, sind die psychologisierenden Theorien, die die Ursachen für Krebs einer sogenannten „Krebspersönlichkeit" zuschreiben, da sie so mehr oder minder explizit eine *Stigmatisierung* der Krebspatientinnen und - patienten (Gerdes, 1986, 10) vorantreiben: „Ein ständiger oder wiederholt eintretender Zustand der Hoffnungslosigkeit wirkt sich auf die Gesundheit ungünstig aus" und kann so Krebs auslösen (Begemann, 1986, 69); auch wird postuliert,

Krebspatientinnen und -patienten seien Menschen, die „auf kleiner Flamme leben, die selten Beute von Gefühlsausbrüchen werden"[34], die Feindseligkeit verleugnen, deren Persönlichkeitsstruktur durch Depressionen und die Erinnerung an mangelnde Gefühlszuwendung in der Kindheit und die Schwierigkeit, enge Beziehungen aufrechtzuerhalten gekennzeichnet sind (vgl. Sontag, 2005, 46). Gefühlsarm, gehemmt, unterdrückt, überangepasst, alles ein hundertfünfzigprozentig machen wollen: eine unangenehme Liste von Attributierungen muss eine Krebspatientin/ ein Krebspatient ertragen, mit der Folge, dass die Schuld für die Krebserkrankung der betroffenen Person selber zugeschrieben wird[35]. Zwar gibt es keine eindeutigen Beweise für die „Krebspersönlichkeit" – ebenso viele Studien kommen zu negativen wie zu positiven Ergebnissen (Tschuschke, 2002, 225) – doch nimmt es Tschuschke als bewiesen an, dass bestimmte Einstellungen, Ressourcen und Fähigkeiten die Versuche einer Person, eine Krebserkrankung zu *bewältigen*, positiv beeinflussen können, wobei sich eine gute soziale und emotionale Unterstützung sowie eine Copingstrategie, die mit „fighting spirit" beschrieben wird, als in vielen Fällen als günstig herausgestellt haben (ebd., 226).

2.4.4 Krebs aus biomedizinischer Sicht

An dieser Stelle bedarf es einer Beschreibung der medizinischen Sicht auf Krebs, da dies das Deutungssystem ist, in das sich Patientinnen und Patienten begeben, wenn sie sich im Krankenhaus behandeln lassen.

Mit dem Begriff Krebs sind über zweihundert verschiedene Krankheiten hinsichtlich ihrer Symptomatologie zusammengefasst, die jedoch gemeinsam folgende morphologisch-dynamische Eigenschaften haben:

---

[34] Diese Äußerung stammt Sontag zufolge aus einem Zeitungsartikel einer Dr. Caroline Bedell Thomas mit der (wohl ernst gemeinten!) Überschrift: „Kann Ihre Persönlichkeit Sie umbringen?" (Sontag, 2005, 46).

[35] Zum Thema Schuld: Neben der Schuldzuweisung durch Persönlichkeitsmerkmale gilt in der öffentlichen Meinung die regelmäßige Inanspruchnahme von Früherkennungsuntersuchungen als größter Garant für beste Heilungschancen. Auch hier wird den Betroffenen die Verantwortung zugeschrieben und (stark vereinfachend und nicht immer die Realität abbildend) in Folge dessen die Schuld für eine fortgeschrittene Krebserkrankung: Man hätte ja nur zur Früherkennung gehen müssen...

- unkontrolliertes Wachstum
- infiltrierend, d.h. ein Wachstum, das in anderes Gewebe eindringt und es zerstört, nicht verdrängt
- gekennzeichnet durch die Neigung zur Bildung von Tochtergeschwüren, also Metastasen, die an den verschiedensten Körperstellen auftreten können und zur Rezidivierung (Begemann, 1986, 52; Nezu et al., 1998, 4ff., Faller et al., 1996, 113).

Ursachen für Krebs werden viele genannt, aber abschließende Klarheit besteht nicht. Vererbung, schädliche Umwelteinflüsse und eine ungesunde Lebensweise/ Ernährung gelten als die wichtigsten Ursachen. Auch auf dieser Ebene verschiebt sich derzeit die Schuldfrage hin zur Eigenverantwortung. Der World Cancer Research Fund (WCRF) hat vor Kurzem einen Bericht veröffentlicht, in dem eine aufschlussreiche Version von Krebsentstehung beschrieben ist. Die soziale Schere, Umweltverschmutzung, Atomunfälle oder die Ausbeutung der Dritten Welt werden nicht als Mit-Gründe aufgeführt, sondern der WCRF formuliert lediglich acht Empfehlungen zur gesunden (Wohlstands-)Lebensweise – Ernährung, Bewegung etc. betreffend – und vertritt demzufolge die Aussage, Krebs sei durch das Verhalten des Einzelnen eine „vermeidbare Krankheit" (Wasner, 2008, 26).

Üblicherweise wird eine Krebsbehandlung mit einer oder mehreren der Komponenten: Entfernung des Tumors durch Operation/ zum Teil Amputation des befallenen Körperteils, Chemotherapie, Bestrahlungen und Hormontherapie behandelt, je nach spezieller Tumorart und Erkrankungsstadium. Es handelt sich dabei um Behandlungsmethoden, die größtenteils sehr aggressiv – auch dem gesunden Gewebe gegenüber – sind, bleibende Auswirkungen auf die äußere Gestalt und/ oder die Lebensqualität haben, zum Teil selber krebserregend sein können und teilweise tödlich verlaufen; daher die häufige Aussage: *„die Behandlung ist schlimmer als die Krankheit".* Zum derzeitigen Stand der Forschung sind sie jedoch die einzig Erfolg versprechenden Verfahren, Krebs zu heilen oder zumindest die Überlebenszeit von Krebspatientinnen und -patienten zu verlängern.

Krebs ist eine Erkrankung, die zumindest im Anfangsstadium selten Schmerzen hervorruft; meist kann sie nur durch bildgebende Verfahren oder Laboruntersuchungen festgestellt werden. Dies geschieht häufig bei Routineuntersuchungen, zu deren Zeitpunkt sich die betroffene Person gesund fühlt, nun aber die Information erhält, schwer krank zu sein. Diese ambivalente Situation wiederholt sich mit umgekehrten Vorzeichen häufig am Ende der Behandlung. Nun wird der Patientin/ dem Patienten mitgeteilt, sie/ er sei gesund – aufgrund der belastenden Behandlungen fühlen sich die Betroffenen aber zu diesem Zeitpunkt häufig besonders krank und geschwächt (vgl. Caspari, 2007, 41).

2.4.5   *Krebs als umfassende Belastungssituation*

Die Diagnose und die Therapie einer Krebserkrankung können – zusammenfassend betrachtet – als eine potentiell sehr schwere Belastung im Leben der betroffenen Person gesehen werden. Krebs gilt in unserer Gesellschaft als eine bösartige, heimtückische Erkrankung, die als Metapher für zu Verurteilendes verwendet wird und dadurch zu einer noch größeren Belastung werden kann – zumal die Schuld für die Erkrankung den Betroffenen häufig selber zugeschrieben wird. Die Behandlung, die die Medizin Krebs entgegensetzt, ist eine aggressive und mit heftigen Nebenwirkungen verbundene Therapie. In diesem Sinne erscheint die Situation von Krebspatientinnen und -patienten als eine besonders sensible.

2.5   Zusammenfassung des theoretischen Rahmens der Untersuchung

Im Zuge der Betrachtung der theoretischen Grundlagen der hier vorliegenden Studie wurden verschiedene Themenbereiche beleuchtet. Im ersten Abschnitt habe ich Konzepte vorgestellt, die das klassische *Gesundheits- und Krankheitsverständnis* des biomedizinisch-mechanistischen Modells, das bis heute im deutschen Gesundheitswesen vorherrscht, kritisch betrachten, erweitern, sich sogar davon radikal abwendend, ein neues Gesundheitsverständnis postulieren. Der zweite Abschnitt hat zum Ziel, *das heutige Krankenhaus* von verschiedenen theoretischen Blickrichtungen zu beleuchten, wobei unter anderem die historisch bedingten Ausprägungen, die rechtlichen Grundlagen und aktuelle Entwicklungen verdeutlicht werden. Der dritte Abschnitt zeigt – von theoretischer Warte – auf, was (wahrscheinlich) einen *kranken Menschen im Krankenhaus* erwartet, bedingt durch die Organisation der Institution, aber auch in Beziehung zu den im Krankenhaus Arbeitenden. Abschließend wurde – mit Blick auf die an Krebs erkrankten Interviewpartnerinnen und -partner der vorliegenden Studie – die spezifische Belastungssituation von Krebspatientinnen und -patienten analysiert.

Die Tatsache, dass sich die Untersuchung des theoretischen Kontextes so facettenreich und kleingliedrig gestaltet, lässt auf die Komplexität des Themas schließen. Die Betrachtung aus verschiedenen Blickwinkeln, gerade aber auch die Einbeziehung der individuellen Bewertungen von Seiten der betroffenen Menschen, lassen die Beschreibung des Themenkomplexes Gesundheit – Krankheit aber auch der Institution Krankenhaus umfangreich, fast umständlich erscheinen. Die Bewertungen, die sich aus den Erfahrungen, Ressourcen und Einschätzungen der Einzelnen ergeben, erscheinen jedoch als der einzige Weg, auf dem heute noch Erfolg versprechend über Gesundheit und Krankheit gesprochen werden kann. Und so soll diese komplexe Beschreibung der Situation kranker Menschen im Krankenhaus als Verständnisgrundlage für die im Folgenden beschriebene Interviewstudie dienen.

Was sich hier anhand eines langen Inhaltsverzeichnisses zeigt, spiegelt das Charakteristische am mehrdimensionalen, multifaktoriellen Gesundheits- und Krankheitsverständnis wider. Es scheint komplizierter und weniger eindeutig zu sein, betrachtet man die Welt (oder auch nur die Institution Krankenhaus) durch die „biopsychosoziale Brille". Jedoch ist diese Komplexität der Preis für erstrebenswerte Erkenntnisse, die in diesem Kontext wertvoll sein können für das Verständnis der Situation von Menschen, die von schwerer Krankheit betroffen sind. Das Einbeziehen vielfältiger Einflussfaktoren auf die Situation jener Menschen ermöglicht auch auf Erfolg versprechende Weise die Nutzung einer Vielzahl von personen- und kontextabhängiger Ressourcen, die den Gesundungsprozess positiv beeinflussen können. So stellt sich die Frage, die in dieser Studie untersucht werden soll: *Wie kann das Krankenhaus eine unterstützende Ressource für die Gesundung sein?*

Die Personen- und Kontextabhängigkeit der möglichen „heilsamen Ressourcen" (Antonovsky, 1993, 10; Höfer, 2000, 76) macht es nötig, nach einem geeigneten Weg zu suchen, wie diese erforscht und so erst nutzbar gemacht werden können. Die in der vorliegenden Studie verwendeten Methoden der qualitativen Sozialforschung stellen einen Weg der Datenerhebung und -auswertung dar, bei dem die individuellen Sichtweisen und Erklärungsversuche der Befragten im Zentrum der Betrachtung stehen. Im folgenden Kapitel werden die für diese Studie verwendeten Forschungsmethoden beschrieben und in ihrer Angemessenheit für die spezielle Forschungsfrage diskutiert.

3 Forschungsprozess

3.1 Begründung des qualitativen Forschungsvorgehens

> „Zielt die konventionelle Methodologie darauf ab, zu Aussagen über Häufigkeit, Lage-, Verteilungs- und Streuungsparameter zu gelangen, Maße für Sicherheit und Stärke von Zusammenhängen zu finden und theoretische Modelle zu überprüfen, so interessiert sich eine qualitative Methodologie primär für das ‚Wie' dieser Zusammenhänge und deren innere Struktur vor allem aus der Sicht der jeweils Betroffenen" (Kiefl; Lamnek, 1984, 474, zit. nach Lamnek, 2005, 4).

Diese Gegenüberstellung des quantitativen und des qualitativen Forschungsparadigmas macht deutlich, warum für eine Forschungsfrage, wie sie hier theoretisch umrissen und anschließend formuliert wurde, eine qualitative Ausrichtung der Forschung angemessen erscheint. Ziel dieser Untersuchung ist es nicht, zum Beispiel ein „Ranking" aufzustellen, was wie viel Prozent der Patientinnen und Patienten im Krankenhaus wünschen. Es geht nicht um ein Aufgliedern der Patientenbedürfnisse nach einem bestimmten Verteilungsschema, sondern um den Versuch, Annahmen darüber zu formulieren, wie – in den Augen der Betroffenen – das Krankenhaus wahrgenommen wird und wie es die Gesundung unterstützen kann.

Einer Quantifizierung der Ergebnisse steht die Fokussierung auf die Betroffenen im Wege, in der vorliegenden Studie ist die Perspektive der Einzelnen ins Zentrum des Interesses gerückt. Es geht um ein Erfassen der individuellen Vorstellungen der Befragten: was ist Gesundheit und Krankheit, wie können Gesundheit/ Krankheit beeinflusst werden, und wie haben die Befragten in diesem Zusammenhang das Krankenhaus als unterstützende oder behindernde Ressource für die Gesundung erlebt. So schließe ich mich Breuer (1996, 15) an, der den qualitativen Ansatz wie folgt beschreibt:

> „Wir bemühen uns um ein empathisches, interpretatives und rekonstruktives Nachvollziehen, Verstehen und Explizieren der Seh- und Handlungsweisen der untersuchten Personen".

Um die individuellen Sichtweisen der einzelnen Befragten erfahren zu können, ihnen also die Möglichkeit zu geben, ihre Erlebnisse und Erfahrungen in Bezug auf das Krankenhaus aus ihrer Perspektive zu erzählen, bedarf es einer Forschungsmethode, die mit großer, wertschätzender Offenheit auf die Interviewpartnerinnen und -partner zugeht – auch hier zeigt sich die qualitative Ausrichtung von Sozialforschung als angemessener, da Offenheit als eines ihrer zentralen Elemente genannt wird (z.B. Lamnek, 2005, 7) und Bergold; Breuer (1992, 29) konstatieren:

> „Eine weitere Maxime [der qualitativen Sozialforschung, A.G.], die uns wichtig ist, ist die des Ernstnehmens und der Wertschätzung der im Feld vorhandenen Bedeutungskonstruktionen, Subjektsichtweisen, Wissensbestände und Handlungserfahrungen."

Neben der zentralen Relevanz der Betroffenenperspektive und dem Postulat der Offenheit und der Wertschätzung den Interviewten gegenüber, stellt die Komplexität des Untersuchungsgegenstandes einen weiteren Grund dar, die hier beschriebene Untersuchung qualitativ auszurichten. Ist es in der quantitativen Forschung sinnvoll, Komplexität so weit es geht zu reduzieren, um zu möglichst klar definierten Ursache-Wirkungsmechanismen gelangen zu können, so ist es hier das Ziel, Komplexität zu erfassen und als solche abzubilden. Die vielgliedrige, geschichtlich ausdifferenzierte Institution Krankenhaus, daneben die hoch komplexe Situation der einzelnen von schwerer Krankheit Betroffenen sollen hier nicht reduziert werden, sondern in ihrer Vielschichtigkeit belassen und gerade als solche als Grundlage für die zu entwickelnden Annahmen dienen.

Als letzten Punkt, der die Entscheidung, ein qualitatives Forschungsdesign zu wählen, untermauern soll, ist die hier angestrebte Art der Theoriegenerierung. Im Gegensatz zur Überprüfung einer Hypothese, die ex ante[36] formuliert wurde, war es hier das Ziel, aus den Daten heraus Annahmen entstehen zu lassen. Auch wenn der Forscher/ die Forscherin niemals eine *tabula rasa* sein kann, wie dies zunächst in der qualitativen Sozialforschung gefordert wurde (vgl. Glaser; Strauss, 1967), so gilt es die Präkonzepte, die die forschende Person unweigerlich hat – im Sinne von sensibilisierenden Konzepten (Blumer, 1954) – zu explizieren und im Laufe des Forschungsprozesses zu erweitern, zu revidieren und auszuarbeiten (Witzel, 1985,

---

[36] Der klassische Weg quantitativer Forschung ist der, anhand von bestehenden Theorien sozusagen „am Schreibtisch" eine *Hypothese* zu entwerfen, und diese dann in einem linearen Prozess in operationalisierter Form an empirischen Zusammenhängen zu *überprüfen* (Flick, 2002, 68).

230). Die Theorie entsteht also aus den Daten und wird nicht der Datenerhebung vorausgehend formuliert und dann an den Daten überprüft.

Die hier beschriebenen Grundannahmen der qualitativen Sozialforschung korrespondieren mit meinem Forschungsinteresse, aus dem heraus ich diese Untersuchung konzipiert habe. Die Beschäftigung mit Gesundheitshilfen, die die Sozialarbeit anbieten kann, ergab für mich eine scheinbar unüberwindbare Diskrepanz zwischen der Institution Krankenhaus als komplexer Organisation einerseits, die ihren eigenen Gesetzen folgt, und auch zumindest zum Teil folgen muss, um die Handlungsfähigkeit in dieser Komplexität aufrecht zu erhalten, und dem Individuum andererseits, das vielleicht gerade erst eine schwerwiegende Diagnose erhalten hat, beziehungsweise mit dem Verdacht auf eine schwerwiegende Erkrankung zur Abklärung ins Krankenhaus kommt. Die Person erlebt die Situation wahrscheinlich als ein kritisches Lebensereignis. Meine Vorstellung, dass Krankheit sich auf alle Lebensbereiche auswirkt, deckt sich mit den Erläuterungen zum mehrdimensionalen Gesundheits- und Krankheitsbegriff, die im Kapitel über theoretische Rahmenbedingungen zu lesen sind. Versuchte ich mich in die Lage der betroffenen Menschen hineinzuversetzen, war für mich das zentrale Gefühl, das sich breit machte, das Ausgeliefertsein. Dies schien mir durch eine Übermacht der Institution verursacht. Ist hier überhaupt Gesundung möglich? Im *Kranken*haus? Vielleicht kann diese übermächtig erscheinende Institution aber auch Verantwortung abnehmen, Kompetenz ausstrahlen, Zuversicht dafür geben, dass man im Reparaturbetrieb Hochleistungskrankenhaus „wiederhergestellt" werden kann? Vielleicht liegt es an den im Krankenhaus arbeitenden Menschen, ob Menschlichkeit aufkommen kann in der Institution Krankenhaus. Es ist aber größtenteils dem Zufall überlassen, an wen eine kranke Person im Krankenhaus gerät: nette Menschen – gute Heilung; unfreundliche Menschen – schlechte Heilung? Reichen Kleinigkeiten aus, um die Betreuungsqualität im Krankenhaus zu verbessern: jemand hält eine Hand, setzt sich mal auf die Bettkante, hört zu? Ist es so einfach?

Im Sinne von Breuer (1996, 15) ist die Explikation und Reflexion der eigenen Präkonzepte ein grundlegender und Erfolg versprechender Weg, um das Vorwissen der Forscherin/ des Forschers konstruktiv im Forschungsprozess zu nutzen. Nach und nach wird es durch die Daten suspendiert oder eingeklammert. Ohne das Bewusstmachen der eigenen Vorannahmen läuft die forschende Person Gefahr, nur nach dem zu suchen, was sie schon vorher wusste. Im Kapitel 5 wird sich zeigen, dass ich meine Vorannahmen nur zum Teil aufrecht erhalten habe und ein gänzlich neuer Aspekt zur zentralen Aussage geworden ist.

Fest zu stehen scheint jedoch, dass die Perspektive der im Krankenhaus behandelten Menschen zu wenig beachtet wird, geht es um die Beschreibung des Krankenhauses im Allgemeinen und Qualitätsfragen im Speziellen. In diesem Sinne lag mir von Anfang an die Stärkung der Betroffenenperspektive am Herzen, so dass eine Interviewstudie mit Patientinnen und Patienten hier auch diese Seite stärken sollte. Zwar gibt es recht viele Studien zur Belastungssituation von Krankenhauspatientinnen und -patienten (vgl. die medizinsoziologischen Studien der 1970er Jahre), doch die daran geübte Kritik und das Alter der Studien lassen deren uneingeschränkte Aktualität fraglich erscheinen (vgl. Kap. 2.2.3). Zudem liegt das Erkenntnisinteresse dieser Studien meist nicht im Erfassen des Erlebens der einzelnen Patientinnen und Patienten; das Forschungsdesign war häufig ein quantitatives. Auch neuere Veröffentlichungen zu Patientenbefragungen bedienen sich größtenteils quantitativer Konzepte und Modelle (vgl. Satzinger; Trojan et al., 2001). So erfreulich es ist, dass die Erfahrungen und die Meinungen von Patientinnen und Patienten zunehmend in das Qualitätsmanagement von Krankenhäusern integriert werden[37], so finden sich nur wenige Studien mit qualitativer Ausrichtung (z.B. Lalouschek, 1990; Pichler, 1994; Elsbernd; Glane, 1996; Kirschning, 2001), vor allem aber nicht ohne institutionelle Gebundenheit. Werden die Studien für ein bestimmtes Krankenhaus durchgeführt, und auch von diesem Krankenhaus in Auftrag gegeben, sind die Erkenntnisziele andere als meine. Es geht um positive Mund-zu-Mund-Propaganda, um höhere Patientenzahlen etc. (vgl. z.B. Quednau, 2001). Im Zentrum der hier vorliegenden Studie stehen jedoch die individuellen Relevanzsysteme Einzelner; wenn Satzinger und Raspe (2001, 63) hingegen konstatieren, dass das Ergebnis der in ihrem Sammelband vorliegenden Ergebnisse „recht einmütig" sind, dann scheint es, dass es ihnen eher um eine Verallgemeinerung der Erfahrungen aller Befragten geht, und sie also ein anderes Erkenntnisinteresse haben.

Die Betroffenenperspektive steht in dieser Untersuchung im Fokus – einerseits, um die je individuelle Sichtweise Einzelner zum Dreh- und Angelpunkt der Studie zu machen, und andererseits, um eine Stärkung der Patientinnen- und Patientenperspektive im Gesundheitswesen weiter voranzutreiben.

---

[37] So dienen zum Beispiel regelmäßig durchgeführte Patientenbefragungen als ein Instrument der Pilotphase des Zertifizierungsmodells der KTQ® (Kooperation für Transparenz und Qualität im Krankenhaus), das vom Bundesgesundheitsministerium gefördert wird (vgl. Satzinger; Trojan et al., 2001, 395).

Dieser Ansatz bringt noch einen weiteren Vorteil mit sich. Der in der Literatur häufig erwähnte Effekt, dass Zufriedenheitsstudien, vor allem mit Patientinnen und Patienten, in der Regel zu positiv ausfallen[38], lässt sich mit Aust (1994, 9) begegnen, indem nach einzelnen Situationen gefragt und nicht nur eine allgemeine Auskunft zur Zufriedenheit abgefragt wird. Der Ansatz, betroffene Menschen ihre Perspektive in Bezug auf das Krankenhaus und ihre Erfahrungen, die sie dort gemacht haben, ausführlich erzählen zu lassen, wird in dieser Hinsicht zu einem detaillierteren Bild kommen. Pauschalisierungen sind nicht das Ziel des so angelegten Forschungsdesigns.

Abschließend lässt sich zusammenfassen, dass aufgrund des Charakters der qualitativen Sozialforschung, der themenverwandten, bereits vorliegenden Studien und meiner eigenen Vorannahmen ein qualitatives Forschungsvorgehen für das hier formulierte Erkenntnisinteresse angemessen erscheint.

3.2   Auswahl der zu befragenden Personen

Die Entscheidung, qualitativ ausgerichtete Interviews als Erhebungsinstrument der Studie zu wählen, wirkt sich auf die Auswahl der zu befragenden Personen aus. Oberstes Ziel ist hier eine Balance zwischen einer möglichst großen Bandbreite an Erzählungen, um verschiedene, individuelle Sichtweisen auf das Krankenhaus zu bekommen, und einer Überschaubarkeit der Untersuchungsgruppe, um eine analytische Tiefe wahren zu können ohne den Rahmen und die Ressourcen dieser Studie zu sprengen. Ziel ist es eben gerade nicht, eine möglichst große Stichprobe zu erfassen um Aussagen mit statistischer Gültigkeit zu produzieren, sondern eine Varianz und Vielschichtigkeit aufzuzeigen. Die theoretische Methode, die Strauss (1998) und Strauss; Corbin (1996) dafür vorschlagen ist das *Theoretical Sampling*. Dabei geht es um die im Forschungsprozess immer wieder neue Frage, welche Daten als nächstes erhoben werden sollen, weil sie für den Prozess relevant erscheinen, und wo diese zu finden sind (Strauss, 1998, 70f.). Ziel ist das Erfassen

---

[38] vgl. hierzu die Allensbacher Krankenhausstudien (z.B. Aust, 1994, 22). Auch Raspe hat mehrere Zufriedenheitsanalysen betrachtet und stellt fest, dass im Durchschnitt drei Viertel der befragten Patienten sich zufrieden über den Krankenhausaufenthalt, die Arzt-Patient-Beziehung und die Betreuung äußerten, bei detaillierteren Nachfragen aber gleichzeitig von Unzulänglichkeiten in ihrer gesundheitlichen Versorgung berichteten (Raspe, 1983, 51).

von Ähnlichkeiten und Unterschieden. Die Auswahl der Fälle wird also nicht vor Beginn der Datenerhebung abgeschlossen, sondern im Erhebungsprozess, der bereits mit dem Auswertungsprozess verwoben ist, weitergeführt.

3.2.1 Krebspatientinnen und -patienten

Einige grundlegende Entscheidungen mussten jedoch zu Beginn getroffen werden um zumindest eine gewisse Vergleichbarkeit der einzelnen Erzählungen herstellen zu können. Dies bezieht sich vor allem auf die Erkrankung der zu befragenden Menschen. Zum Beispiel hat die Behandlung und Versorgung von leicht oder mittelschwer verletzten Unfallopfern wenig mit der von chronisch Erkrankten oder Menschen in der terminalen Phase zu tun. Allein die völlig verschiedenen Vorgehensweisen der medizinischen Therapien in diesen exemplarischen Fällen würden einen Vergleich schwierig machen. Es wäre unmöglich festzustellen, ob die verschiedenen Erfahrungen der erkrankten Menschen auf den unterschiedlichen Krankheitsbildern und dementsprechend den unterschiedlichen Behandlungskonzepten beruhen, oder aufgrund der individuellen Sichtweisen entstanden sind. Andererseits wollte ich die Varianz der Ergebnisse nicht zu stark eingrenzen und mich auf ein einzelnes sehr spezielles Krankheitsbild konzentrieren, um den Ergebnissen nicht einen größeren Geltungsbereich zu verwehren. Der zu beschreibende Krankenhausaufenthalt (oder mehrere) sollte im Zuge einer schweren Erkrankung erfolgt sein, die sich nicht nur kurzzeitig und vorübergehend auf das Leben der Patientin/ des Patienten auswirkt. Die Erkrankung sollte ein kritisches Lebensereignis (vgl. Filipp, 1992, 1995) darstellen, damit die von mir angenommene persönliche Bedeutsamkeit der Behandlung und Betreuung im Krankenhaus gegeben ist. Meine Hypothese, die dem zugrunde liegt ist die, dass ein unkomplizierter Beinbruch oder eine komplikationslose Blinddarmoperation meist wenig andauernde Auswirkungen auf viele Lebensbereiche der Betroffenen hat und dementsprechend weniger Hilfen auch für die langfristige Bewältigung der Situation vonnöten sind.

Ich habe so die Entscheidung getroffen, an Krebs erkrankte Menschen zu interviewen. In Kapitel 2.4 habe ich bereits von theoretischer Seite her beschrieben, welche spezifischen Belastungsfaktoren mit einer Krebserkrankung einhergehen können. Interviewt wurden Menschen mit verschiedenen Tumorarten, um nicht nur die besonderen Aspekte einer speziellen Krebserkrankung berücksichtigen zu können und eine gewisse Varianz zu erreichen. Dennoch ist ein Vergleich miteinander möglich.

Die Entscheidung, Menschen mit einer Krebserkrankung zu interviewen, beinhaltete auch mein Interesse daran, wie Betroffene diese Erkrankung erleben, wie das Krankenhaus Menschen in einer derartigen Lage wahrnimmt und ihnen begegnet. Interessant sind die Aussagen, die sich daraus über das Krankenhaus als unterstützenden und/ oder belastenden Faktor der Gesundung der Betroffenen treffen lassen.

3.2.2   Poststationäre Befragung

Ich habe mich entschieden, mich für die Befragung nicht in die Institution Krankenhaus zu begeben, sondern die Betroffenen poststationär zu befragen. Als stärkstes Argument dient mir hier die Überzeugung, dass es einfacher ist, über die Erfahrungen des Krankenhausaufenthaltes zu sprechen, befindet man sich nicht dort. Die Beziehung zum Krankenhaus ist von einer großen Abhängigkeit, zum Teil auch von Dankbarkeit geprägt. Demzufolge hatte ich die Befürchtung, durch Aspekte der Loyalität weniger offene Antworten und vielleicht zu positive Beschreibungen zu bekommen (vgl. nächster Abschnitt über mein Auswahlverfahren von Interviewpartnerinnen und -partnern). Eine weitere Überlegung war es, dass es mir schwerfallen würde, im Krankenhaus einen ruhigen und störungsfreien Ort zu finden, an dem ein Interview von unbestimmter Länge stattfinden könnte. Ich bezweifelte auch, dass Untersuchungs- oder Behandlungstermine auf meine Gespräche abgestimmt werden könnten. Ein drittes Argument für eine poststationäre Befragung war die Annahme, dass durch einen gewissen zeitlichen Abstand zum Erlebten eine Reflexion stattgefunden haben kann, die eine eindeutigere Meinung zum Krankenhaus und dessen Rolle für die Gesundung hervorgebracht hat.

3.2.3   Theoretical Sampling

Wie bereits erwähnt, beinhaltet die Strategie des Theoretical Samplings ein sukzessives Suchen nach weiteren Interviewpartnerinnen und -partnern, das sich aus den bereits erhobenen und ausgewerteten Daten ergibt; mit dem Ziel ein möglichst zutreffendes Set der relevanten Deutungs- und Handlungsmuster zu erlangen.

Zu Beginn meiner Fallauswahl habe ich mich an Elsbernd; Glane orientiert, die ihre Interviewpartnerinnen und -partner über Selbsthilfegruppen kontaktiert haben. Sie gehen davon aus, dass dort häufig chronisch Erkrankte organisiert sind, die über viele Erfahrungen mit dem Krankenhaus verfügen. Zudem glauben die Autorinnen dort Menschen finden zu können, die eventuell sensibilisiert für das Thema Krankenhaus sind. Ein weiterer Vorteil dieser Kontaktaufnahme besteht für sie darin, auf diesem Weg Patientinnen und Patienten kennenzulernen, die sich derzeit nicht im Krankenhaus befinden, um so nicht *im* Krankenhaus *über* das Krankenhaus befragen zu müssen. Sie hoffen, auf diesem Wege Loyalitätskonflikte und Antworten im Sinne sozialer Erwünschtheit abmildern zu können (Elsbernd; Glane, 1996, 58).

Über die örtliche Krebsgesellschaft habe ich so den Kontakt zu einer Selbsthilfegruppenleiterin für Brustkrebspatientinnen hergestellt, die sich selber als Interviewpartnerin zur Verfügung gestellt und mich zu dem nächsten Treffen ihrer Selbsthilfegruppe eingeladen hat. So habe ich das erste Interview mit dieser Dame durchgeführt, in der Wartezeit bis zum nächsten Gruppentreffen aber schon weitere Kontakte geknüpft. Eine Leiterin für Krebssportgruppen[39] hat sich an meinem Thema interessiert gezeigt und mir die Möglichkeit gegeben, in ihre Sportgruppen zu kommen, um meine Studie vorzustellen und um für eine Teilnahme als Interviewpartnerin zu werben. Es hat sich für die erwünschte Varianz der Untersuchungsgruppe als positiv herausgestellt, dass ich einerseits Selbsthilfegruppenmitglieder, andererseits Frauen interviewt habe, die sich einer Krebssportgruppe angeschlossen haben. Meine Annahme ist, dass es unterschiedliche Motivationen gibt, warum sich eine betroffene Frau der einen oder anderen Art der Gruppen anschließt, wobei die von mir besuchten Krebssportgruppen weniger als die Selbsthilfegruppe den Fokus darauf hatten, sich über Krebs und die in Zuge dessen gemachten Erfahrungen auszutauschen. Eine Interviewpartnerin drückt es wie folgt aus:

---

[39] In den hier kontaktierten Krebssportgruppen treffen sich Frauen mit unterschiedlichen Krebserkrankungen wöchentlich um gemeinsam Sport zu treiben und Gemeinschaft zu erleben.

„Selbsthilfegruppe wollt ich komischerweise gar nicht, weil ich ge-
dacht hab: hast mit deiner eigenen Krankheit zu tun, dann musst du
dir noch von den anderen des anhören, und irgendwann hat man auch
die Nase voll gehabt, wo ich gesagt hab: ich will gesund sein, ich will
ja das abhaken, ne? Dagegen die Sportgruppe, ... so viel, wie wir da
lachen, da weiß man zwar, man kann kommen, gerade, wenn jetzt
Nachsorge oder so etwas ist, wie ist denn das bei dir? Oder was hat
denn dein Arzt gesagt, des ist interessant, ne, da noch andere Meinun-
gen zu hören, aber das macht man, wenn man das Bedürfnis[40] hat, an-
sonsten wird da überhaupt nicht über Krankheit gesprochen. Man
weiß, die, die und die ist genauso eine Geschädigte, oder ne Betrof-
fene, aber .. dadurch kommt die Gemeinsamkeit, es wird nicht über
Krankheiten gesprochen" (Frau E., S. 16).

Nachdem ich etwa die Hälfte der Interviews durchgeführt hatte, hat sich durch eine
erste Auswertung gezeigt, dass die subjektiven Krankheits- und Gesundheitsvorstellungen ein wichtiger Faktor dafür sind, wie die befragte Person das Krankenhaus erlebt hat. Bis zu diesem Zeitpunkt erachtete ich diese Konzepte und Theorien
zwar als themenrelevant aber nicht als samplebestimmend. Daraus folgend habe
ich versucht, mein Sample dahingehend zu vergrößern, dass eine möglichst große
Varianz an unterschiedlichen Vorstellungen über Gesundheit und Krankheit (vgl.
Kap. 2.1.5: Faltermaier, 1994b und Herzlich, 1969) darin enthalten sind. Dies
beinhaltet das Problem, dass die subjektiven Gesundheits- und Krankheitsvorstellungen einer Person nicht von vornherein „sichtbar" sind, es aber auch kein Thema
ist, das bei einer ersten kurzen Interviewverabredung erfragt werden kann. Es galt
also, Indikatoren für verschiedene Vorstellungen in Bezug auf Gesundheit und
Krankheit zu formulieren, in der Hoffnung auf diese Weise eine möglichst große
Bandbreite an verschiedenen Erwartungen an das Krankenhaus zu erhalten. Aufgrund theoretischer Annahmen zu subjektiven Konzepten/ Theorien von Gesundheit und Krankheit habe ich folgende Indikatoren angenommen:

*   *Phase der Erkrankung.* Subjektive Theorien sind veränderlich über den ge-
    samten Krankheitsverlauf hin (Verres, 1989a, 18). Meine Überlegung war,

---

[40] Im verwendeten Transkriptionssystem (Verres, 1986) bedeutet die Unterstreichung eines Wortes/
Wortteiles/ Satzteiles, dass es sich um ein besonders betontes Wort/ einen besonders betonten Abschnitt des Erzählten handelt.

dass Menschen mit metastasierten Tumoren oder Rezidiven aufgrund ihres krankheitsspezifischen Wissens, das sie vermutlich über die längere Phase ihrer Erkrankung angesammelt haben, wahrscheinlich andere Bedürfnisse an das Krankenhaus haben als neu Erkrankte, und dass sich die Erwartungen an das Krankenhaus auch unterscheiden, je nachdem, ob im derzeitigen Fokus eher die Bewältigung des Diagnoseschocks bei neu Diagnostizierten steht oder die Erkenntnis eines Patienten im fortgeschrittenen Stadium, dass die eigene Erkrankung nun nach einem längeren Verlauf nicht mehr heilbar ist.

- *Alter.* Die meisten der bis dahin interviewten Betroffenen waren zwischen 50 und 70 Jahren alt. Mein Ziel war es, auch jüngere Patientinnen und Patienten zu befragen. Nach Hofer (1987, 82) variieren die Bedürfnisse von Krankenhauspatientinnen und -patienten unter anderem aufgrund ihres Alters und ihres

- *Geschlechts.* Aufgrund meiner bisherigen Bemühungen um Interviewpartnerinnen/ -partner hatte ich ausschließlich Frauen interviewt. Um ein möglichst zutreffendes Set an Antworten zu bekommen, war es unabdingbar, auch Männer zu interviewen. Es stellte sich jedoch als äußerst schwierig heraus, männliche Krebspatienten über institutionelle Kontakte zu finden, die bereit waren, sich von mir interviewen zu lassen. Ein möglicher Grund dafür könnte in meiner Person als Frau liegen. Einige der häufigeren Krebsarten, an denen Männer erkranken, sind z.B. Prostata-, Hoden-, Darmkrebs: es handelt sich dabei um tabuisierte Körperzonen, so dass die Kommunikation darüber für die Betroffenen, und vielleicht in besonderem Maße einer Frau gegenüber, schwierig erscheint. Auch könnte ein Grund dafür geschlechtsspezifisch unterschiedliche Arten sein, mit der eigenen Erkrankung umzugehen (und darin enthalten, die Vorstellung, ob „darüber reden" hilfreich ist oder nicht). Frauen bauen sich zudem meist ein größeres soziales Netz auf als Männer, und der Zugang zu Interviewpartnerinnen, den ich bis zu diesem Zeitpunkt gewählt hatte, war über Gruppen erfolgt, die der sozialen Unterstützung und Vernetzung dienen. Deshalb schien es mir zusätzlich sinnvoll, Betroffene zu befragen, die

- *nicht institutionell organisiert* sind, womit ich die Entscheidung meine, sich nicht einer krebsspezifischen Gruppe wie einer Selbsthilfegruppe, den oben erwähnten Krebssportgruppen o.ä. anzuschließen. Dahinter steht die Überlegung, dass es sich dabei eventuell um eine bestimmte Subgruppe von Patientinnen und Patienten mit spezifischen Vorstellungen zu Krankheit und

Gesundheit handelt. Würde ich nur Menschen befragen, die einer (auch verschiedenen gearteten) Gruppe angeschlossen haben, würde ich eventuell ein verzerrtes Bild produzieren, da bestimmte Subgruppen nicht berücksichtigt wären.

Wie bereits erwähnt, war es besonders schwierig, Männer für die Interviews zu rekrutieren. Dies ist mir letztlich durch informelle Kontakte geglückt: Menschen aus meinem Bekanntenkreis haben mir wiederum ihnen bekannte Krebspatienten vermittelt. Dadurch war auch bewerkstelligt, dass der Kontakt zu nicht institutionell organisierten Krebspatienten hergestellt werden konnte. Ein drittes Interview mit einem betroffenen Mann wurde mir von der Leiterin des örtlichen Selbsthilfedachverbandes vermittelt, indem sie einen ihr gut bekannten Selbsthilfegruppenleiter für mich angesprochen hat. Somit war sie als vertrauensvolle und bekannte Person zwischengeschaltet. Obwohl Herr H. meinem Forschungsprojekt sehr aufgeschlossen und interessiert gegenüber stand, schien es ihm aussichtslos, in seiner Selbsthilfegruppe nach weiteren Interview-Interessierten zu suchen. Ich vermute, dass es um eine Zurückhaltung mir als Frau gegenüber gegangen sein könnte, da es sich um eine Prostatakrebsgruppe handelte. Zudem hatte er viele Erfahrungen mit Männern gemacht, so schilderte er mir, die nur aufgrund ihrer Frauen in der Selbsthilfegruppe waren, wobei die Männer den passiven Part übernommen hatten und die Frauen die Krankheit ihrer Männer „managten". Ich bin mir bewusst, dass hier vielleicht relevante Informationen nicht erhoben werden konnten, indem ich niemanden dieser Männer befragen konnte, doch meine Achtung vor dem individuellen Umgang mit einer wahrscheinlich belastend erlebten Situation verbat es mir, hier noch stärker zu „bohren" als ich es bis zu diesem Zeitpunkt gemacht hatte.

Nach der Durchführung von zwölf Interviews schien ich die Untersuchungsgruppe nach den zuvor formulierten Indikatoren für Varianz der subjektiven Theorien erweitert zu haben. Es war mir auch möglich, zwei Betroffene zu interviewen, die selber im Krankenhaus arbeiten und selbst Krebspatient/ Krebspatientin sind: eine Assistenzärztin und ein Krankenpfleger. Von dieser Koinzidenz versprach ich mir differenzierte Aussagen über das Krankenhaus, da die beiden Interviewpartner diese Institution nicht nur von Patientenseite sondern auch aus professioneller Sicht kannten.

Im Konzept der *theoretischen Sättigung* (z.B. Strauss; Corbin, 1996, 159), also dem Endpunkt des Theoretical Samplings und somit dem Entschluss, die Suche nach weiteren Interviewpartnerinnen und -partnern zu beenden, sehe ich eine gewisse Problematik. Nach jedem der zwölf geführten Interviews hatte ich das Gefühl, eine völlig neue Geschichte gehört zu haben. Die Erlebnisse, von denen die Befragten berichteten, deren diesbezügliche Einschätzungen, aber auch ihre Erwartungen an das Krankenhaus waren sehr individuell und subjektiv. Deshalb konnte ich nicht sicher davon ausgehen, eine inhaltliche Sättigung erreicht zu haben, war aber auch nicht der Ansicht, diese aufgrund der individuellen Ausformungen der Erzählungen je erreichen zu können. Diese Tatsache habe ich als eine *inhaltliche* Aussage über das Erleben der Krankenhaussituation von Patientinnen und Patienten gewertet, musste aber einen anderen Weg finden, auf dem ich bestimmen konnte, ob meine Untersuchungsgruppe eine ausreichend große Bandbreite an verschiedenen Deutungs- und Handlungsmustern beinhaltete. Deshalb habe ich die theoretische Sättigung an anderen, untergeordneten Aspekten der Erzählungen festgemacht.

Von den Aufzählungen verschiedener subjektiver Konzepte, Theorien und Repräsentationen von Faltermaier und Herzlich (siehe oben) ausgehend, hatte ich eine große Bandbreite abgedeckt und konnte daraus sehr unterschiedliche Erwartungen an das Krankenhaus herauslesen. Dies erschien mir sehr bedeutsam, vor allem in Hinblick auf meine Präkonzepte, da ich ja vermeiden wollte, nur solche Erzählungen zu berücksichtigen, die sich mit meinen Vorstellungen von Gesundheit und Krankheit und den daraus folgenden Erwartungen an das Krankenhaus deckten. Ein weiterer Aspekt, den ich als Indiz für eine möglichst große theoretische Sättigung herangezogen habe, war die Beurteilung des Erlebten von Seiten der Interviewpartnerinnen und -partner. Unter den Befragten gab es eine Gruppe, die mit der Behandlung und Betreuung im Krankenhaus völlig zufrieden war, es gab einige, deren Zufriedenheit je nach Krankenhausaufenthalt beziehungsweise Behandlungsphase variierte (z.B. gynäkologische Station sehr zufrieden, chemotherapeutische Ambulanz gar nicht zufrieden); einige hatten ihre Krankenhausaufenthalte als Katastrophe erlebt, bis hin zu denen, die aus verschiedenen Gründen das Krankenhaus ablehnten und soweit wie möglich mieden. Da mein Ziel des Samplings eine maximale Vielfalt von Geschichten war, schien ich hier auf dem richtigen Weg zu sein. Um den einzelnen Geschichten im Rahmen meiner zeitlichen Ressourcen in Bezug auf analytische Tiefe gerecht werden zu können, habe ich an dieser Stelle vom Erheben weiterer Daten abgesehen. Ich habe den Aspekt der theoretischen Sättigung eher als eine bewusste Entscheidung erlebt, die getroffen werden muss, als eine die sich aufdrängt. Eine Erhebung, aber auch eine Auswertung ist nie zu hundert Prozent „fertig", diesen Schlusspunkt muss die forschende Person meines Erachtens aktiv setzen. Strauss ist der Meinung, zu viel

Datenmaterial könne einer effektiven Analyse im Weg stehen (Strauss, 1998, 200), was mich zusammen mit der oben beschriebenen Varianz der Daten dazu bewogen hat, an dieser Stelle von der Durchführung weiterer Interviews abzusehen.

3.3   Darstellung der Stichprobe

Um einen Überblick über die Stichprobe zu gewähren, sind im Folgenden tabellarisch einige Daten zu den interviewten Personen[41] aufgelistet. Eine ausführlichere Darstellung der einzelnen Fälle ist in der Form von einzelnen Porträts der Befragten in Kapitel 4 zu finden. Die Namen der Interviewten sind maskiert, die Buchstaben, mit denen die Einzelnen benannt wurden, entsprechen nicht den Anfangsbuchstaben ihrer wahren Namen. Auch in der weiteren Darstellung der Ergebnisse der Studie wird die Anonymität der Teilnehmenden gewahrt, Namen von Krankenhäusern, Ärzten/ Ärztinnen, Pflegenden, Orten etc. wurden zusätzlich unkenntlich gemacht.

---

[41] Ich habe mich entschieden, eine Interviewpartnerin nicht in die Auswertung mit einzubeziehen, da eine biographisch bedingte Sensibilität und Verletzlichkeit Einrichtungen des Gesundheitswesen gegenüber sie dazu bewogen haben, den Fokus ihrer Erzählung auf andere Kontakte mit dem Krankenhaus zu setzen, als diejenigen, die im Rahmen ihrer Krebserkrankung stattfanden. Die von ihr geschilderte Angehörigenperspektive hätte – abgesehen von ihrer Interessantheit – einen völlig neuen Aspekt des Krankenhauses dargestellt. Eine Einbeziehung hätte in meinen Augen zu weit geführt. Aus diesem Grund sind im Folgenden nur die elf Interviewpartnerinnen und -partner aufgeführt, die in die Auswertung einbezogen wurden.

Name	Alter	Beruf	Diagnose, Diagnosejahr	Krankheitsphase beim Interview	Therapien	Krankenhaus-aufenthalte
Frau M.	53	Kaufmänn. Angestellte	Mammakarzinom, 2005	Komplette Remission	OP (brusterhaltend), Chemo, Bestrahlungen	5 Tage + 2 Tage + ambulante Chemo + ambulante Bestrahlungen
Frau C.	60	Schneiderin	Gebärmutterhalskrebs, 1999	Komplette Remission	OP	8 Wochen + mehrere weitere Aufenthalte (je ca. 14 Tage)
Frau B.	68	Schulsekretärin	Mammakarzinom beidseits, 1999	Komplette Remission	OP (Mastektomie beidseits), Chemo	2 Wochen + ambulante Chemo
Frau D.	66	Kaufmänn. Beruf	Mammakarzinom, 2000; Rezidiv, zusätzl. Lymphknoten befallen, 2005	Komplette Remission Seit letzter Therapie chron. Schmerz-symptomatik	OP (brusterhaltend), Bestrahlungen 5 J. später: OP (Mastektomie), Chemo, Bestrahlungen	10 Tage + ambulante Bestrahlungen + 6 Tage + ambulante Chemo + ambulante Bestrahlungen
Frau F.	69	Sekretärin	Mammakarzinom, 1983 Hautkrebs, 2006	Kompl. Remission (jedoch ansteigender Tumormarker)	OP (Mastektomie), Bestrahlungen, ambulante OP (Haut)	14 Tage + mehrere, auch längere Aufenthalte
Frau A.	36	Assistenz-ärztin	Morbus Hodgkin, 2005	Komplette Remission	Chemo	4 Tage + 2 Tage + 8 Monate ambulante Chemo
Frau E.	57	Chefsekre-tärin	Mammakarzinom, 2000	Komplette Remission	OP (Mastektomie), Chemo	1 Woche + 3 Wochen + ambulante Chemo

101

Name	Alter	Beruf	Diagnose, Diagnosejahr	Krankheitsphase beim Interview	Therapien	Krankenhausaufenthalte
Frau G.	60	Kaufmänn. Angestellte	Mammakarzinom, 1997; Zweimaliges Rezidiv, 1999 sowie 2003	Komplette Remission	1997: OP (brusterhaltend), Bestrahlungen; 1999 und 2003: OP (Mastektomie)	5 Tage + 7 Tage + „etwas länger"
Herr N.	39	Krankenpfleger	Metastasierter Hodenkrebs, 2005 schwere Komplikationen	Komplette Remission	OP (Orchiektomie), Chemo	7 Monate (stationäre Chemo)
Herr H.	65	Maschinenbauingenieur	Metastasierter Prostatakrebs, 1995	Unter Chemotherapie, stabile Phase	OP, wdh. Chemotherapien und OPs	Wiederholte Aufenthalte + ambulante Therapien
Herr K.	42	Selbständiger Messebauer	Hirntumor, 2005	Komplette Remission	OP, Chemo, Bestrahlungen	2 Wochen + amb. Chemo + amb. Bestrahlungen

Tab 3: Stichprobe der Untersuchung

Glossar:

Mammakarzinom	Brustkrebs
Morbus Hodgkin	bösartige Lymphknotenerkrankung
Mastektomie	operative Entfernung der Brust
Orchiektomie	operative Entfernung des Hodens
Komplette Remission	kein Nachweis von Krebszellen mehr
Rezidiv	Rückfall der Krebserkrankung
Metastasiert	Krebserkrankung mit Absiedelungen in Lymphknoten oder anderen Organen

3.4 Datenerhebung mittels Problemzentrierter Interviews

Bei der Datenerhebung mittels Problemzentrierter Interviews handelt es sich um eine Interviewform, die Narration und Leitfaden kombiniert. Einerseits beinhaltet sie erzählgenerierende Fragen, damit die Interviewten das zu behandelnde Thema in ihrem Sinnzusammenhang erzählen können und aus ihrer Perspektive nicht nur „isolierte Antworten auf isolierte Fragen" (Bahrdt, 1975, 13, zit. nach Witzel, 1985, 238) geben müssen. Andererseits hat die forschende Person aber nach Witzel (1985), der diese Interviewmethode vorgeschlagen hat, die Möglichkeit, auch verständnisgenerierend zu fragen. Das Problemfeld kann dadurch fokussierend befragt werden, vor allem an Stellen, an denen die Erzählung der Interviewten verallgemeinernd oder oberflächlich bleibt. Es geht also einerseits darum, das subjektive Relevanzsystem der befragten Person zum Vorschein zu bringen, und dabei sich die Darstellungslogik der erzählenden Person entfalten zu lassen, andererseits kann jedoch die Forscherin/ der Forscher den Blick auf eine ausreichende Materialgrundlage haben, um genügend Aussagen zu erhalten, die er/ sie für den Forschungsprozess und in Bezug auf die Forschungsfrage benötigt (ebd., 244). Dies wird durch die spezielle und flexible Nachfragemöglichkeit anhand eines Leitfadens ermöglicht.

Die Erhebungsmethode *Problemzentriertes Interview* eignet sich nach Flick (2002, 138) vor allem für die Auseinandersetzung mit subjektiven Sichtweisen und geht von einer sehr offenen Herangehensweise ohne vorheriges festes Konzept (also ohne explizite Hypothesenbildung ex ante, Witzel, 1985, 228) aus. So ähnelt die Ausrichtung dieser Methode der meines Forschungsvorgehens. Demzufolge kann von einer Angemessenheit der Erhebungsmethode ausgegangen werden. Auch die drei zentralen Kriterien, durch die Problemzentrierte Interviews charakterisiert sind, decken sich mit meinem Forschungsansatz.

3.4.1 Zentrale Kriterien des Problemzentrierten Interviews

Die *Problemzentrierung* ist die „Orientierung des Forschers an einer relevanten gesellschaftlichen Problemstellung" (Witzel, 1985, 230), also am Wissenshintergrund der forschenden Person. Daraus zeigt sich die Wichtigkeit, die dem Forschungsprozess zugrundeliegenden Theorien und Konzepte offen zu legen und zu systematisieren. Hier wird also nicht vom Forschenden als *tabula rasa* ausgegangen, sondern seine/ ihre theoretischen Vorannahmen werden in den Erkenntnisprozess einbezogen: Im Sinne von Blumer (1954) nennt sie Witzel „sensityzing concepts" (Witzel, 1985, 231) und schlägt vor, das Problemfeld vorläufig im Sinne einer Sensibilisierung zu formulieren. Dabei ist es aber wichtig, für die Erkenntnisse offen zu bleiben, die in den Daten enthalten sind: sie in die sensibilisierenden Konzepte einzubauen, Vorheriges umzubauen, abzuändern etc. Es geht um eine „Verschränkung von bestehendem und zu ermittelndem Wissen" (ebd.). Diese Problemzentriertheit ist zum Beispiel ein wichtiger Faktor bei der Auswahl von Interviewpartnerinnen und -partnern. Ohne gewisse Vorannahmen, wer zur Fragestellung relevante Informationen besitzen könnte, gestaltet sich die Datenerhebung schwierig.

Beim zweiten Kriterium Problemzentrierter Interviews, der *Gegenstandsorientierung*, geht es um die Orientierung der Forschungsmethode am Gegenstand, den es zu beforschen gilt. Zwar gilt auch hier, dass erste Überlegungen zur Erhebungsmethode theoriegeleitet sind, damit es eine Ausrichtung an der bestehenden Fragestellung geben kann. Dann wird aber flexibel auf den Forschungsprozess reagiert und es werden neue Erkenntnisse aus der Erhebung in das weitere Vorgehen einbezogen. Dies steht im Gegensatz zu vorgefertigten Messinstrumenten der quantitativen Forschung.

Schließlich gilt die *Prozessorientierung* als zentrales Kriterium der hier vorgestellten Erhebungsmethode. Im Sinne der Grounded Theory (Glaser; Strauss, 1967) geht es hier um eine schrittweise, in Reflexionsschleifen ablaufende Generierung einer gegenstandsbezogenen Theorie. Vom theoretischen Vorverständnis der forschenden Person ausgehend werden schrittweise anhand der erhobenen Daten Annahmen zum Gegenstand formuliert, die das Vorverständnis ablösen. Es handelt sich nach Witzel (1985, 233) um eine „Aufeinanderfolge von induktiver und deduktiver Vorgehensweise". Dies ist auf der Ebene des Forschungsprozesses zu beachten, aber auch zentrales Kriterium bei der Durchführung der Interviews. Ausgehend von einer erzählgenerierenden Frage entscheidet die interviewende Person im Gesprächsablauf, an welchen Stellen sie genauer nachfragt.

3.4.2 Gestaltung des Leitfadens

Der Leitfaden, als zentrales Instrument des Problemzentrierten Interviews, soll durch seine Elemente – Gesprächseinstieg, Allgemeine Sondierungen, Spezifische Sondierungen, Ad-hoc-Fragen (vgl. Witzel, 1985, 245) – einerseits den Erzählfluss der Interviewten anregen und dabei zulassen, dass sich deren Perspektive auf das Thema entfaltet. Andererseits muss das Forschungsinteresse im Auge behalten und der fragenden Person die Möglichkeit geben werden, im Sinne des Forschungsinteresses zu fokussieren und nachzufragen. Die Balance dieser beiden Aspekte muss sich im Forschungsprozess zunächst entwickeln und so hat der Leitfaden, der im Anhang dieser Schrift zu finden ist, erst im Laufe der Auswertung der ersten Interviews seine endgültige Form erreicht.

Es ergaben sich bei der Durchführung der Interviews zwei potentielle Diskrepanzen zwischen der Perspektive der Forscherin und der der Interviewpartnerinnen und -partner. Ich hatte mich dazu entschlossen, nach den *positiv* erlebten Erfahrungen im Krankenhaus zu fragen, um die Forschung ressourcen- und lösungsorientiert zu gestalten. Da ich ja nicht vor einem Interview sagen konnte, wie die zu befragende Person das Krankenhaus erlebt hatte, schien es mir zunächst unpassend, zu Beginn des Gespräches nur nach den positiven Erlebnissen zu fragen. Ich stellte mir hypothetisch eine interviewte Person vor, die entsetzt, vielleicht traumatisiert von ihren Erlebnissen im Krankenhaus war, die nun aber nur gefragt wird, was sie positiv erlebt hat. Ihre eigene Perspektive auf das Krankenhaus hätte sie so nicht darstellen können, vielleicht wäre sie sogar in Widerstand zur Interviewfrage gegangen. In den ersten zwei Interviews waren meine Fragen daher zunächst allgemeiner formuliert, diese gaben dann jedoch weniger Auskunft über positive Aspekte der jeweiligen Krankenhausaufenthalte. So habe ich mich im Weiteren dazu entschieden, zuerst selber auf mögliche Belastungen des Krankenhausaufenthaltes hinzuweisen, und dann im weiteren gezielt nach dem zu fragen, was am Krankenhaus gesund machen kann. In den ersten Interviews hatte ich auch gemerkt, dass mein anfängliches Fragen nach der Erkrankung und bisherigen Krankenhausaufenthalten von den Interviewten bereits dazu genutzt wurde, ihre eigenen Erfahrungen mit dem Krankenhaus und mit ihrer Erkrankung – zum Teil sehr ausführlich – zu erzählen.

Die zweite Diskrepanz zwischen meinem Forschungsinteresse und der Perspektive der Befragten war, dass bei den meisten Interviewpartnerinnen und -partnern der Fokus auf ihrer *Krebserkrankung* lag, im Gegensatz zu meinem Fokus auf dem

105

Krankenhaus. Teilweise „sprudelten" die Erzählungen zur Erkrankung allgemein: Auswirkungen der Diagnose, heutige Beschwerden, Bewältigungsphasen und -bemühungen, Erfahrungen mit niedergelassenen Ärztinnen/ Ärzten, Reaktionen des Umfeldes etc. Ich habe diese Erzählungen zugelassen (im Nachhinein, als sich die subjektiven Vorstellungen zu Krankheit/ Gesundheit als ein wichtiges Element des Krankenhauserlebens herausgestellt hatten, haben sie sich als „Fundgrube" herausgestellt), da ich gemerkt habe, wie zentral sie im Erleben der Betroffenen waren. An dieser Stelle war die methodenimmanente Möglichkeit, im Verlauf des Interviews auf Bestimmtes zu fokussieren, sehr hilfreich, da ich keine Sorge haben musste, das Interview würde sich zu weit von meinem Thema wegbewegen; ich konnte anhand meiner vorbereiteten Detailfragen immer wieder zum Krankenhaus zurückführen. Ein weiterer Grund, warum ich diese anfängliche Fokusverschiebung in den Interviews zugelassen habe, war, dass nach meinem Empfinden die Interviewsituation auf das Bedürfnis die eigenen Geschichte zu erzählen in vielen Fällen wie ein „Stöpsel" gewirkt hat, der aus einem Ventil gezogen wird. Es sprudelte förmlich aus den Befragten heraus, und gegen Ende des Interviews wurde in vielen Fällen die Dankbarkeit genau darüber ausgedrückt, dass jemand zugehört und sich Zeit genommen hat. Die Einbeziehung der Interviewsituation und meiner Empfindungen diesbezüglich werden noch Inhalt der Auswertung(smethodik) sein.

Abschließend lässt sich sagen, dass meine Befürchtungen, meine Fragestellung könne den Befragten zu wenig Raum für ihre eigene Geschichte geben, unbegründet waren. Vielleicht lag es am großen Respekt, den ich den Betroffenen und ihrer Situation gegenüber hatte, und den sie wohl gespürt haben, vielleicht lag es auch daran, dass ich wiederholt betont hatte, sie seien in meinen Augen die Experten für das Thema; betrachte ich die Interviewerzählungen, zeigt sich, dass alle ihre eigene Geschichte erzählt haben; zusätzlich der Details, die ich explizit nachgefragt habe.

Es bleibt noch hinzuzufügen, dass ich die Methode des Problemzentrierten Interviews insofern etwas modifiziert habe, als ich die biographischen Daten nicht wie vorgeschlagen anhand eines Kurzfragebogens (Witzel, 1985, 236) erhoben habe, sondern als Gesprächseinstieg in das Interviews erzählen habe lassen. Ich habe mich entschlossen, mich an Stewart et al. (1992) zu orientieren, die in biographisch orientierten Anfangsfragen die Möglichkeit sieht, sich auf den Interviewstil und das Thema hinzubewegen und Nähe zu schaffen; mit dem Resultat: „The interview couple is prepared for the grand tour" (Stewart et al., 1992, 200).

Der weitere Einsatz des Leitfadens war flexibel und gestaltete sich nach der jeweiligen Interviewsituation. Einige Fragen waren schon durch die Anfangserzählung abgedeckt, andere mussten noch detaillierter gestellt werden. Besonders an

Stellen, an denen die Interviewpartnerinnen und -partner in ihren Erzählungen verallgemeinernd blieben, hatte ich so die Möglichkeit, Daten zu erheben, die Ähnlichkeiten und Unterschiede genauer aufzeigten. Zum Beispiel habe ich Sätze wie: *„die waren alle nett"* oder *„es gab schon Unterschiede zwischen den Schwestern"* aufgegriffen und nach Beispielen oder genaueren Beschreibungen gefragt. Wie bereits beschrieben, beinhalteten meine Nachfragen auch das Hin- bzw. Zurückführen der Erzählung zu den Erlebnissen im Krankenhaus.

3.4.3   Kontaktaufnahme zu den Interviewpartnerinnen und -partnern

Nach der bereits beschriebenen telefonischen Kontaktaufnahme zu Multiplikatoren wie Selbsthilfegruppen- und Krebssportgruppenleitungen hatte ich die Möglichkeit, zwei verschiedene Sportgruppen zu besuchen und mein Forschungsanliegen vor-zutragen. Schon dort legte ich den Schwerpunkt auf mein Verständnis der Betrof-fenen als Experten des Themas und begründete damit mein Vorgehen, unter den Anwesenden nach Interviewpartnerinnen zu suchen. Im Anschluss daran kamen mehrere Gruppenteilnehmerinnen auf mich zu und signalisierten mir ihr Interesse an der Teilnahme an meiner Studie. Ich notierte mir die Namen und Telefonnum-mern und nahm dann einige Tage später telefonisch Kontakt auf, um nochmals meine Intentionen zu erklären, offene Fragen zu beantworten, ein immer noch bestehendes Interesse an der Teilnahme zu erfragen und Ort und Zeitpunkt des Interviews zu verabreden. Auch hinterließ ich meine Telefonnummer, und wies auf die Möglichkeit hin, noch aufkommende Fragen stellen zu können. So hätten sich die potentiellen Interviewpartnerinnen und -partner noch umentscheiden und das Interview absagen können. Diese implizite Option wollte ich unbedingt offen las-sen, da ein einfaches „nicht Kommen" durch den Ort des Interviews (bei den Be-fragten zu Hause, siehe unten) nicht möglich gewesen wäre. Letztlich fanden aber alle einmal verabredeten Interviews auch statt. Bei dem Sportgruppentreffen sowie beim späteren telefonischen Kontakt wies ich darauf hin, dass ich die Interviews gerne aufzeichnen wollte um während des Gesprächs nicht durch das Anfertigen von Notizen abgelenkt zu sein, und dass ich die Anonymität und das spätere Lö-schen der Interviewaufzeichnungen zusichern würde.

Als Ort des Interviews schlug ich, vor allem wegen der geringen Belastung der Interviewpartnerinnen, deren Zuhause vor, was alle so guthießen und mich zu ih-nen einluden. Diese Wahl des Interview-Ortes hatte einen positiven Nebeneffekt.

In der Methodenliteratur wird davon ausgegangen, dass als Ort eines Interviews der als sinnvoll erscheint, der der zu interviewenden Person vertraut ist, mit der Folge, dass die Erzählungen offener und die Gesprächsatmosphäre entspannter ist. Auch erleichterte es mir das Kennenlernen der Person. In zwei Fällen schaltete sich der Ehemann/ die Ehefrau für kurze Zeit in die Interviews mit ein: beide hatten an anderer Stelle betont, wie wichtig ihnen das Zusammenstehen als Paar in der Krankheitsphase war. Zudem hatten beispielsweise diejenigen, die erzählten, wie wichtig für sie die schön bepflanzte Dachterrasse eines Krankenhauses war, auch zuhause üppige Gärten und viele Zimmerpflanzen. Es konnten also aus der häuslichen Umgebung zusätzliche Information gewonnen bzw. bereits kommunizierte verdeutlicht werden.

Die Kontaktaufnahme zur Brustkrebs-Selbsthilfegruppe verlief anders als zu den Mitgliedern der Krebssportgruppen, da ich bereits die Gruppenleiterin selber interviewt hatte und diese in ihrer Gruppe Werbung für meine Studie betrieben hatte. Zwei Gruppenmitglieder erklärten sich ihr gegenüber zu einer Teilnahme an meiner Studie bereit, und ich wurde zum nächsten Gruppentreffen eingeladen, das in der Geschäftsstelle der ortsansässigen Krebsgesellschaft stattfand. Ich hatte dort die Gelegenheit, die beiden Interviews in einem anderen, störungsfreien Raum durchzuführen.

Alle anderen Interviews wurden telefonisch verabredet – wie bereits erwähnt wurde der Kontakt über Professionelle des örtlichen Hilfesystems oder über Menschen aus meinem Bekanntenkreis hergestellt – und sie fanden alle bei den Interviewten zu Hause statt. In Bezug auf Anonymität, Aufzeichnung und Freiwilligkeit bestanden die gleichen Verabredungen und Bedingungen.

3.4.4 *Durchführung der Interviews*

Vor dem vereinbarten Interviewtermin fertigte ich jeweils ein von Jaeggi; Faas; Mruck (1998, 6) vorgeschlagenes „Präskript" an, in dem ich kurz den Prozess niederschrieb, wie es zu diesem Interview gekommen war, und was für Assoziationen ich für die jeweilige Interviewsituation hatte: wie hatte die Person bisher auf mich gewirkt? Welche Gedanken und Gefühle hatte ich in Bezug auf das bevorstehende Interview? Zweck des Präskripts ist das Notieren von Informationen, die bei der späteren Auswertung relevant sein könnten, zum Beispiel als „Indizien für die Entwicklung von speziellen Interpretationsideen ... oder deren Verwerfung" (ebd.).

Zu Beginn der Interviews wiederholte ich nochmals meine Einschätzung, dass Patientinnen und Patienten die eigentlichen Experten im Krankenhaus seien, wenn es um die Einschätzung ginge, was hilfreich für die Gesundung sei. Ich betonte, dass ich deshalb ihre Bereitschaft, an meiner Studie teilzunehmen, sehr schätzte. Auch auf die Anonymisierung und spätere Löschung des aufgezeichneten Gesprächs wies ich hin, meist während ich mein Aufnahmegerät auspackte und platzierte. Ich versuchte, möglichst rasch mit dem Interview zu beginnen, um nicht schon vor dem Interview Gesagtes nicht aufgezeichnet zu haben. Den Leitfaden führte ich als „Spickzettel" ein, legte ihn neben mich und begann zunächst mit biographischen Fragen. Die Beschreibung des „Krankheitsweges" – also wann welche Diagnose, welches Krankenhaus, welche Therapien – nahm in vielen Fällen einige Zeit in Anspruch, gab aber, wie schon erwähnt, den zu Interviewenden die Möglichkeit, ihre Geschichte zu erzählen und Schwerpunkte gemäß ihres Erlebens zu setzen. Darauf folgte mein erzählgenerierender Impuls in Bezug auf ihre Erlebnisse im Krankenhaus, zu dem ich detailliertere Nachfragen in meinem Leitfaden hatte. Gegen Ende fragte ich noch nach Verbesserungsvorschlägen. Die Atmosphäre während der Interviews ähnelte in vielen Fällen der eines angenehmen Gesprächs[42], meine Nachfragen wurden interessiert aufgenommen und beantwortet. Über lange Strecken reduzierte sich meine Rolle auf aktives Zuhören und Interesse bekunden. Nach Beendigung des Interviews ließ ich das Gespräch über einige Zeit weiterlaufen, und gab auch explizit Gelegenheit dazu, über das Erleben der Interviewsituation zu berichten. Bei der Verabschiedung spürte ich in vielen Fällen eine große Dankbarkeit für mein Interesse an ihrer Situation, mehrmals wurde erwähnt, wie gut es getan hätte, erzählen zu können und zugehört zu bekommen. Teilweise wurde ich umarmt, bekam ein kleines Geschenk mit; *„fast wie eine Therapiestunde"* war die Reaktion einer Interviewpartnerin. Meine anfänglichen Befürchtungen, die Interviews könnten für Menschen, die an sich schon belastet seien, als zusätzliche Zumutung empfunden werden, da sie lediglich Informantinnen/ Informanten für meine Fragestellung seien, haben sich nicht bewahrheitet. Auch habe ich inhaltliche Schlüsse aus diesen Reaktionen geschlossen.

Die Interviews dauerten zwischen 40 Minuten und zweieinhalb Stunden. Der Zeitraum, in dem ich die Interviews erhoben habe, erstreckte sich, durch die Verschränkung der Erhebung mit einer ersten Auswertung, durch die neue Erkenntnisse für die weitere Erhebung entstanden, über das gesamte Jahr 2007.

---

[42] In den Fällen, in denen die Interviewsituation weniger ungezwungen und positiv besetzt war, habe ich diese Tatsache gesondert in die Auswertung mit einbezogen.

Möglichst zeitnah verfertigte ich „Postskripte" (Jaeggi, Faas; Mruck, 1998, 6; Witzel, 1985, 238) der Interviews, um einerseits die Dinge in Erinnerung zu behalten, die nach Ausschalten des Aufzeichnungsgerätes gesagt wurden, andererseits auch, um meine spontanen Gedanken und Gefühle nach dem Interview festzuhalten. Zum Teil kamen mir im oder direkt nach dem Interview Interpretationsansätze, die so notiert und später wieder aufgenommen werden konnten.

3.4.5 Aufzeichnung und Transkription

Die Interviews wurden mit Hilfe eines sehr kleinen digitalen Aufnahmegerätes mit sehr guter Aufnahmequalität aufgezeichnet; dies hatte den Vorteil, dass das Gerät weder sehr auffällig war noch zentral platziert werden musste; auch das Kassettenwechseln entfiel, das ich von früheren Interviews als störend und den Gesprächsfluss unterbrechend in Erinnerung hatte. Die Tatsache, dass das Gespräch aufgezeichnet wurde, konnte so in den Hintergrund rücken.

Die Interviews wurden von mir vollständig transkribiert, nur Abschnitte über völlig fremde Themen wurden durch kurze Inhaltsangabe und Dauer der Abschweifungen ersetzt. Ich orientierte mich bei der Transkription an den Regeln, die Verres (1986, 284) formuliert hat und habe somit auch Füllwörter, abgebrochene Sätze, Pausen, nonverbale Äußerungen, auffällige Lautstärkeveränderungen etc. im Transkript als wichtige Elemente des Interviews vermerkt. Viele meiner Interviewpartnerinnen und -partner redeten mit starkem Dialekt, wozu Verres vorschlägt, einerseits Dialektfärbungen einzudeutschen, echte Dialektausdrücke jedoch lautgetreu zu transkribieren (ebd.). Ziel war hier eine Balance zwischen der Lesbarkeit und dem Erhalten des authentischen Charakters, wobei ich mich an Witzel orientierte, der das Ziel eines Transkriptionssystems wie folgt ausdrückt:

> „Es ist vernünftig anzunehmen, dass ein Transkriptionssystem einfach zu schreiben, einfach zu lesen, einfach zu erlernen und einfach für die Suche sein sollte" (Witzel, 1985, 253).

Die Interviewpassagen, die ich in Kapitel 4 im Rahmen der Auswertungsergebnisse verwendet habe, wurden zum Teil mit dem Ziel einer verbesserten Lesbarkeit etwas vereinfacht. Oberstes Ziel war hier aber stets, die Aussage der Interviewpartnerin/ des Interviewpartners nicht zu verfälschen.

3.5   Auswertungsmethoden

Dem Auswertungsprozess liegt die Auffassung zugrunde, dass die Daten, die in den Interviews entstehen, einerseits eine *Interpretation der Wirklichkeit* darstellen (vielleicht hätten die in den Interviews vorkommenden Ärztinnen/ Ärzte oder Pflegepersonen die jeweiligen Situationen aufgrund ihrer eigenen Interpretationen ganz anders beschrieben), andererseits hat die *Interviewsituation als Interaktionsprozess* die Daten in dieser Form hervorgebracht. Um in der Auswertung der Daten diese Grundannahmen berücksichtigen zu können, bietet sich die Methodik der *Grounded Theory*[43] an. Pragmatische Überlegungen haben mich dazu bewogen, eine Variante der Grounded Theory, das *„Zirkuläre Dekonstruieren"* nach Jaeggi, Faas; Mruck (1998) zu wählen, wobei es sich um „eine überarbeitete und teilweise gekürzte Version" (Mruck; Mey, 1998, 295) der Grounded Theory handelt.

3.5.1   Zirkuläres Dekonstruieren

Ausgangspunkt des Zirkulären Dekonstruierens ist das Datenmaterial, aus dem heraus Annahmen, Kategorien und Konstrukte formuliert werden – und nicht vorgefertigte Hypothesen, die es zu bestätigen oder zu widerlegen gilt. Den Weg dorthin beschreibt der Name der Methode selbst, wie Jaeggi, Faas und Mruck beschreiben:

> „Der Begriff des Zirkulären Dekonstruierens leitet sich von dem konkreten Vorgehen
> ab: Unser Ausgangsmaterial ist ein Text, um den herum wir uns in kreativen Gedanken-
> schleifen intuitions- und theoriegeleitet bewegen. Damit „dekonstruieren" wir zirkulär
> und rekursiv den Text und setzen ihn anschließend so zusammen, dass implizite Sinn-
> gehalte sichtbar werden können" (Jaeggi; Faas; Mruck, 1998, 5f.).

---

[43] Zur Entstehung der Grounded Theory (übersetzbar mit *gegenstandsbegründete Theoriebildung*): „Dieser Ansatz wurde von Barney Glaser und Anselm Strauss als methodologische Verallgemeinerung eigener sozialwissenschaftlicher Forschungspraktiken in den sechziger Jahren vorgeschlagen (Glaser; Strauss, 1976), von Glaser (Glaser, 1978) ausgebaut und von Strauss (Strauss 1987, deutsch 1991 [1998]) sowie von Strauss und Juliet Corbin (Strauss; Corbin, 1990 [1996]) als methodisches Regelwerk und konkrete Handlungsanweisung expliziert" (Breuer, 1996, 16).

111

Zunächst wird jedes Interview einzeln ausgewertet. Dafür schlagen die Autorinnen sechs Arbeitsschritte am Transkript vor (ebd., 7ff.).

1. *Formulierung eines Mottos für den Text.* Damit ist zum Beispiel ein prägnanter Satz(teil) des/ der Interviewten aus dem Text gemeint, der aufgrund seiner Aussage als besonders treffend für dieses Interview erscheint. Durch die anfängliche Suche nach einem Motto findet eine erste, auch emotionale Auseinandersetzung mit dem Interview statt.

2. *Zusammenfassende Nacherzählung.* Sie soll kurz sein und das Wesentliche des Interviews enthalten, worin bereits eine Interpretationsleistung besteht, denn was wird als das Wesentliche angenommen und worauf wird der Schwerpunkt gesetzt? Ziel ist eine Straffung des Materials und eine weitere Beschäftigung mit den verschiedenen Inhalten des Interviews. Es kristallisieren sich dadurch schon erste (explizite wie implizite) Sinngehalte heraus.

3. *Stichwortliste erstellen.* Es geht darum, alle gehaltvollen und auffälligen Begriffe zu notieren (auch hier ist eine Interpretationsleistung vonnöten: was ist gehaltvoll und auffällig?). Bei längeren Interviews schlagen die Autorinnen vor, nur einige Seiten zu Beginn, in der Mitte und die letzten Seiten des Transkripts dementsprechend zu bearbeiten. Auch wenn es sich um eine sehr langwierige Arbeit handelt, habe ich mich dennoch dazu entschieden, alle Abschnitte, die mir themenrelevant erschienen, in die Stichwortliste einzuarbeiten. Meines Erachtens wären zu viele interessante Aussagen sonst nicht beachtet worden.

4. *Themenkatalog erstellen.* Durch den Themenkatalog wird die nächsthöhere Abstraktionsebene erreicht. Grundlage ist die Stichpunktliste, aus der gleichartige oder ähnliche Sinnzusammenhänge herausgesucht und mit einem Oberbegriff benannt werden. Diese Begriffe können schon als eine Art „Vor-Kategorien" bezeichnet werden, die bei der Strukturierung der weiteren Auswertung helfen können. An dieser Stelle spielen die Vorannahmen und die sensibilisierenden Konzepte der auswertenden Person eine große Rolle und sollten offengelegt und reflektiert werden, damit nicht nur das in den Interviews gefunden wird, was man vorher schon wusste.

5. *Die Paraphrasierung.* Die gedankliche Strukturierung der Interviewdaten, die im Themenkatalog stattgefunden hat, hebt die Paraphrasierung von der zusammenfassenden Nacherzählung in Schritt 2 ab. Ein oder mehrere zent-

rale Themen werden dabei in den Mittelpunkt gestellt und genauer beschrieben.

6. *Formulierung der interview-spezifisch zentralen Kategorien.* Sie werden aus den Ergebnissen der vorherigen Arbeitsschritte herausgearbeitet und stellen zunächst einmal den Endpunkt der interviewspezifischen Auswertung dar.

Nachdem ich fünf Interviews einzeln nach diesen Schritten ausgewertet hatte, habe ich mich (im Sinne von Jaeggi; Faas; Mruck, 1998, 14f.) einem ersten Vergleich zugewandt. Hier entwickelte sich die Beobachtung[44], dass viele der berichteten, positiv bewerteten Aspekte des Krankenhauses, bzw. viele der kritisierten Zumutungen der Krankenhausaufenthalte dem Ressourcen-/ Defizitmodell der Salutogenese (einem meiner „sensibilisierenden Konzepte", vgl. Kap. 2.1.6) zugeordnet werden können. An dieser Stelle habe ich den Auswertungsprozess für eine erneute Beschäftigung mit den in den generalisierten Widerstandsressourcen erwähnten Konzepten unterbrochen. Es stellte sich heraus, dass damit zwar viele, aber nicht alle Kategorien beschrieben werden konnten. Im Laufe der weiteren Auswertung (interviewspezifisch und vergleichend) entwickelte sich die Aufteilung der Widerstandsressourcen in generalisierte nach Antonovsky und in spezifisch wirkende, die ich anhand des Interviewmaterials formulierte. Auch die herausragende Rolle der subjektiven Vorstellungen von Gesundheit und Krankheit bei der Einschätzung und Bewertung der Erlebnisse im Krankenhaus zeigte sich auf diesem Weg, und wird in Kapitel 5 bei der Darstellung der Ergebnisse noch ausführlich behandelt werden. Ebenso ist die Verschiebung weg von meiner Suche nach den wichtigsten Hilfen, die Krankenhauspatientinnen und -patienten bei der Gesundung am besten unterstützen können, hin zum Gedanken der Passung, das Resultat des in Kap. 5 beschriebenen Auswertungsprozesses. Es zeigt sich hier, dass ein offenes Herangehen an das Datenmaterial, in Verbindung mit bewusst gemachten und reflektierten theoretischen Vorannahmen zu neuen relevanten Ergebnissen führen kann.

Auch wenn die Methode des Zirkulären Dekonstruierens als eine eigenständige Variante der Grounded Theory gilt, empfand ich einige Ergänzungen aus dem Methodenrepertoire der Grounded Theory als sinnvoll, um den Auswertungsprozess zu bereichern und, vor allem bei der interviewvergleichenden Auswertung, zu besser ausgearbeiteten Ergebnissen zu gelangen. Als erstes möchte ich das Schrei-

---

[44] An derartigen relevanten Entscheidungs- oder Wendepunkten des Forschungsprozesses waren meist die Mitglieder des Forschungskolloquiums von Prof. Heiner Keupp eine wertvolle, Ideen gebende und Ideen überprüfende (Reflexions-)Hilfe.

ben von *Memos*[45] nennen, das ich über den gesamten Auswertungsprozess hinweg dazu genutzt habe, meine Gedanken und erste theoretische Annahmen bzw. Entwürfe der Auswertung zu notieren und zu systematisieren – und um sie im Weiteren gezielt wiederzufinden und nutzen zu können.

Zusätzlich habe ich die detaillierte Ausarbeitung der einzelnen gefundenen Kategorien mit Hilfe des *Kodierparadigmas* betrieben. Anhand des Kodierparadigmas (Strauss, 1998, 57) werden Subkategorien zu einer bereits gefundenen Kategorie im Text gesucht, indem sie auf ihre Bedingungen, Interaktionen zwischen den Akteuren, den angewandten Strategien/ Taktiken und den Konsequenzen hin untersucht wird; die Kategorie wird dadurch „dichter" (Strauss; Corbin, 1996, 88). Auch die Suche nach *dimensionalen Ausprägungen* der einzelnen Kategorien (ebd.) hat mir geholfen, meine Kategorien klarer zu fassen. Als Beispiel lassen sich hier für die unterschiedlichen Erwartungen an das Krankenhaus verschiedene Dimensionen einer Bedingung aufzeigen, und zwar die jeweilige Krankheitsphase: hier stehen die Erwartungen an das Krankenhaus von Menschen, die gerade erst eine Krebsdiagnose bekommen haben denjenigen gegenüber, die aufgrund einer langjährigen Krankheitsgeschichte bereits viel Wissen und Erfahrung mit der Institution Krankenhaus und ihrer Erkrankung angesammelt haben.

Ich habe die Methode des Zirkulären Dekonstruierens als ein wertvolles Werkzeug für das „Aufknacken" der Daten empfunden, musste aber feststellen, dass sie zu einem späteren Zeitpunkt der Analyse weniger hilfreich ist. Dies hatte die Konsequenz, dass ich einerseits Aspekte der Auswertungsmethode nach Strauss (1998) und Strauss; Corbin (1996) wie eben beschrieben zusätzlich angewandt habe, mich andererseits um eine weitere Blickrichtung auf die Daten bemüht habe, auch um im Sinne einer Perspektiventriangulation (vgl. Flick, 2002, 330) die bisherigen Ergebnisse weiter anzureichern.

---

[45] Unter Memos versteht man „schriftliche Analyseprotokolle, die sich auf das Ausarbeiten der Theorie beziehen" (Strauss; Corbin, 1996, 169). Ich hatte sie in ein System nach: Inhaltliche Memos/ Kategorien – Theoriememos – Planungsmemos - Assoziationen geordnet.

114

3.5.2   Selbstreflexion als Methode

Jensen und Welzer (2003) gehen davon aus, dass das gesellschaftliche Phänomen, das es zu untersuchen gilt, schon in der Interviewsituation sichtbar wird. So sind die Autoren der Auffassung, dass, anstatt eines Versuches, sich „im Dienste einer unverzerrten Datenerhebung" (ebd.) als forschende Person möglichst neutral zu verhalten (was wohl auch eher eine Utopie ist), die Forscherin/ der Forscher als Akteur im sozialen Raum zu sehen ist (Jensen, 2000) und die Interviewsituation selber als Erkenntnisquelle genutzt werden kann. Ziel ist es, die entstehenden Theorien anhand dieser Kontextualisierung der Datenerhebung „reichhaltiger, differenzierter und angemessener" (Bergold; Breuer, 1992, 31) werden zu lassen. Ausgehend von den Annahmen über soziale Wirklichkeit von Devereux (1967) und Schütz (1971), aber auch in Bezug auf den Symbolischen Interaktionismus (Mead, 1934; Blumer, 1954) und Watzlawik et al. (1972) charakterisieren die Autoren die Rolle der Interviewsituation für die Datenentstehung wie folgt:

> „Die soziale Situation des Interviews trägt mithin zu der spezifischen Gestalt der jeweiligen Erinnerungserzählung unmittelbar bei; die erhobenen Daten sind unausweichlich von allen Interakteuren gemeinsam produziert" (Jensen; Welzer, 2003).

Von Watzlawiks Feststellung ausgehend, dass auch die befragende Person „nicht nicht kommunizieren kann" (Watzlawik et al., 1972, 51), müssen die erhobenen Daten also als „Produktionen bzw. Konstruktionen eines kontextuell eingebetteten Subjekt-Objekt-Systems" (Bergold; Breuer, 1992, 27) gesehen werden.

Weiterhin liegt diesem Ansatz die Annahme zugrunde, dass die Betrachtung der Interaktion in der Interviewsituation Erkenntnisse über das zu beforschende Phänomen liefern kann, betrachtet man zum Beispiel die Selbstpositionierungen der beiden Gesprächsteilnehmer oder deren Erwartungen, wie über bestimmte Themen gesprochen wird. Die Ergebnisse einer Reflexion der Interviewsituation können ein „Gradmesser" dafür sein, wie auch außerhalb der Erhebungssituation mit dem zu beforschenden Phänomen umgegangen wird (Jensen; Welzer, 2003). Diese beiden Elemente beziehen die Selbstreflexion der forschenden Person, ihre Rolle im Forschungsprozess, aber auch die eigenen Vorannahmen betreffend, als zwingenden Bestandteil in die Untersuchung mit ein.

Das dafür von Jensen und Welzer (2003) vorgeschlagene Erhebungsinstrument, die Hermeneutische Dialoganalyse, ist eine im Dienste des hier beschriebenen, speziellen Erkenntnisinteresses abgewandelte Version der Objektiven Hermeneutik nach Oevermann et al. (1979). In der hier vorliegenden Untersuchung wurde die hermeneutische Dialoganalyse nicht nach den vorgesehen Schritten durchgeführt, sondern es wurde der Ansatz von Jensen und Welzer als Hilfe herangezogen, um aus den bereits erhobenen Ergebnissen (vgl. Abschnitt über Zirkuläres Dekonstruieren) weitere Informationen im Sinne des hier beschriebenen Ansatzes zu erhalten.

Mit Blick auf meine Forschungsfrage ging es mir darum, auf diesem Weg Auskünfte zu folgenden Aspekten in der Interaktion der Interviewsituation zu finden:

- Gibt es in der Interviewsituation Hinweise auf die Relevanz der bereits durch das Zirkuläre Dekonstruieren herausgearbeiteten Kategorien?
- Finden sich in der Interviewinteraktion soziale Repräsentationen zu den angesprochenen Themen wieder; werden zum Beispiel Themen wie Krankheit/ Gesundheit allgemein und Krebs im Speziellen, aber auch tabuisierte Themen wie Tod/ Todesbedrohung gemäß bestimmter gesellschaftlicher Vorstellungen verhandelt?
- Finden sich in den Strategien, die die Interviewpartnerinnen und -partner anwenden, um mit der Situation „Interview"[46] umzugehen, Parallelen zu denen, die sie im Krankenhaus oder im Umgang mit ihrer Erkrankung benutzen?
- Welche Rolle spielt hierbei meine Person mit Eigenschaften wie: gesund – Frau – in den meisten Fällen jünger als die Interviewpartnerinnen/ -partner – promovierend – Sozialpädagogin etc.?
- Welche Emotionen, Affekte, Ängste etc. meinerseits, die sich auf das Problemfeld beziehen, werden aus dem Interview ersichtlich und gibt es Anzeichen dafür, dass ich dementsprechend Daten entlocke, ermögliche oder aber auch verhindere (vgl. Bergold; Breuer, 1992, 28)? An dieser Stelle konzentrierte ich mich vor allem auf Textpassagen, in denen die Bedrohlichkeit der Krankheit beziehungsweise Tod angesprochen wurden.

Um dafür interessante Passagen in den Interviews ausfindig zu machen, suchte ich unter anderem speziell nach Brüchen in den Erzählungen und nach Stellen, an denen die Interaktion in irgendeiner Weise gestört war, beziehungsweise das Ge-

---

[46] Ich gehe davon aus, dass ich für zumindest einige Interviewpartnerinnen und -partner eine vergleichbare Rolle besetzte, wie Personen, die ihnen im Gesundheitssystem begegneten. Ich bin der Universität zugeordnet, einer neben dem Krankenhaus weiteren Definitionsmacht innehabenden Institution.

spräch „heikle Themen" berührte. Auch die Prä- und Postskripte waren wichtige Informationsquellen, um den Interaktionsprozess zu reflektieren.

3.6 Gütekriterien

Die Ausformung von Gütekriterien qualitativer Sozialforschung wird von verschiedenen Autorinnen/ Autoren sehr unterschiedlich gesehen. Während zum Beispiel Lamnek davon ausgeht, es sei Erfolg versprechend, die Gütekriterien der quantitativen Forschung – Gültigkeit, Zuverlässigkeit und Objektivität – zu modifizieren und auf qualitative Forschung anzuwenden (Lamnek, 2005, 148ff.), hält Mayring diese Kriterien für nicht auf qualitative Sozialforschung anwendbar und formuliert andere Gütekriterien: *Verfahrensdokumentation, Argumentative Interpretationsabsicherung, Regelgeleitetheit, Nähe zum Gegenstand, Kommunikative Validierung* und *Triangulation* sind nach Mayring (2002, 144ff.) aussagekräftige Kriterien für die Güte qualitativer Forschungstätigkeiten. Diese Vorschläge sind zum Teil heftig kritisiert worden. Zum Beispiel ist der Nutzen der kommunikativen Validierung, also der Rückkopplung der Auswertungsergebnisse mit dem befragten Feld bzw. den befragten Personen als äußerst schwierig zu sehen. Auch die Triangulation auf verschiedenen Ebenen der Auswertung kann nicht als Garant für „Wahrheit" dienen: sie kann lediglich die Analyse tiefer und umfassender werden lassen.

Greife ich auf die oben beschriebenen Annahmen zurück, dass kommunikativ gewonnene Daten immer ein gemeinsames Produkt aller Beteiligter sind und als kontextuell eingebunden gesehen werden müssen, dann können Kriterien wie Reproduzierbarkeit oder Standardisierbarkeit, die aus der quantitativen Forschung stammen, nicht die geeigneten Methoden sein, die Güte qualitativer Sozialforschung abzusichern. Aus diesem Grund orientiere ich mich bei den Gütekriterien an Breuer, einem Vertreter der Kontextualisierung und Selbstreflexion fokussierenden qualitativen Sozialforschung. Er postuliert in Bezug auf Gütekriterien „ein *reflektiertes* bzw. *angemessenes* Umgehen" (Breuer, 1996, 38, kursiv lt. Original) auf allen Ebenen und in allen Phasen des Forschungsprozesses und listet fünfzehn Aspekte des Forschungsprozesses auf, die von der forschenden Person reflektiert werden sollten.

Dabei geht es ihm um die Reflexion der theoretischen Vorannahmen, der Subjekt-Seite des Erkenntnisprozesses, des Erhebungskontextes und der zugrundeliegenden Einstellungen dem Feld gegenüber, der Erhebungsmethoden, um die Reflexion der im Forschungskontext stattfindenden Interaktionen, dem Explizieren des gesamten Auswertungsprozesses, der generierten Theorie, aber auch der zu erwartenden/ bereits zu beobachtenden Effekte der Forscheraktivitäten in verschiedenen Kontexten (ebd., 39f.).

Was in diesen Kontexten „reflektiert" und „angemessen" heißt, muss im Einzelnen herausgearbeitet werden. Als geeignetste Methode für diesen Prozess sehe ich das „peer debriefing"[47] an, das im Rahmen dieser Forschungsarbeit durch eine enge Zusammenarbeit mit Mitgliedern des Forschungskolloquiums von Prof. Heiner Keupp stattfand. Das Resultat dieses Reflexionsprozesses ist die vorliegende, detaillierte Darstellung der theoretischen Konzepte, aber vor allem des gesamten Forschungsprozesses, mit dem Ziel der intersubjektiven Nachvollziehbarkeit. Wie bereits erwähnt, sehe ich die Methodentriangulation, die durch die Einbeziehung der zweiten Auswertungsperspektive entstanden ist, weniger im Sinne Mayrings (2002, 144ff.) als Gütekriterium an sich, sondern eher als Weg zu einer umfassenderen Theorieentwicklung.

3.7 Zusammenfassung

Konkrete Entscheidungen, die den Forschungsprozess betreffen, sind ein konstituierender Faktor von Forschung, der in seiner Wirkung auf die Ergebnisse nicht unterschätzt werden darf. Aus diesem Grund wurde in diesem Kapitel der gesamte Forschungsprozess ausführlich dargestellt. Er hat die Ergebnisse der Studie entscheidend beeinflusst durch zum Beispiel die Entscheidung, eine qualitativ ausgerichtete Studie durchzuführen, mich auf Menschen mit einer Krebserkrankung als Interviewpartnerinnen und -partner zu konzentrieren, die Wahl der Erhebungs- und Auswertungsmethoden und die Ergebnisse der Reflexion des Forschungsprozesses. Diese Abhandlung über den gesamten Forschungsprozess soll der Offenlegung meiner Forschungsarbeit und somit der intersubjektiven Nachvollziehbarkeit auf allen Ebenen dienen.

---

[47] „Peer debriefing" bedeutet die Diskussion eines Projektes mit Kolleginnen und Kollegen, die *nicht* an der gleichen Untersuchung arbeiten.

Vor der ausführlichen Darstellung der Ergebnisse der Interviewstudie in Kap. 5 befindet sich im folgenden Abschnitt eine Zusammenfassung der einzelnen Interviews in der Form von kurzen Porträts. Ziel ist es, die an der Befragung beteiligten Menschen vorzustellen. Dies erleichtert das Verständnis der Auswertungsergebnisse, da die einzelnen Kategorien und Konzepte mit Beispielen aus den Interviews verdeutlicht werden und so die Aussagen der Einzelnen in ihrem Kontext verstanden werden können.

4 Porträts der Interviewpartnerinnen und -partner

4.1 Frau M. - „In solchen Situationen sind halt oft ein paar Worte mehr wert als jede Spritze"

Bei Frau M., 53 Jahre, kaufmännische Angestellte, wurde zwei Jahre vor dem Interview ein Mammakarzinom diagnostiziert. Sie wurde brusterhaltend operiert und anschließend mit ambulant durchgeführter Chemotherapie und Bestrahlungen behandelt. Zum Zeitpunkt des Interviews besteht eine vollständige Remission. Die Krankheit und die Zeit im Krankenhaus erlebt sie als (räumliche und emotionale) Ausnahmesituation und möchte auch dementsprechend von den im Krankenhaus Tätigen wahrgenommen und behandelt werden: sie wünscht sich vom Krankenhaus neben der krankheits- auch eine persönlichkeitsbezogene Behandlung[48].

Frau M. beschreibt sich als Frau mit großem Bedürfnis nach Verstehbarkeit. Unbekanntes, Unklares und Fremdes verunsichern sie stark – zumal in der an sich unsicheren Situation der Erkrankung. Sie reagiert mit starken Ängsten auf unbekannte, für sie bedrohlich wirkende Aspekte der Therapie, wie zum Beispiel die erste Chemotherapie oder den ersten Bestrahlungstermin. Auch die Unübersichtlichkeit einer großen Klinik, in der verschiedene Untersuchungen und die Bestrahlungen durchgeführt werden, verunsichert sie zunächst. Durch Nachfragen und aktive Informationssuche (z.B. bei einer Bekannten, die 3 Zyklen weiter in der Chemotherapie ist, aber auch bei Ärztinnen und Ärzten) bemüht sie sich (größtenteils erfolgreich) um Verstehbarkeit. Hilfreich sind ihr dabei Menschen, die ihr klare Informationen geben, die sie in verunsichernden Situationen begleiten, sich Zeit für sie nehmen und sie in ihrer Person und ihrer Betroffenheit wahrnehmen.

In diesem Sinne hat sie mit der Einrichtung Krankenhaus sehr unterschiedliche Erfahrungen gemacht. Der stationäre Aufenthalt im Krankenhaus, der durch die brusterhaltende Operation bedingt war (5 Tage) und ein zweitägiger Aufenthalt im Zuge einer Nachoperation auf derselben Station, sind ihr in sehr guter Erinnerung.

---

[48] Die Unterscheidung zwischen persönlichkeitsbezogenen und krankheitsbezogenen Erwartungen an die Behandlung und Betreuung im Krankenhaus stammt von Engelhardt et al. (1973) und wird in Kap. 5.1.1.1.1 ausführlicher dargestellt.

Hier werden ihr klare Informationen gegeben, anschließend Wahlmöglichkeiten eröffnet, zum Beispiel für den Zeitpunkt der OP und den Operateur. Bei der Aufnahme wird sie sehr freundlich begrüßt; Krankenhauspersonal begleitet sie auf dem Weg zur gynäkologischen Station. Ihr Mann darf bei allen Untersuchungen und Gesprächen dabei sein. Das war ihr so von früheren Krankenhausaufenthalten nicht bekannt und sie hat es als sehr angenehm empfunden, nicht alleine zu sein gegenüber *„fünf weiß bekittelten Menschen"*, zumal *„vier Ohren mehr hören als zwei"* (Frau M., S. 7). Auch die Umstände der Entlassung beschreibt sie positiv. Sie bekommt einen „Laufzettel", auf dem alle nun anstehenden Behandlungen aufgelistet sind, zudem Informationsadressen bis hin zur Adresse für eine Perücke. Auch nimmt sich eine Ärztin Zeit und erklärt ihr alles in Ruhe. Hier fühlt sie sich gut versorgt.

Im Gegensatz dazu stehen die Erfahrungen, die sie im selben Krankenhaus in der Tagesklinik während einer ambulanten Chemotherapie macht. Hier fühlt sie sich keineswegs willkommen, auch ihr Mann ist es nicht. Jedoch werden keine klaren Regeln ausgesprochen, es ist immer mehr ein Gefühl, was erwünscht ist und was nicht. Die Räume sind nicht klar beschriftet, so dass es zu unnötigen Wartezeiten vor falschen Türen kommt. Frau M. geht zum ersten Termin der Chemotherapie mit sehr gemischten Gefühlen. Hier wird sie nun aber nicht beruhigt und mit eindeutigen Informationen versehen, was zuvor auf der gynäkologischen Station ihre Ängste verringert hatte. Auch kritisiert sie die Organisation dieser Station. Die diensthabende Ärztin ist gleichzeitig für die Notaufnahme zuständig, was zu langen Wartezeiten und zu Unvorhersehbarkeit führt. Hier ist das Pflegepersonal nicht bemüht, eine angenehme und persönliche Atmosphäre aufzubauen, es herrscht eine andauernde Hektik. Frau M. führt dies einerseits auf Zeitdruck zurück, erlebt andererseits aber auch einen Pfleger, der sehr freundlich ist und ihr das Gefühl gibt, besser aufgehoben zu sein. So schreibt sie die unangenehme Situation auch der Persönlichkeit der Behandelnden und deren Routinehandeln zu. Als dritte Erfahrung mit der Institution Krankenhaus beschreibt sie die ambulante Strahlentherapie in einem anderen, sehr großen Krankenhaus. Dort ist zwar das Personal sehr freundlich, auch darf ihr Mann sie begleiten, aber das riesige Gebäude schreckt sie ab. Die Wartezonen sind auf dem Gang, die Wartezeiten für verschiedene Untersuchungen sind sehr lang, und durch die räumliche Nähe der Strahlentherapie zu der Notaufnahme werden häufig Schwerkranke von Sanitätern an ihr vorbei gefahren. Das Warten wird so für sie zu einer beunruhigenden, sehr belastenden Erfahrung. In dieser Abteilung stehen die Bedürfnisse der Institution über denen der erkrankten Menschen. Beispielsweise werden Termine von einem Tag auf den nächsten vergeben. Für die Auslastung der Geräte ist dies von Vorteil, für Frau M. bedeutet es stark eingeschränkte Planungsmöglichkeiten über die Wochen der Strahlentherapie hinweg.

Frau M. äußert Kritik an der Institution Krankenhaus sehr besonnen und versucht immer, auch die andere Seite zu verstehen. Sie ist der Meinung, dass Kleinigkeiten sehr viel bewirken können und ist in dieser Hinsicht von mehr menschlicher Zuwendung überzeugt. Um die Zeit im Krankenhaus, vor allem aber die Erkrankung bewältigen zu können, ist sie der Auffassung, dass sie als Patientin sich aktiv an der Behandlung beteiligen muss: *„Mein Gott, man muss natürlich auch selber ein bißchen dahinter sein, ich mein, ich kann mich nicht ins Bett legen und sagen, jetzt machts mal"* (Frau M., S. 9). Darunter versteht sie auch, sich über die Krankheit und die Behandlung zu informieren.

4.2   Herr K. – „Alles Koryphäen!"

Herr K., 42 Jahre, verheiratet, eine kleine Tochter, von Beruf selbständiger Messebauer, erkrankte zwei Jahre vor dem Interview an einem Hirntumor. Die Diagnose wurde sehr schnell und professionell gestellt, zwischen dem ersten Arztkontakt bei einem Allgemeinmediziner bis hin zur Kopf-OP in der Spezialklinik vergingen nur zehn Tage. Dieses schnelle „Ineinandergreifen" der verschiedenen Ärzte (er wird immer durch die Ärzte selbst weitervermittelt und bekommt auf diesem Wege sehr schnell Termine, es „öffnen sich ihm alle Türen") erlebt Herr K. als erstaunlich und sehr positiv, er fühlt sich in den besten Händen (*„alles Koryphäen"*, Herr K., S. 24) und hat das Gefühl, dass auf diese Weise die Gefährlichkeit seiner Erkrankung bestens gebannt ist.

Das Krankenhaus erlebt Herr K. als einen Ort, an dem ihm in erster Linie medizinisch (OP – Chemo – Bestrahlung) geholfen wird, was auch seinen Erwartungen entspricht. Er beschreibt bei sich keine Gefühle der Betroffenheit oder Verunsicherung, nur bei seiner Frau und anderen Verwandten und Bekannten. Herr K. ist besonders denjenigen Menschen im Krankenhaus dankbar, die ihn wie einen Gesunden behandeln, die ihn als fit, wenig eingeschränkt, nicht behindert etc. bezeichnen. Er betont, wie schnell es ihm wieder gut geht, wie wenig Hilfen er in Anspruch nehmen muss, wie schnell Normalität zurückkehrt. Die Krankheit steht natürlich im Raum, aber er fühlt sich trotzdem gesund und leistungsfähig und eigentlich im Krankenhaus – außer am ersten Tag, den er nach der Operation auf der Intensivstation verbringt – fehl am Platze *(„und am nächsten Tag bin ich schon gelangweilt durchs Krankenhaus marschiert"*, Herr K., S. 17). Deshalb ist er auch sehr glücklich darüber, dass er das Krankenhaus nach zwei Wochen verlassen kann.

Das Bild, das Herr K. vom Krankenhaus an sich zeichnet, zeigt einen Ort, an dem man sich zwar nicht wohl fühlen kann, an dem jedoch das Personal bemüht ist, es ihm „schön" zu machen und an dem sehr freundlich mit ihm umgegangen wird. Er honoriert verschiedene Bemühungen der Klinik, wie die Zeitung zum Frühstück, buntere Farben der Wände/ des Mobiliars, eine gut eingerichtete Teeküche.

Andere Menschen reagieren auf seine Erkrankung und die sichtbaren Folgen der OP (deutliche Veränderungen auf der Stirn) mit Bestürzung und Befremdlichkeit *(„die Leute sind teilweise aus dem Aufzug wieder raus, wenn ich rein bin"*, Herr K., S. 6) – Herr K. betont wiederholt, wie *„wurscht"* ihm das sei. Er selber beschreibt an verschiedenen Stellen sein großes Bedürfnis nach Normalität und Rückkehr zu seinem vorherigen Leben.

Krebs stellt für Herrn K. Schicksal dar und hat nichts mit „dem Kopf" zu tun, wie seiner Meinung nach viele andere Krankheiten schon. In diesem Sinne erwartet er auch vom Krankenhaus rein krankheitsbezogene Behandlung, obwohl ihm die Bestätigung in Bezug auf seinen guten Gesundheitszustand sowohl von Seiten der Ärzte *(„sowieso gewundert, dass ich so stabil bin"*, Herr K., S. 10) und des Sozialarbeiters (rät ihm vom Behindertenstatus ab) als auch der Psychologin *(„und die hat dann ein bisschen mit mir geschwätzt: „zu Ihnen brauch ich ja nicht mehr kommen""*, Herr K., S. 31) sehr gut tun.

In Bezug auf seine Krankenhausaufenthalte äußert Herrn K. besonders positiv das Gefühl, in guten Händen zu sein, also medizinisch gut behandelt zu werden. Zudem hat er das Bedürfnis nach Faktenwissen über seine Erkrankung: z.B. die Behandlungsmethoden und die Vorgänge im Gehirn, die sich durch die Operation verändern. Diese Informationen strukturieren für ihn die Krebstherapie und machen sie verstehbar. Auf die Frage hin, was ihm im Krankenhaus bei seiner Gesundung geholfen hat, zählt er verschiedene diagnostische Maßnahmen und die Operation auf, nach Verbesserungsmöglichkeiten befragt, nennt Herr K. bauliche Aspekte des Krankenhauses wie z.B. einen behindertengerechten Eingang.

4.3 Frau F. – „Also sie werden grundversorgt"

Frau F., 69 Jahre alt, verheiratet, 3 erwachsene Töchter, hat ihre Kinder zuhause betreut und war zuvor als Sekretärin tätig. Frau F. ist stark sehbehindert. Ihre erste Krebsdiagnose (Mammakarzinom) liegt zum Zeitpunkt des Interviews bereits 24 Jahre zurück. Damals wurde ihr eine Brust amputiert. Die Operation erfolgte „radikal", auch auf der Ebene der Lymphknoten, die allerdings nicht befallen waren. Seitdem hat sie Probleme mit dem einen Arm, Lymphstaus führten wiederholt zu Wundrosen, weshalb sie mehrmals stationär behandelt wurde. Auch die Bestrahlungen in den 1980er Jahren – Frau F. nennt sie schädigender als die heutigen, weil *„viel tiefer"* (Frau F., S. 9) – haben bis heute Auswirkungen auf ihren Gesundheitszustand. Ein Jahr vor dem Interview wurde bei Frau F. Hautkrebs an der Kopfhaut diagnostiziert. Die Entfernung geschah ambulant in einer Praxis. Seit einiger Zeit steigt nun ihr Tumormarker, ohne dass bisher ein Grund dafür gefunden werden konnte.

Frau F. verfügt über zahlreiche Erfahrungen mit der Institution Krankenhaus. In ihrer Rolle als Brustkrebs-Selbsthilfegruppenleiterin betreut sie betroffene Frauen und verfügt auch auf diesem Wege über viel Wissen über das Krankenhaus.

Im Großen und Ganzen ist Frau F. mit den Erlebnissen ihrer Krankenhausaufenthalte zufrieden, erwähnt aber auch einige Kritikpunkte. Einerseits beobachtet sie über die Jahre, dass die Pflegenden immer weniger Zeit für zwischenmenschliche Begegnung haben; weiter bemängelt sie die häufig unindividuelle Behandlung, die in ihren Augen teilweise sinnlos ist (z.B. werden alle dermatologischen Patientinnen und Patienten jeden Tag am ganzen Körper eingecremt), andererseits ist aber keine Zeit, den Bedürfnissen zu begegnen, die sie in dieser speziellen Situation hat. Als dritten Kritikpunkt führt sie auf, dass die nichtmedizinischen Professionen (Seelsorge, Sozialarbeit, ehrenamtliche Helferinnen) nicht ohne Aufforderung in Erscheinung treten. Nur auf Anforderung hin kommt ein Pfarrer oder Sozialarbeiter. Sie vermutet, dass von Stationsseite her der Bedarf angemeldet werden muss, damit eine dieser Personen in Aktion tritt. Sie würde sich jedoch wünschen, dass unaufgefordert nach ihr gesehen wird, gefragt wird, ob sie Hilfe wünscht, oder auch nur ein nettes Gespräch geführt wird.

In den über 20 Jahren, die Frau F. das Krankenhaus beobachtet, haben die „Hotelleistungen" des Krankenhauses stark zugenommen. Diesen Trend beobachtet sie mit Ambivalenz. Einerseits genießt sie das bessere Essen und die Wahlmöglichkeiten bei den Mahlzeiten. Sie ist der Überzeugung, dass dadurch Gesundheit gefördert wird. Andererseits stört sie, dass selbst Gäste kostenlos Kaffee bekommen, aber gleichzeitig nicht genug Geld investiert wird, dass Pflegekräfte die Kapazität hätten, Betten aufzuschütteln (was sie wegen ihres Armes schlecht selber erledigen kann) oder Gespräche zu führen (was sie sich wünscht).

Frau F. berichtet im Interview mehrmals von Situationen, in denen sie sich über ärztliche Anweisung hinwegsetzt, da sie von ihr nicht als die passende Reaktion auf die Gegebenheit angesehen werden; das heißt, sie übergibt zu keinem Zeitpunkt die volle Verantwortung für ihren Zustand an die Ärzteschaft und stellt ihre eigene Wahrnehmung und ihre Theorien zu Gesundheit und Krankheit über die Entscheidungsbefugnis der Ärzteschaft. Aufgrund ihrer Einstellung, dass sie viele Dinge selber in die Hand nimmt, sich nicht bevormunden lässt und auch ihre Kritik äußert, ist sie selbst im Krankenhaus ganz gut zurecht gekommen, wie sie sagt. Die persönlichkeitsbezogene Behandlung und Betreuung, die sie sich im Krankenhaus wünscht, bekommt sie von den dort Tätigen nicht. Sie kompensiert dieses Defizit mit einer guten Beziehung zu ihren Zimmernachbarinnen. Wiederholt stellen diese für sie eine große Stütze während ihrer Krankenhausaufenthalte dar, die Kontakte hält sie auch nach der Entlassung, oft über Jahre hinweg, aufrecht.

4.4 Frau A. – „Ich wollt nicht ins Krankenhaus"

Frau A., 36 Jahre, verheiratet, ist Assistenzärztin und somit mit der Institution Krankhaus vertraut. Eineinhalb Jahre vor dem Interview wurde bei ihr Lymphdrüsenkrebs (Morbus Hodgkin) im fortgeschrittenen Stadium diagnostiziert. Sie begab sich für zwei kleinere Eingriffe jeweils für wenige Tage ins Krankenhaus, führte die achtmonatige Chemotherapie dann aber ambulant durch. Das ist nicht ganz ungewöhnlich, häufig wird jedoch der erste Zyklus der Behandlung stationär durchgeführt. Für sie stand aber fest: *„Ich wollt nicht ins Krankenhaus"* (Frau A., S. 3). Die Krebserkrankung ist zum Zeitpunkt des Interviews in vollständiger Remission, jedoch sind Frau A. noch verschiedene Beschwerden von der Chemotherapie geblieben.

Ihre Begegnungen mit der Institution Krankenhaus im Rahmen ihrer Krebserkrankung sind von schlechten Erfahrungen überschattet, die sie während ihrer Zeit als Assistenzärztin im Krankenhaus gesammelt hat. Vor allem mit Pflegenden hat sie schon „extrem" Schwieriges erlebt: Sie schildert das Verhältnis Arzt – Pflegekraft als „Kampf", glaubt zu spüren, dass Pflegende immer denken würden, Ärztinnen und Ärzte sähen auf sie herab und beschreibt eine Situation aus ihrer Assistenzarztzeit, in der eine leitende Krankenpflegerin nicht einmal die von Frau A. zur Begrüßung hingehaltene Hand entgegennimmt. Ihre Begegnungen mit Pflegenden bei ihrem krankheitsbedingten Krankenhausaufenthalt sind von Spannungen gezeichnet. Sie fühlt sich unfreundlich behandelt, muss nachhaken, wenn sie um etwas gebeten hat, bekommt mehrmals falsches Essen etc..

Auch mit den ärztlichen Kolleginnen und Kollegen hat sie in ihrer Zeit als Assistenzärztin schlechte Erfahrungen gemacht (*„da fragt kein Oberarzt warum"*, Frau A., S. 20). Jedoch ist sie von den Ärztinnen und Ärzten, die *sie* im Krankenhaus behandeln, positiv angetan. Besonders dankbar ist sie, dass der Chefarzt ihr schnellstmöglich die gesicherte Diagnose mitteilt und somit die Ungewissheit und das sie belastende Warten beendet. Auch wird sie im Krankenhaus von ärztlicher Seite sehr freundlich behandelt.

Die Erkrankung stellt für Frau A. eine Katastrophe dar, die ihr gesamtes Leben aus den Fugen wirft (Beruf, Hochzeit, Familienplanung etc.). So wünscht sie sich von den sie behandelnden Personen Rücksicht auf ihre schwere Situation und Mitgefühl. Dies bekommt sie nur außerhalb des Krankenhauses: einerseits von den Arzthelferinnen der onkologischen Praxis, die sie für die Chemotherapie aufsucht. Frau A. hat das Gefühl, *„da haben die schon geschaut, dass man sich wohl fühlt, in einer ... scheußlichen Situation"* (Frau A., S. 12). Desweiteren empfindet Frau A. eine Hotline für Morbus-Hodgkin-Patientinnen/ -patienten als sehr hilfreich. Hier kann sie einen Arzt erreichen, der ihr „stundenlang" zuhört und fachliche Fragen beantwortet – zwei ihrer wichtigsten Bedürfnisse in der Krankheitssituation.

Es fällt Frau A. schwer, sich in die Patientenrolle einzufinden. Sie schwankt zwischen dem Wunsch, als „normale" Patientin behandelt zu werden, (*„ich hab auch in der Ordination gesagt, sie sollen mich nicht mit Frau Doktor anreden"*, Frau A., S. 13), zwischen aktiver, ärztlicher Mitgestaltung der Behandlung (*„wir haben dann das Chemotherapeutikum weggegeben"*, Frau A., S. 4*)* und einem Umgang mit Pflegekräften, der wohl eher aus ihrer Sozialisation zur Ärztin entspringt. (*„die hab ich dann auch zur Rede gestellt"*; *„und hab ich die auch zur Seite genommen und..."*, Frau A., S. 9; 11).

Um den Schwierigkeiten und Spannungen auszuweichen, die sie bei weiteren Krankenhausaufenthalten befürchtet, zieht es Frau A. vor, die lange chemotherapeutische Behandlung mit nur wenig fachlicher und pflegerischer Unterstützung durchzustehen. Soziale Unterstützung erhält sie in dieser Zeit von ihrer Familie und ihrem Ehemann.

4.5 Herr N. – „Weil die gemerkt haben, weil die wirklich gemerkt haben, dass ich da richtigen Kummer hab"

Herr N., 39 Jahre, ist von Beruf Krankenpfleger. Zwei Jahre vor dem Interview-zeitpunkt erkrankte er an Hodenkrebs. Während der Behandlung traten gravierende Komplikationen auf. Als Nebenwirkung der Chemotherapie erlitt Herr N. einen leichten Schlaganfall und eine lebensbedrohliche Embolie. Zusätzlich wurden zwei Metastasen des Tumors gefunden, so dass sich Herr N. wiederholt Operationen unterziehen musste. Die Chemotherapie wurde – um weitere Komplikationen zu vermeiden – stationär durchgeführt. So dauerte die gesamte Behandlung fast acht Monate, die Herr N. zum größten Teil im Krankenhaus verbrachte. Die meiste Zeit lag er auch in dem Haus, in dem er angestellt ist und auf dessen Gelände er wohnt. Die Krankheit, vor allem aber deren Behandlung, vergleicht er mit „Krieg".

Durch seine Einweisung ins Krankenhaus und seine dortigen, viele Monate dauernden Aufenthalte, muss er sich einem Rollenwechsel unterziehen, der ihm zunächst schwer fällt. Später lässt er ihn dann aber ganz bewusst zu („und jetzt sag ich, bist du dran, ich hab das wirklich so hinbekommen, wo ich sag, jetzt bin ich mal der, der Hilfe braucht", Herr N., S. 20). Er erlebt nun seine Kolleginnen, Kollegen und die Ärzteschaft von der anderen Seite – aus Patientenperspektive – und ist durchweg positiv überrascht von deren Arbeit. Hier stellt er vier Aspekte des pflegerischen und ärztlichen Handelns positiv in den Vordergrund. Erstens erlebt er es als sehr hilfreich und angenehm, dass sich die behandelnden Ärztinnen/ Ärzte viel Zeit nehmen, ihm zuhören, Fragen beantworten, ihn auch trösten. Weiter ist er dankbar darüber, dass aus deren Umgang bei ihm das Gefühl entsteht, als Person, und zwar als eine aus der Masse der Patientinnen/ Patienten hervorste-chende Person wahr- und ernst genommen zu werden. Dies stimmt mit seiner per-sönlichen Einschätzung überein, sich in einem Ausnahmezustand zu befinden. Das häufig (in der Literatur und in einigen anderen Interviews) formulierte Missver-hältnis zwischen persönlicher Betroffenheit auf Patientenseite und Routinehandeln auf Arzt-/ Pflegeseite erlebt Herr N. gerade nicht, er spürt immer wieder Betroffen-heit und tiefe innere Anteilnahme bei seinem Gegenüber. Ob dies durch seinen Status als Krankenpfleger mit bedingt ist, bleibt offen; er selber negiert diesen Zusammenhang, da ihn die meisten Behandelnden nicht persönlich kannten.

Desweiteren berichtet Herr N. von einer Situation im Krankenhaus, in der er selbst verzweifelt ist, die Krankenpflegerin ihn jedoch mit einer humorvollen Ant-wort überrascht und aus der Verzweiflung holt. Humor sieht er – auch aus seiner

Erfahrung als Pflegender – als wichtigen und heilsamen Aspekt der Betreuung im Krankenhaus.

Als wichtigste Hilfe von Seiten der im Krankenhaus Tätigen nennt Herr N. die „richtige Mischung" aus Empathie und Normalität im Umgang mit ihm als Patienten. Er möchte nicht übertriebenem Mitgefühl ausgeliefert sein, sondern weiterhin, trotz seiner schweren Erkrankung, als normaler Mensch behandelt werden. Gerade diesen goldenen Mittelweg haben, laut seiner Erzählung, die ihn Behandelnden und Betreuenden gefunden. So haben sie ihm geholfen, einerseits seine Bedürfnisse – versorgt und unterstützt werden – zu befriedigen, andererseits auch bei der Aufrechterhaltung seiner Identität und Würde.

Herr N. beschreibt im Interview Strategien, die er angewendet hat, um die Krankheit und vor allem die langen Krankenhausaufenthalte bewältigen zu können. Einerseits beschreibt er eine Strategie, die er an sich beobachtet hat, und die er als Pflegender auch von anderen Patientinnen und Patienten her kennt: Es ist der Versuch, ein, wie er es nennt, *„Miteingeflecht"* (Herr N., S. 27) der Station zu werden. Es geht darum, sich mit denen, die auf der Station tätig sind, anzufreunden, die Kluft zwischen ihnen und sich selbst zu verkleinern. Er ist sich der Beweggründe für dieses Verhalten nicht sicher, vermutet aber, dass es um ein teilweises Negieren der Krankheit und um das Herstellen von Harmonie und Nähe geht.

Die langwierige Behandlung mit sehr unangenehmen Auswirkungen auf den Alltag, aber auch auf sein Selbstbewusstsein und seine Identität ordnet er als Ausnahmezustand ein und muss dadurch sein für ihn selbst fremdes Erleben und Verhalten (öffentliches Weinen, Vernachlässigung seines Äußeren, Veränderungen seines Äußeren) nicht in seine Identität integrieren. Auch hier bedient er sich des Vergleichs mit der Ausnahmesituation Krieg:

> *„Sie sind irgendwie an der Front, und überall krachts, und, gerade in solchen Krisenzeiten, da behelfen Sie sich ja auch, da haben sich Generationen vor uns auch irgendwie beholfen"* (Herr N., S. 17).

Auch wenn Herr N. auf der Ebene der Behandlung und Betreuung sehr zufrieden ist, so sieht er jedoch auf der Ebene der Organisation – in die er im Gegensatz zu den anderen Interviewpartnerinnen und -partnern aufgrund seiner beruflichen Tätigkeit im Krankenhaus Einblick hat – gravierende Mängel. Er führt es auf die Strukturen des öffentlichen Dienstes zurück, dass junge und engagierte Pflegekräfte (er hat ihre Arbeit und ihren Umgangston sehr zu schätzen gelernt) eher behindert als gefördert werden – im Gegensatz zu älteren, verbeamteten Mitarbeiterinnen und Mitarbeitern, die ohne gute Leistungen erbringen zu müssen, durch ihren Beamtenstatus Sicherheit haben (an neue Pflegekräfte werden seiner Erfahrung nach nur noch befristete Verträge ohne Zukunftsperspektive vergeben). Verbesserungen der Institution Krankenhaus müssten seiner Auffassung nach hier ansetzen.

4.6 Frau B. – „Da wurde man wirklich total alleine gelassen"

Frau B., 68 Jahre, geschieden, ist Schulsekretärin und hat zwei erwachsene Kinder. Ihre Mammakarzinom-Diagnose liegt acht Jahre zurück. Sie entdeckte damals selber einen Knoten in ihrer Brust und wandte sich sofort an ihre Ärztin. Zunächst war der Befund negativ, doch bei weiteren Untersuchungen wurden je zwei Knoten in beiden Brüsten festgestellt.

Frau B. wird mir für ein Interview von ihrer Selbsthilfegruppenleiterin mit den Worten „Sie möchte etwas loswerden" vermittelt. Im Interview kommt sie auch sofort auf die für sie sehr entscheidende Situation im Krankenhaus zu sprechen, in der eine Oberärztin sie sehr wenig einfühlsam darüber informiert hat, dass ihr in Kürze beide Brüste amputiert werden sollen. Frau B. erlebt sich nicht in der Lage, ihre beiden in dieser Situation zentralen Bedürfnisse – persönliche Zuwendung/ Trost und Informationen bzgl. Krankheit/ Behandlung – erfüllt zu bekommen. Sie beschreibt sich in dieser Situation als unter Schock und versucht mit allen Mitteln („ich habe die Station rebellisch gemacht", Frau B., S. 2) an Informationen und Anteilnahme zu kommen.

Auch wenn sie durch viele Telefonate, ein Treffen mit einer anderen betroffenen Frau und einem Gespräch mit dem Chefarzt („der hat sich dann wirklich Zeit genommen", Frau B., S. 2) Informationen einholt und durchaus von unterstützenden und tröstenden Begebenheiten erzählt – z.B. eine sehr nette Zimmernachbarin, viel Besuch, eine aufmunternde Umarmung des Chefarztes vor der Operation – überwiegt bei Frau B. das Gefühl, alleine gelassen worden zu sein, „in der Luft zu hängen" (Frau B., S. 3).

Auch in einer zweiten entscheidenden Situation erlebt sie eine Ärztin als wenig einfühlsam und sieht sich nicht als Person wahrgenommen. Es ist der Moment – vor dem sie große Angst hat –, in dem zum ersten Mal nach der Amputation die Verbände abgenommen werden und sie ihren veränderten Körper sieht. Ihren Tränen wird von Seiten der Ärztin mit Unverständnis und rein krankheitsbezogen begegnet: *„Ist doch alles vorbei"* (Frau B., S. 4).

Die dritte Situation, bei der sie über mangelndes Einfühlungsvermögen von Seiten einer Ärztin berichtet, spielt sich während einer Nachuntersuchung etwas später in einem anderen Krankenhaus ab: die Ärztin begutachtet die Narben und meint: *„da haben die aber schön rumgepfuscht"* (Frau B., S. 10). Diese Äußerung verstärkt bei Frau B. das Gefühl, *„verunstaltet"* (Frau B., S. 10) zu sein.

Abgesehen von diesen Erfahrungen ist sie mit der Versorgung im Krankenhaus zufrieden: Zimmer, Essen, Personal, medizinische Versorgung; doch *„die Seele dürfte nicht so auf der Strecke bleiben"* (Frau B., S. 4). Ebenso vermisst sie klare Auskünfte. Als bessere Alternative entwirft Frau B. das Setting mit einem koordinierenden Arzt, einem Ansprechpartner über lange Zeit, der die Patientin kennt und auch weiß, wie sie *„psychisch drauf"* ist: *„das gehört ja auch dazu"* (Frau B., S. 6).

Nach dem Krankenhausaufenthalt muss sich Frau B. einer Chemotherapie unterziehen, die sie zunächst abbricht, weil der niedergelassene Onkologe ihr zwar fachlich sehr gut erscheint, jedoch *„herzlos"* und *„ohne Mitleid, ohne Gefühl"* (Frau B., S. 7).

Sie führt die Chemotherapie dann ambulant in einem anderen Krankenhaus vor Ort fort. Dort ist sie zwar auch von den jedes Mal wechselnden Ärzten enttäuscht, fühlt sich jedoch bei dem betreuenden Pflegepersonal so gut aufgehoben, dass sie später auch die Nachuntersuchungen dort machen lässt. Hier hat sie das Gefühl, dass man sich sehr bemüht und um sie kümmert. Die Tatsache, sich mit den Pflegerinnen auch ein bisschen privat unterhalten zu können – diese erzählen auch von sich etwas, werden so zu Personen – tut ihr sehr gut. Ebenso genießt sie es, gekannt und gegrüßt zu werden, *„es kam eine richtige Beziehung auf"* (Frau B., S. 7).

Frau B. ist also sehr dankbar, wenn neben die krankheitsbezogene Behandlung auch eine persönlichkeitsbezogene tritt. Um ihr Bedürfnis nach Information zu befriedigen, wird Frau B. selber aktiv. Sie telefoniert viel und fragt auf der Station nach, um Informationen zu ihrer Erkrankung und verschiedenen Behandlungsmethoden zu bekommen – letztendlich wird ihr jedoch von den behandelnden Ärztinnen und Ärzten keine Wahlmöglichkeit gegeben. Eine junge Ärztin kommt gegen Ende ihres Krankenhausaufenthaltes von sich aus zu ihr und gibt ihr Tipps für die weitere Zeit. Dies tut Frau B. sehr gut, ansonsten aber fühlt sie sich im Krankenhaus alleine gelassen.

4.7   Herr H. – „Herr H., Sie sind ein Phänomen! Na, Herr Doktor, hab ich gesagt, ich bin kein Phänomen, ich pass nur höllisch auf mich auf"

Herr H., 65 Jahre, ist verheiratet und hat zwei erwachsene Kinder. Er ist Maschinenbauingenieur im Ruhestand. Seine Prostatakrebsdiagnose liegt zwölf Jahre zurück, seit fünf Jahren kämpft er mit Metastasen. Schwierigkeiten mit Niere, Blase etc. zwingen ihn zu wiederholten Krankenhausaufenthalten. Herr H. hat sich aktiv und sehr ausführlich über seine Krankheit informiert, z.B. über das Internet, aber auch im persönlichen Kontakt mit zahlreichen Ärzten, die er im gesamten Bundesgebiet aufsucht. Davon verspricht er sich Behandlungen, die ihm in seiner Heimatstadt nicht zur Verfügung stehen. Er ist der Überzeugung, dass diese Kontakte ihm das Überleben gesichert haben.

Herr H. ist Gründungsmitglied und Leiter der örtlichen Prostatakrebs-Selbsthilfegruppe. Zudem war er lange Jahre aktiv im Selbsthilfebundesverband Prostatakrebs. Aufgrund seiner Tätigkeit im Selbsthilfebereich – er wird auf zahlreiche Fachtagungen zu Vorträgen eingeladen, betreut andere Patienten auch im Krankenhaus – und seiner eigenen zahlreichen Krankenhausaufenthalte kennt Herr H. die meisten Ärztinnen/ Ärzte und Pflegenden auf den Stationen der Urologie/ Onkologie in seiner kleinen Heimatstadt. Dieser persönliche Kontakt zu Ärztinnen/ Ärzten und Chefärzten, vor allem persönlich gekannt zu werden, gibt Herrn H. viel Sicherheit und Schutz bezogen auf die Unsicherheiten und Bedrohung seiner fortgeschrittenen Krankheit.

Die Erkrankung spielt in seinem Leben eine zentrale Rolle. Sowohl sein großes ehrenamtliches Engagement (zusammen mit seiner Frau) ist prostatakrebsbezogen, aber auch darüber hinaus ist er der Auffassung, man müsse sich aktiv mit der Krankheit auseinandersetzen, seine Lebensweise umstellen, sich umfassend informieren, und eine aktive Rolle im Behandlungsprozess übernehmen, um mit Krebs leben zu können. Diese Einstellung hat über viele Jahre hervorragend funktioniert, und auch jetzt, da er sich darüber bewusst ist, dass es keine endgültige Heilung mehr gibt, kann sich so über eine – für die Ärztinnen/ Ärzte erstaunlich – lange Zeit eine relativ große Lebensqualität erhalten.

Er ist der Meinung, dass er die hohe Lebensqualität trotz metastasiertem Krebs mehreren Faktoren verdankt. Erstens ist er sich sicher, eine gute Konstitution zu besitzen, eine *„Rossnatur"* (Herr H., S. 4) zu sein. Zweitens ist er stolz darauf, nicht alle Anweisungen der Ärzteschaft so wie sie gegeben werden, auszuführen, sondern sie auf ihre Tauglichkeit und Angemessenheit hin selbst zu überprüfen (auf die bewundernde Feststellung eines Arztes, dass er so lange und so gut mit seiner Erkrankung zurechtkomme, antwortet er, dass es daran liege, dass er nicht alles befolgt, was ihm die Ärzte vorschlagen, Herr H., S. 4), und drittens ist er der Überzeugung, dass eine aktive Mitarbeit am Behandlungsprozess dafür vonnöten ist. Darunter versteht er das Sammeln von Informationen in Bezug auf die Krankheit und Behandlungsalternativen, aber auch das aktive Nachfragen und Mitbestimmen im Kontakt mit den behandelnden Ärztinnen und Ärzten. Viertens schreibt er dem „Lebenswillen" eine wichtige Rolle im Kampf mit dem Krebs zu.

Mit Abstand am schwersten erkrankt von meinen Interviewpartnern, hat Herr H. ein großes Schutzbedürfnis vor den Unsicherheiten der Zukunft und der Bedrohung, die von der Krankheit ausgeht. Dem begegnet Herr H. mit aktiven Bemühungen in den Bereichen Ernährung und ergänzende „naturmedizinische" Maßnahmen. Informationssuche, das Aufsuchen von Spezialisten in ganz Deutschland, aber auch die Aufrechterhaltung von Normalität, vermitteln ihm das Gefühl, der Situation nicht ausgeliefert zu sein. So kann er aktiv etwas daran gestalten und gegen das Fortschreiten der Krankheit unternehmen. Das bedeutendste Schutzschild gegen die Bedrohung der Krankheit ist der, wie er es nennt „persönliche Umgang" (Herr H., S. 28) und das „gegenseitige Kennen" (Herr H., S. 19) mit den Ärztinnen/ Ärzten. Sein enormes Wissen in Bezug auf Prostatakrebs inklusive verschiedener Behandlungsmethoden, aber auch sein Status als Selbsthilfegruppenleiter, geben ihm das Gefühl, auf gleicher Ebene mit den Ärztinnen und Ärzten zu stehen. Auch kennt er die meisten seit vielen Jahren, und, vielleicht noch wichtiger, sie kennen ihn, sprechen ihn mit Namen an, wenn er eingewiesen wird, kennen seine Vorgeschichte, akzeptieren seinen Weg der Behandlung. Auch seine individuellen Wünsche bei der pflegerischen Betreuung sind beim Pflegepersonal bereits bekannt, er wird im Krankenhaus begrüßt wie ein alter Bekannter.

So kann sich Herr H. als „Insider" fühlen, als privilegierter Patient. Dies unterstützt sein Bedürfnis, nicht als einer unter vielen gesehen zu werden, und er hat das Gefühl, allen Beteiligten liegt sein Schicksal besonders am Herzen. Sie bemühen sich besonders um seine Gesundheit. Es klingt eine gewisse Portion Stolz mit, wenn er davon erzählt, wie er es schafft, mit der Krankheit zu leben und welch persönlichen Schutz er gegen die Bedrohung der Krankheit aufgebaut hat.

So findet er nur sehr wenige Kritikpunkte am Krankenhaus. Er würde sich das Krankenhaus rauchfrei, das Essen gesünder und die Behandlung mit größerem Schwerpunkt auf Prävention wünschen. Ansonsten beschreibt er seine Erfahrungen mit der Institution Krankenhaus durchweg positiv. Auch mit den Gebäuden, den

Grünanlagen rund herum und den zum Teil sehr schön angelegten Terrassen der Krankenhäuser seiner Heimatstadt ist er sehr zufrieden.

4.8 Frau G. – „Dann hab ich mir gedacht, nur raus aus dem Krankenhaus"

Frau G., 60 Jahre, verheiratet, hat eine erwachsene Tochter. Sie ist vor kurzem in Rente gegangen, bis dahin war sie als Verkäuferin tätig. Frau G. musste sich in den letzten zehn Jahren aufgrund eines Mammakarzinoms drei Brustoperationen unterziehen. Zunächst wurde brusterhaltend operiert, zwei Jahre später musste aufgrund eines Rezidivs die betroffene Brust amputiert werden. Vier Jahre danach musste die zweite Brust entfernt werden. Frau G. entschied zu diesem Zeitpunkt, im Rahmen der Operation gleichzeitig einen Brustaufbau machen zu lassen. Nach der ersten Operation wurde sie mit Bestrahlungen behandelt, im weiteren Behandlungsverlauf wurde eine Anti-Hormontherapie durchgeführt. Sie verbrachte jeweils ein bis zwei Wochen im Krankenhaus. In diesen Zeiten hatte sie ein großes Ruhebedürfnis. Sie war froh, wenn niemand mit ihr sprach.

Frau G. geht davon aus, dass Ärztinnen und Ärzte „wahrscheinlich gar nicht daran denken, was für Probleme jetzt da auftauchen" (Frau G., S. 3), und erwartet dementsprechend auch keine andere als eine rein krankheitsbezogene Behandlung. Ihre Erzählung über die Zeiten im Krankenhaus beschränkt sich im Folgenden großteils auf Aspekte der medizinischen Behandlung und bleibt recht vage. Sie äußert sich über die Betreuung im Krankenhaus eher positiv – die Ärzte waren nett, die Pflegekräfte haben geholfen, das Gebäude war angenehm, die Zimmergemeinschaft war trotz Vierbettzimmer sehr nett – und trotzdem hat sie sich sehr bewusst dagegen entschieden, die Chemotherapie in einer dem Krankenhaus angegliederten Tagesklinik zu absolvieren: „Dann hab ich mir gedacht, nur raus aus dem Krankenhaus" (Frau G., S. 8). Auch hat sie beschlossen: „ich lass jetzt nichts mehr an mir machen. Irgendwann reichts" (Frau G., S. 4).

Die Nachricht der bevorstehenden Brustamputation erlebt sie als niederschmetternd und zunächst hat sie nicht das Gefühl, dass ihr irgendetwas oder -jemand dabei helfen könnte, dies zu verkraften. Von der Ärzteschaft möchte sie in diesem Moment nicht zu viel informiert werden, „weil, .. einen das dann einfach zu sehr beschäftigt" (Frau G., S. 7). Im weiteren Krankheitsverlauf werden Informationen zum Brustaufbau und zum Umgang mit den Folgen der Erkrankung interessanter für sie. Hier hätte sie sich von den Ärztinnen und Ärzten mehr Aufklärung über Risiken etc. gewünscht. Sie versucht, über andere Betroffene und über Broschüren an die für sie relevanten Informationen zu gelangen.

Neben Ruhe, auch auf der schön angelegten Dachterrasse des Krankenhauses, auf die sie sich zurückzieht, stellen die Zimmernachbarinnen, mit denen sie auch nach dem Krankenhausaufenthalt in Kontakt bleibt, eine große Hilfe für sie dar. Von ihnen bekommt sie Informationen und kann die Schwere ihrer Erkrankung mit dem Schicksal der anderen vergleichen (sie merkt dabei, dass es anderen zum Teil viel schlechter geht als ihr, was sie entlastet).

Frau G. hat bei ihrer Krankheit und ihren Krankenhausaufenthalten ein großes Schutzbedürfnis. Dies äußert sich zum Beispiel in ihrem Versuch, sich vor stark verunsichernder Information zu verschließen, durch ihren Beschluss, nun nichts mehr an sich machen zu lassen und auch nicht mehr ins Krankenhaus zu gehen. Auch in der Zeit zwischen und nach den Krankhausaufenthalten versucht sich Frau G. vor den bedrohlichen Auswirkungen ihrer Krankheit zu schützen, indem sie viel daran setzt, möglichst schnell wieder fit, gesund und arbeitsfähig zu sein und die Krankheit von sich fernzuhalten. Ihr großes Schutzbedürfnis wird auch in der Interviewsituation deutlich, die sie so zunächst gar nicht wollte. Sie hätte sich lieber mit einer auch betroffenen Freundin zusammen interviewen lassen, die dann aber keine Zeit hatte. Frau G. bricht ihre Erzählungen an heiklen Punkten ab und wechselt manchmal abrupt das Thema.

4.9   Frau D. – „Ich bin im Laufe der Zeit draufgekommen, was mir gut tut"

Frau D., 66 Jahre, ist verheiratet, hat zwei erwachsene Kinder und war früher in einem kaufmännischen Beruf tätig. Sieben Jahre vor dem Interview wurde bei ihr Brustkrebs diagnostiziert. Der Tumor wurde brusterhaltend operiert und anschließend bestrahlt. Direkt im Anschluss an eine fünf Jahre dauernde, engmaschige Nachsorge, die sie sorgfältig einhielt, wurde ein erneuter Tumor in der operierten Brust diagnostiziert, wobei diesmal auch Lymphknoten befallen waren. Nun wurde die Brust abgenommen, es wurden eine – von Frau D. äußerst belastend erlebte – Chemotherapie und erneute, diesmal massivere Bestrahlungen vorgenommen. Zum Zeitpunkt des Interviews besteht eine Remission der Krebserkrankung, jedoch leidet Frau D. seit Beendigung der zweiten Strahlentherapie unter massiven

Schmerzen unklaren Ursprungs. Sie hat eine Odyssee durch unzählige Facharzt-praxen hinter sich, mit der Konsequenz, dass sie die Behandlung ihrer Schmerzen mehr und mehr in die eigene Hand genommen hat, inzwischen die Dosierung und Auswahl verschiedener Schmerzmittel selbständig vornimmt.

Frau D. verfügt über ein sehr großes und gut funktionierendes soziales Netz, das ihr einerseits eine tragfähige soziale Unterstützung sichert (Ehemann, Freundinnen, Stammtisch, Dorfgemeinschaft), andererseits versorgt es sie mit Fachinformatio-nen. Dadurch fühlt sie sich befähigt, sich eine eigene Meinung über die Sinnhaftig-keit ihrer Behandlung zu bilden. Über ihr soziales Netz erhält sie so die Informa-tionen eines Pharmakologen, der mit Krebstherapeutika arbeitet und einer Psycho-onkologin. Zusätzlich gibt es eine gemeinsame Bekannte von ihr und ihrer behan-delnden Ärztin. Dies gibt ihr die Sicherheit, privilegiert behandelt zu werden. Auf diesen Kontakt führt es Frau D. auch zurück, dass die Ärztin sie nach anfänglichem sehr unfreundlichem Verhalten später zuvorkommender behandelt (die Ärztin hatte ihr im Aufklärungsgespräch in wenig einfühlsamem Ton die Entscheidung ob brusterhaltend oder nicht operiert werden soll übertragen – ohne ihr jedoch die für diese Entscheidung benötigten Informationen zu geben).

Frau D. bezieht sich bei der Beschreibung ihrer Krankenhausaufenthalte fast aus-schließlich auf krankheitsbezogene Aspekte der Behandlung. Spätere Kontakte zu niedergelassenen Ärztinnen und Ärzten beurteilt sie sehr wohl auch auf die per-sönlichkeitsbezogene Betreuung hin, jedoch zeigt sich, dass sich ihre Erwartungen an das Krankenhaus auf die rein medizinische Behandlung beschränken. Dafür spricht auch, dass sie sich zur zweiten Operation in dasselbe Krankenhaus begibt, in dem sie zuvor die oben beschriebenen schlechten Erfahrungen mit einer Ärztin gemacht hatte – mit der Begründung, *„also darum gings eigentlich nicht"* (Frau D., S. 16). Desweiteren überwiegen im gesamten Krankheitsverlauf in ihrer Rele-vanz und ihrer Häufigkeit die Kontakte zum Gesundheitswesen, die nichts mit dem Krankenhaus zu tun haben. Sie hadert mit der Qualität der Nachsorge und gibt ihrer niedergelassenen Ärztin Schuld am späten Erkennen des Rezidivs; aufgrund ihrer Schmerzproblematik sucht sie sehr viele Ärzte auf; und so treten die Erlebnisse im Krankenhaus hinter den vielen anderen Arztkontakten in den Hintergrund. Neben der oben beschriebenen Szene erwähnt Frau D. wenige nicht einfühlsame und einige fürsorgliche Interaktionen des Pflegepersonals im Krankenhaus, die aber für Frau D. nicht ausschlaggebend für ihre Beurteilung des Krankenhausaufenthaltes sind. Abschließend meint sie, sie könne das Krankenhaus schon empfehlen (Frau D., S. 18) und sei mit der dortigen medizinischen Versorgung zufrieden.

Frau D. eignet sich im Laufe ihrer Erkrankung ein großes Fachwissen (Untersuchungsmethoden, Therapiemöglichkeiten, Medikamentennamen etc.) an und tritt mehr und mehr selbstbewusst Ärztinnen und Ärzten gegenüber auf. Bei ihrem zweiten Krankenhausaufenthalt entscheidet dann *sie* über die Behandlungsmethode: *„Ein Implantat hab ich gleich abgelehnt, und ich hab auch gesagt, ich möchte das in einer Operation gemacht haben"* (Frau D., S. 6).

4.10   Frau C. – „Die machen genau ihre Arbeit, egal wie's dir geht"

Frau C., 60 Jahre, von Beruf Schneiderin, ist verheiratet und hat zwei erwachsene Kinder. Vor acht Jahren wurde bei ihr Gebärmutterhalskrebs diagnostiziert. Der Tumor war damals sehr groß und hatte bereits Blase und Scheide befallen. Frau C. musste sich einer achtstündigen radikalen Operation unterziehen, dessen Folgen für sie weitreichend sind. Einerseits wurden während der Operation Nerven zu ihrem einen Bein stark überdehnt, wodurch sie zunächst nicht mehr laufen konnte. Aufwendige Rehabilitationsmaßnahmen waren nötig, damit Frau C. sich wieder normal bewegen konnte. Andererseits entschieden sich die Ärzte während der OP, die Blase sicherheitshalber ganz zu entfernen und eine neue Blase aus Darmgewebe zu konstruieren. Dies hatte für Frau C. unter anderem zur Folge, dass sie seitdem einen künstlichen Harnausgang hat und durch den Nabel katheterisieren muss. Die neue Blase musste erst anwachsen, und so lag Frau C. acht Wochen im Krankenhaus, wovon sie sich lange Zeit nicht einmal aufsetzen durfte.

Eine weitere Therapie der Krebserkrankung (Chemotherapie oder Bestrahlungen) war nicht nötig, da die Ärzte *„im Gesunden geschnitten"* (Frau C., S. 1), also den Tumor großflächig entfernt hatten. Es besteht bis zum Zeitpunkt des Interviews eine vollständige Remission in Bezug auf den Krebs, Frau C. muss sich aber in regelmäßigen Abständen Blasensteinoperationen unterziehen, wodurch jeweils ein zweiwöchiger Krankenhausaufenthalt notwendig wird.

Die Krebserkrankung und ihre Folgen bedeuten für Frau C. eine Katastrophe, vor allem der Verlust der Blase veränderte ihr gesamtes Leben. Um mit der neuen Situation fertig zu werden und zunächst einmal den langen, für sie sehr belastenden Krankenhausaufenthalt zu bewältigen, beschreibt Frau C. das Bedürfnis nach Anteilnahme, Rücksicht aber auch nach Ruhe im von ihr hektisch erlebten Krankenhausalltag. Sie ist vor allem von den behandelnden Ärztinnen und Ärzten enttäuscht, die rein krankheitsbezogen denken, sich wenig Zeit für sie nehmen und durch Körperhaltung und Eile wenig Mitgefühl signalisieren. Hier ist kein Platz für ihre Fragen und Sorgen. Ihre Erfahrungen mit dem Pflegepersonal sind bezüglich ihrer Bedürfnisse ambivalent. Es gibt einige Pflegerinnen, die Anteilnahme zeigen, die Frau C. in ihrer Hilfsbedürftigkeit wahrnehmen und für sie maßgeschneiderte Lösungen finden (*„doch, doch, ich lass mir jetzt da was einfallen"*, Frau C., S. 10), auch kennt sie eine Pflegerin persönlich und wird von ihr besonders freundlich betreut. Frau C. macht aber auch schlechte Erfahrungen mit dem Pflegepersonal: Pflaster werden *„runter gerissen"* (Frau C., S. 10), auf Klingeln wird nicht reagiert, die Routineaufgaben werden erledigt ohne Rücksicht auf ihre schwierige Situation. Frau C. fühlt sich den Launen und dem Dienstplan des Pflegepersonals hilflos ausgeliefert. Von Seiten anderer im Krankenhaus tätiger Menschen erlebt Frau C. die persönlichkeitsbezogene Betreuung, die sie sich in ihrer schwierigen Lage wünscht: der Krankenhauspfarrer besucht sie an ihrem Geburtstag, ehrenamtliche Helferinnen führen Erledigungen für sie aus, bringen Zeitschriften usw. Auch die emotionale Unterstützung und viele Besuche von Seiten ihrer Familie sind für Frau C. sehr hilfreich in dieser Zeit.

Frau C. ist in einem Dreibettzimmer untergebracht, was sie als *„Hölle"* bezeichnet. Ständiges Kommen und Gehen und viel Besuch stehen ihrem großen Ruhebedürfnis im Krankenhaus entgegen. Nur an den Wochenenden erlebt sie manchmal ruhige Momente, in denen sie sich zusammen mit ihrem Mann so etwas wie ein Zuhause gestalten kann. Ein Hauch von Gemütlichkeit, der ihr nach all der Unruhe und den Zumutungen der Woche dann wie *„der Himmel"* erscheint (Frau C., S. 12).

Frau C. entwickelt verschiedene Strategien, um die Zeit im Krankenhaus zu bewältigen. Sie lernt, den Ärztinnen und Ärzten gegenüber forscher aufzutreten. Mit ihrer Tochter schreibt sie Listen offener Fragen und holt schon einmal einen Arzt vom Nachbarbett zurück, bis dieser ihr alle Fragen beantwortet hat. Ihr Ausgeliefertsein dem Pflegepersonal gegenüber, ist sie jedoch nicht fähig zu ändern. Sie lernt aber im Laufe der Zeit den Tagesablauf der Pflegenden kennen und klingelt zum Beispiel nicht mehr während der Brotzeit der Pflegekräfte:

> *„Sind die jetzt in der Brotzeit oder nicht, oder ist grad Mittag, des halt ich schon noch aus, wart ich bis das Kaffeetrinken vorbei ist, sonst sind sie* <u>*doppelt*</u> *schlecht gelaunt, wenn sie von der Brotzeit wegmüssen" (Frau C., S. 19).*

Sie passt sich an die Abläufe und Bedürfnisse des Pflegepersonals an, jedoch mit einem bitteren Beigeschmack, da eigentlich sie in ihrer schweren Lage das Bedürfnis hat, dass andere auf sie Rücksicht nehmen sollten.

4.11 Frau E. – „Die Ärzte sollen sich so viel wie möglich Zeit nehmen um auf Fragen einzugehen"

Frau E., 57 Jahre, ist verheiratet und hat zwei erwachsene Söhne. Früher hat sie als Chefsekretärin bei einer Bank gearbeitet, später im Betrieb ihres Mannes mitgeholfen. Vor sieben Jahre bekam sie ein Mammakarzinom diagnostiziert. Ihr wurde eine Brust amputiert, und sie musste sich einer Chemotherapie unterziehen. Danach galt sie als geheilt, erzählt aber, dass es zwei Jahre gedauert hat, bis sie sich wieder gesund fühlen konnte. Besonders gelitten hat sie unter den Ängsten, die im Rahmen der Krebserkrankung entstanden sind und die sie zum Teil ihren behandelnden Ärzten anlastet (Krankenhaus- und niedergelassene Ärzte, wobei sie hauptsächlich Probleme mit einem niedergelassenen Radiologen und einem niedergelassenen Onkologen hat): *„Jetzt im Nachhinein denk ich mir, haben dir die Ärzte noch zusätzliche Ängste eingebrockt"* (Frau E., S. 4).

Es sind zum Teil unüberlegte Äußerungen ihr gegenüber, die ihre Ängste verstärken, aber auch ihre eigene *„Unwissenheit"* (Frau E., S. 4). Sie wünscht sich von ärztlicher Seite, dass einerseits mehr über die Situation, in der sich die Patientin befindet, nachgedacht wird, andererseits, dass sich Zeit genommen wird, um Patientinnen und Patienten ausführlich aufzuklären: *„Informieren, informieren, informieren, und das würde einem jede Menge Ängste nehmen"* (Frau E., S. 12). Ansonsten ist sie mit ihren Erfahrungen im Krankenhaus zufrieden, auch das Pflegepersonal ist ihr sehr zugewandt. Ihr Bedürfnis, auch persönlichkeitsbezogen behandelt zu werden, wird von Seiten der Ärzteschaft und der Pflegepersonen befriedigt.

Wiederholt kann sie Probleme, die für sie unerträglich erscheinen, mit Hilfe ihres Mannes lösen. So wird sie zunächst in ein Vierbettzimmer gelegt, in dem sie die Lautstärke und die Gespräche der Zimmernachbarinnen sehr strapazieren. Dies signalisiert sie ihrem Mann, der für sie mit einer Pflegerin spricht – Frau E. wird sofort in ein Zweibettzimmer verlegt. Auch bei der Entscheidung, den Ort der ambulanten Chemotherapie zu wechseln (sie bekommt dort weder Informationen noch persönliche Zuwendung), unterstützt sie ihr Ehemann. Neben der großen Hilfe durch ihren Mann kann sich Frau E. auch bei ihrer niedergelassenen Frauenärztin Rat und Tat holen, wenn sie Probleme mit der Behandlung hat. Positiv berichtet sie auch von einer Krankenhausärztin, die sich Zeit genommen hat (*„die kam dann auch oft abends noch rein, hat sich auf den Bettrand gesetzt"*, Frau E., S. 12), dabei Fragen beantwortet und ihr das Gefühl gegeben hat, immer ansprechbar zu sein.

Ihre angstbeladene Situation macht es ihr zunächst nicht möglich, selbst aktiv zu werden, sie bekommt die Hilfe aber von anderen. Im weiteren Krankheitsverlauf bemerkt sie nach und nach, was ihr gut tut, setzt sich dabei auch zum Teil über Empfehlungen der Ärztinnen und Ärzte hinweg.

Auch wenn viele Erfahrungen, die sie während der Krankheit gemacht hat, sehr belastend waren – Bilder, die sie dafür verwendet sind *Sondermüll, Todesurteil, Bombe, Hölle, Fließbandarbeit* – geht es Frau E., nun sieben Jahre nach der Diagnose, nach eigenen Aussagen wieder *„blendend"*. Sie sieht die Krankheit auch ein Stück weit positiv, hat über sich selbst etwas gelernt.

5 Auswertung

5.1 Passung zwischen subjektiven Erwartungen und der Behandlung/ Betreuung im Krankenhaus

„Welches ist hier die eigentliche Geschichte?" (Strauss, 1998, 66) – das ist die Frage, die sich die/ der qualitativ Forschende stellen muss, um vom „rohen" Datenmaterial zum zentralen Thema der Studie, zur „Schlüsselkategorie" (ebd., 65) der Untersuchung zu gelangen.

Gerade die Unterschiedlichkeit der Erzählungen, die durch die bewusst offene Fragestellung der Interviews entstanden ist, und der die qualitative Auswertung große Aufmerksamkeit schenkt, verwehrt es, einen zentralen Wunsch als die eigentliche Geschichte zu formulieren, der für alle Interviewpartnerinnen und -partner als Schwerpunkt für die Gesundung im Krankenhaus gelten könnte. Dies lässt sich illustrieren an dem Thema, das am häufigsten von den interviewten Personen erwähnt wurde, und das ich *als Person wahrgenommen werden* genannt habe. Wie sich später noch zeigen wird (Kap. 5.1.3.1.3), umfasst dieser Aspekt der Behandlung und Betreuung im Krankenhaus einen rücksichts- und würdevollen Umgang, das sich Kümmern, Betroffenheit im Gegenüber spüren usw.. Es umfasst aber auch den Wunsch einiger Interviewpartnerinnen und -partner, eben gerade *nicht* als Person wahrgenommen zu werden. Hinzu kommt, dass – auch wenn es sich dabei um ein zentrales Thema in der Mehrzahl der Interviews handelt – es doch auch Interviews gibt, in denen das „als Person wahrgenommen werden" völlig nachrangig ist.

Also muss die „eigentliche Geschichte" auf einem eine Ebene höheren Abstraktionsniveau gesucht werden. Es hat sich gezeigt, dass das Formulieren einer zentralen Kategorie auf der Ebene einzelner Bedürfnisse oder Wünsche die Individualität der von schwerer Krankheit Betroffenen missachten würde. Themen, die in einem Interview zentral sind, haben andere Interviewte kaum erwähnt. Die Suche gilt also einem Kriterium, mit dem für alle Interviewpartnerinnen und -partner das Gefühl, im Krankenhaus gut oder weniger gut aufgehoben zu sein, das Krankenhaus als unterstützende oder behindernde Ressource für die Gesundung zu erfahren, beschrieben werden kann.

Welches auch immer die zentralen Themen der einzelnen Interviews waren, die Entscheidung, ob in den jeweiligen Situationen das Krankenhaus als hilfreich oder neutral empfunden wurde, bis hin zum Gefühl, durch das Krankenhaus hätte sich die gesundheitliche Gesamtsituation (und vor allem die psychische Situation) der Person sogar verschlechtert, fiel anhand der Übereinstimmung von den individuellen Erwartungen der Person mit der Behandlung und Betreuung von Seiten des Krankenhauses. Somit habe ich mich entschieden, die *Passung* zwischen Individuum und Institution zum zentralen Thema meiner Untersuchung zu erheben, als eine Art Schablone, die ich auf die verschiedenen, von den Interviewpartnerinnen und -partnern erzählten Aspekte ihrer Krankenhausaufenthalte anwende.

Es geht also zunächst um ein Zusammenpassen, ein „Matching" zwischen zwei Aspekten, wovon der eine zunächst in der Person der Patientin/ des Patienten zu liegen scheint, der andere im jeweiligen Setting des einzelnen Krankenhauses. Auch die umgekehrte Variante spielt eine nicht unbedeutende Rolle (die Erwartung des Krankenhauses/ der im Krankenhaus Tätigen an den Patienten/ die Patientin in der Passung mit dem Verhalten und den zur Verfügung stehenden Ressourcen auf Seiten der erkrankten Person) – wobei die Entscheidung, Interviews mit Patientinnen und Patienten durchzuführen und nicht mit im Krankenhaus Tätigen, diese Richtung der Erwartungen weniger erwähnt lässt. Von den Ressourcen auf Seiten der Patientinnen und Patienten wird noch ausführlich die Rede sein. Zunächst gilt es jedoch, die beiden Seiten genauer zu untersuchen.

5.1.1 Analyse der beiden Seiten der Passung

5.1.1.1 Individuelle Erwartungen der Patientinnen/ Patienten an das Krankenhaus

5.1.1.1.1 Erwartungshaltung

Die Erwartungen der einzelnen Personen an das Krankenhaus die Behandlung und Betreuung betreffend, können sehr unterschiedlich sein. Engelhardt et al. (1973, 142)[49] unterscheidet zwischen zwei Erwartungshaltungen an das Krankenhaus, die

---

[49] Die Studie „Kranke im Krankenhaus" von Engelhardt et al. (1973) habe ich unter Kap. 2.2.3 bereits im Zuge der Darstellung des Krankenhauses aus medizinsoziologischer Sicht erwähnt. Die Kritik-

das Erleben der Krankenhaussituation stark beeinflussen. Laut Engelhardt et al. erwartet ein Teil der Krankenhauspatientinnen und -patienten eine *rein krankheitsbezogene Behandlung*. Sie

> „wünschten, dass der Arzt mit Hilfe seines medizinischen Wissens eine richtige Diagnose stellen soll, um dann die nötigen Maßnahmen zu ergreifen oder veranlassen zu können. Ein näheres Gespräch über persönliche Dinge erschien ihnen dazu nicht nötig" (ebd.).

Die Autorinnen und Autoren der Studie errechneten, dass 11% der befragten Personen eine rein krankheitsbezogene Erwartungshaltung an das Krankenhaus hatten. Neben 16%, deren Erwartungen unklar blieben, hatte hingegen der Großteil (73%, ebd., 144) der Patientinnen und Patienten das Bedürfnis, im Krankenhaus neben der krankheitsbezogenen auch eine persönlichkeitsbezogene Behandlung zu erfahren. Sie

> „meinten, der Arzt solle nicht nur die Symptome der organischen Krankheit beachten. Damit er ihre Krankheit verstehen könne, sei es notwendig, dass er auch eine richtige Vorstellung von ihrer Vorgeschichte, ihrer Persönlichkeit und ihrer augenblicklichen Situation habe" (ebd., 142).

Darunter fasste die Arbeitsgruppe um Engelhardt Aussagen wie *„Ein Mensch, der mit mir spricht, hilft schon"*, *„Vertrauen und ein gutes Verhältnis"*, *„zu Wort kommen"* oder *„als Mensch behandelt werden"* (ebd., 143).

Auch die Interviewpartnerinnen und -partner der hier vorliegenden Studie lassen sich aufgrund ihrer Erwartungshaltung an die Behandlung im Krankenhaus in diese zwei Gruppen unterteilen.

---

punkte, aber auch der Nutzen der medizinsoziologischen Forschung der 1970er Jahre ist an dortiger Stelle bereits beschrieben worden, und es gilt auch hier: eine übermäßige Pathologisierung der Institution Krankenhaus steht sehr detaillierten Beschreibungen gegenüber. Und auch an dieser Stelle meiner Studie, der Darstellung der Ergebnisse, sehe ich den Erkenntnisgewinn für die Situation Krankenhausaufenthalt überwiegen. Hinzu kommt, dass es seitdem wesentlich weniger Veröffentlichungen zu diesem Themenkomplex gegeben hat, auf die ich zurückgreifen könnte (vgl. Siegrist, 2004).

Krankheitsbezogene Erwartungshaltung

Herr K., Frau G. und Frau D. berichten nur von Erwartungen an das Krankenhaus, die sich auf die körperliche Behandlung beziehen. Für Herrn K. steht die chirurgische Entfernung seines Hirntumors im Zentrum seiner Krebsbehandlung, er beschreibt sie neben diagnostischen Maßnahmen als die wichtigste Hilfe, die das Krankenhaus[50] ihm auf dem Weg zur Gesundung geben konnte:

> *„Wie gesagt, eben die Operation, die kriegst du sonst nirgendswo anders, die Behandlung, um deinen Körper wieder in eine gewisse Linie zu bringen, dass du wieder normal leben kannst, ohne gewisse Ausfälle. Die Untersuchung natürlich, dass du .. auf Herz und Nieren, EEG, was man halt so alles macht, ob das alles okay ist" (Herr K., S. 20).*

Diese Hilfen, die das Krankenhaus ihm gegeben hat, stellt er in Kontrast zu dem Gefühl, nach der Entlassung wieder zu Hause sein zu können:

> *„Ich bin hier zur Tür rein gekommen, und äh, mein Herz hat ge-*
> *..pocht, das war sensationell. Der Raum war weit, es war strahlend,*
> *meine Tochter war da, das war schon unheimlich wichtig, aber im*
> *Krankenhaus kriegst du halt ganz andere Sachen, die auch wichtig*
> *sind" (Herr K., S. 20).*

Herr K. trennt seine Bedürfnisse klar auf. Für die körperliche Behandlung seiner Erkrankung ist das Krankenhaus zuständig. Die familiäre Geborgenheit, Zuwendung, Entlastung etc. sucht er bei seinen Angehörigen und Freunden. Somit gehört er nach Coser zu der Gruppe von Patientinnen und Patienten, die ausschließlich „instrumentelle" Erwartungen an das Krankenhaus haben (Coser, 1956, 5).

Auch Frau D. teilt ihre Bedürfnisse bezüglich ihrer Krankheit auf. Emotionale Unterstützung sucht sie in ihrem großen sozialen Netz, aber – und dies unterscheidet ihre Strategie von der Herrn K.s – auch bei niedergelassenen Ärzten. Im Laufe der Erkrankung verschieben sich die Prioritäten. Die Hilflosigkeit verschiedener

---

[50] Ich möchte an dieser Stelle noch einmal in Erinnerung rufen, dass der Ausdruck „das Krankenhaus" hier für mehr steht und nur der einfacheren Lesbarkeit halber gewählt wurde: es geht um die im Krankenhaus Tätigen, aber auch die Strukturen der Institution, die das Handeln der einzelnen Agierenden mitbestimmen.

Fachärzte, ihr wegen ihrer chronischen Schmerzen zu helfen, aber auch ihr zunehmendes Wissen über Diagnose- und Therapiemethoden haben die Konsequenz, dass sie von ihren niedergelassenen Ärztinnen und Ärzten auch eine persönlichkeitsbezogene Behandlung wünscht. Sie möchte auch in den Auswirkungen der starken Schmerzen auf ihr Leben, aber auch mit ihrem Fachwissen wahr- und ernst genommen werden. Ihre Erwartungen an das Krankenhaus hingegen beschränken sich in ihrer Erzählung auf die krankheitsbezogene Behandlung. Operationstechniken, aber vor allem eine effektive Schmerzbekämpfung sind die zentralen Aspekte, die für sie während ihres Krankenhausaufenthaltes relevant sind. Sie nimmt fürsorgliche Pflege positiv, aber nicht meinungsbestimmend für ihre Bewertung des Krankenhauses wahr.

Bei Frau G. hingegen überwiegt während ihrer Krankenhausaufenthalte der Wunsch nach Ruhe. Auch schützt sie sich vor zu vielen Informationen, die sie nur zusätzlich beunruhigt hätten. Weder von Seiten des Krankenhauses, noch von familiärer Seite wünscht sie sich in den ersten Tagen nach der Operation zu viel Nähe: *„.... also da ist man dann auch im Krankenhaus froh, wenn keiner mit einem spricht"* (Frau G., S. 10). Hier wird wohl das zentrale Ruhebedürfnis zu einer Motivation für rein krankheitsbezogene Behandlungserwartungen an das Krankenhaus.

Zusätzlich persönlichkeitsbezogene Erwartungshaltung

Die Mehrzahl der Interviewten berichtet von Erwartungen an das Krankenhaus, die über die rein medizinische Behandlung hinausgehen. Die beiden zum Motto der jeweiligen Interviews erhobenen Aussagen (vgl. Kap. 4.1 und 4.5): *„In solchen Situationen sind halt oft ein paar Worte mehr wert als jede Spritze"* (Frau M., S. 12) und *„Weil die gemerkt haben, weil die wirklich gemerkt haben, dass ich da richtigen Kummer hab"* (Herr N., S. 20) drücken die Relevanz der persönlichkeitsbezogenen Behandlung für die Betroffenen aus. Das Gefühl, die Behandlung und Betreuung beziehe die Person, deren Vorgeschichte und die aktuelle schwierige Situation mit ein, ist in diesen Fällen eine wichtige Voraussetzung für die Zufriedenheit mit der Situation – das Krankenhaus kann dann als Unterstützung für den Gesundungsprozess gesehen werden. Frau M. beschreibt zum Beispiel mehrere Situationen während ihres stationären Aufenthaltes auf einer gynäkologischen Station, bei denen sie sich auch persönlichkeitsbezogen betreut gefühlt hat. Sie ist der Meinung, dass diese

Kleinigkeiten ihr eine große Hilfe in der für sie sehr verunsichernden Situation waren:

> *„Und ich muss sagen, die waren vom Empfang, von der Aufnahme, wie ich da runter kommen bin, die hat nicht gesagt, „gehen Sie jetzt den dritten Gang da hinter", sondern die ist <u>mitgegangen</u>, hat gesagt „schauens her, da warten Sie jetzt, da kommt jetzt gleich jemand oder so". Sie ist mitgegangen. Das ist wirklich, es ist eine Kleinigkeit, aber es ist angenehm, also so hab ich's als sehr angenehm empfunden, und ich muss sagen, mein Mann war da dabei, und die Ärztin hat gesagt, von ihr aus jederzeit, also es ist meine Entscheidung, ob ich den Mann dabei haben will oder nicht, und der durfte also überall mit. Und das muss ich sagen, das hab ich persönlich als sehr angenehm empfunden, weil, wissens, fünf weiße bekittelte (lacht) Menschen, fremde, und du sitzt da und sollst alles aufnehmen, vier Ohren hören dann auch mehr wie zwei"* (Frau M., S. 6f.).

Umgekehrt bedeutet dies aber auch, dass diejenigen Interviewten, die neben der medizinischen Routine auch persönlichkeitsbezogen behandelt und betreut werden wollten, besonders unzufrieden mit ihren Krankenhausaufenthalten waren, wenn sie sich nicht in ihrer Person und Betroffenheit wahrgenommen gefühlt haben. So berichtet Frau C. von einer Situation im Krankenhaus, in der es ihr sehr schlecht ging (sie hatte Fieber und Schüttelfrost), eine Pflegeperson jedoch dessen unberührt ihre morgendliche Routine durchgeführt hat:

> *„Die kommen rein zu der Zeit, und da wird Fieber gemessen, da wird Blutdruck gemessen, <u>egal</u> wies dir geht. Ich hab einmal einen Schüttelfrost gehabt in der Früh, also wirklich, ich hab einen Schüttelfrost gehabt, und der Arzt war noch nicht da, und die hat <u>weiterhin</u>! Die hat mir die Thrombosespritze gegeben! Die hat mir Fieber gemessen! Egal, die hat gesehen, wies mich geschüttelt hat im Bett drin, und die hat weiter die Untersuchung gemacht, weil, die ist von Bett zu Bett gegangen, egal wies jedem gegangen ist (...) Ich hab gesagt, ich kann mich gar nicht still halten, und ich hab gefroren, anstatt dass sie mir ein Bettdecke noch mal gebracht hätt, oder eine Heizdecke oder was, naa, die hat ihren Plan durchgezogen, ist dann auch prompt zum anderen gegangen, hat mir vorher nicht irgendwie eine Decke gebracht,*

*ist zum anderen gegangen und hat da weiter gemacht, das hat mich
gescheit gestört" (Frau C., S. 17).*

Dies gilt auch für Situationen, in denen der psychische Zustand der kranken Person nicht beachtet wurde, wie große Ängste, Trauer oder ähnliches.

Es stellt sich die Frage nach den Ursachen für die verschiedenen Erwartungshaltungen, die Patientinnen und Patienten jeweils individuell an das Krankenhaus stellen. Meines Erachtens können hier die in Kap. 2.1.5 diskutierten Theorien zu subjektiven Gesundheits- und Krankheitsvorstellungen einen wichtigen Beitrag zum Verständnis leisten. Unterschiedliche Vorstellungen darüber, wie eine Krankheit entstanden sein könnte und wie diese Krankheit behandelt werden sollte, was also Gesundheit herstellen kann, ergeben eine wichtige Grundlage für die Erwartungen, die die betroffene Person an das Krankenhaus stellt. Daneben gibt es aber noch weitere Faktoren, durch die sich eine individuelle Erwartungshaltung herausbilden kann. Es handelt sich um eine zu komplexe Situation, um Anspruch auf Vollständigkeit der Faktoren erheben zu wollen, denn die Persönlichkeit, die Biographie, der Bildungsstand, das Vorhandensein von Ressourcen etc. sind hier von Bedeutung. An dieser Stelle sollen drei Aspekte der aktuellen Situation kranker Menschen herausgegriffen werden, die zum Beispiel für die im Krankenhaus Tätigen Anhaltspunkte dafür sein können, welche Erwartungen ein Patient/ eine Patientin an das Krankenhaus hat. Neben den *subjektiven Krankheits- und Gesundheitsvorstellungen* ist die zum bestimmten Zeitpunkt bestehende *Vertrautheit mit dem System Krankenhaus* von Bedeutung für die Erwartungen, die an das Krankenhaus gestellt werden. Auch die *Phase der Erkrankung* ist ein relevanter Faktor.

5.1.1.1.2   Subjektive Gesundheits- und Krankheitsvorstellungen

In Kap. 2.1.5 war zwischen Krankheits-/ Gesundheitskonzepten, Krankheits-/ Gesundheitstheorien und sozialen Repräsentationen von Gesundheit/ Krankheit unterschieden worden. Betont sei hier noch einmal, dass es bei diesen subjektiven Konstrukten nicht um eine richtige oder falsche Darstellung von Faktenwissen geht, sondern um subjektive Erklärungsmuster, die gerade für eine kranke Person wichtige Aufgaben übernehmen können. Bei den für diese Studie interviewten Personen ging es zum Beispiel häufig um die Schuldfrage. Bin ich durch mein Verhalten schuld an meiner Erkrankung? Hat mich ein Arzt/ eine Ärztin falsch behandelt und somit zum Ausbruch meiner Krankheit mit beigetragen? Oder ist

Krebs einfach Schicksal?[51] Neben der Frage, was Gesundheit eigentlich ist (z.B. funktionale Leistungsfähigkeit, ein physisches und psychisches Gleichgewicht oder ausreichende Energie) spielt die Frage eine wichtige Rolle, welche Faktoren für die Gesundung relevant sind. Daraus ergeben sich zwangsläufig die Erwartungen, die eine Person an das Krankenhaus hat.

Herr K., der wie oben beschrieben, rein krankheitsbezogene Erwartungen an das Krankenhaus stellt, beschreibt Gesundheit als *funktionale Leistungsfähigkeit* (vgl. Faltermaier, 1994b, 112ff.). Diese wieder herzustellen ist sein oberstes Ziel. Fragen (die sich andere Interviewte stellen), ob psychische Faktoren an der Entstehung seiner Krankheit beteiligt gewesen sein könnten, scheinen für ihn keine Relevanz zu besitzen. Er fühlt sich durch die Aussage eines Arztes bestätigt, der meint, dass Krebs Schicksal sei (Herr K, S. 3). So ist die Behandlung der Krankheit auf psychischer und sozialer Ebene für ihn kein Thema.

Auch Herr N. äußert sich nicht über Gründe, die seine Krankheit ausgelöst haben könnten, und auch er ist der Meinung, eine Krebserkrankung könne ausschließlich auf medizinische Weise behandelt werden. Dennoch schreibt er der persönlichkeitsbezogenen Behandlung im Krankenhaus große Bedeutung zu. Die Auswirkungen der Behandlung – bei ihm handelt es sich um schwere Komplikationen, die durch die Chemotherapie entstanden sind, aber auch um sein verändertes Äußeres (*„Onko-Glatzkopf"; Herr N., S. 22, „Riesen-Kortison-Gesicht"; Herr N., S. 15*) – machen seines Erachtens eine Behandlung und Betreuung nötig, die auch Trost und Mitgefühl beinhaltet und die ihn in seiner Ausnahmesituation wahrnimmt. Die Zeit im Krankenhaus beschreibt Herr N. wie bereits geschildert mit dem Bild des Krieges. Nächte, in denen er mit den Folgen seiner Behandlung kämpft, vergleicht er mit Bombennächten, und er hat das Gefühl, die Chemotherapie hinterlässt ihn als Wrack:

> *„Irgendwann ist es vorbei und du kommst hier raus, dann bist du zwar komplett zerstört, an der Front irgendwie, aber du kommst irgendwann raus" (Herr N., S. 18).*

---

[51] Auffällig ist, wie viele der interviewten Personen ungefragt Aussagen über die möglichen Ursachen ihrer Krebserkrankung gemacht haben. Auch andere Autorinnen/ Autoren kommen zu dieser Beobachtung, wobei ähnliche Erkrankungsursachen angenommen werden (z.B. Gotay, 1985, 825; Dornheim, 1985, 53ff.).

Die Krankheit stellt für ihn also *Destruktion* dar, wofür Krieg wohl das extremste Beispiel ist, das er wählen konnte. Nach Herzlich (1969) beinhaltet die Vorstellung, Krankheit sei eine Destruktion, auch soziale Isolation und die Abhängigkeit von anderen (vgl. Kap. 2.1.5.4). Dies lässt plausibel erscheinen, warum Herr N. sich als Hilfe bei der Bewältigung der Krankheitsfolgen auch persönlichkeitsbezogene Behandlung wünscht:

> *„Ich war nicht der, der ich davor war, ich war ja wirklich ein ganz anderer Mensch, der da neben seinem Bett gestanden ist und dann auf einmal fünf Leute angeweint hat, ne? Dann haben die sich so angesehen, ja, aber sie haben mich halt so genommen, ja? Der hat Kummer, und da machen wir jetzt mal langsam, das war, das hätte ich nicht so gedacht. Das war nicht nur einmal so, das war ein paar Mal so"* (Herr N., S. 21).

Die beiden obigen Beispiele illustrieren die Vorstellung, dass sich die Behandlung einer Krebserkrankung nur auf der medizinischen Ebene abspielt. Herr N. hat die Auswirkungen der Behandlung als derart gravierend und auch psychisch belastend erlebt, dass er sich für ihre Bewältigung auch Hilfen des Krankenhauses auf emotionaler und sozialer Ebene wünscht. Doch ich habe in den Interviews auch andere Vorstellungen von Gesundheit und Krankheit gefunden. Frau M. vermutet, die Krebserkrankung könne durch die Umstellung vom Berufsleben auf den Ruhestand bedingt sein. Dahinter könnte die Auffassung von *Gesundheit als Gleichgewicht* stehen, wobei die Balance durch die Umstellung durcheinander geraten ist. Frau M. äußert im Folgenden die Überzeugung, dass Worte manchmal mehr helfen können als Spritzen – die Behandlung also auch auf mehreren Ebenen stattfinden muss. Es gilt ein Gleichgewicht wieder herzustellen.

Auch Frau B. sucht die Ursachen für ihre Krebserkrankung auf verschiedenen Ebenen, denn auch seelische Probleme können ihrer Meinung nach Krebs auslösen (Frau B., S. 5). Eine Krebsbehandlung muss in ihren Augen immer die emotionale Seite einschließen, und in dieser Hinsicht ist sie mit den Erfahrungen, die sie im Krankenhaus gemacht hat, überhaupt nicht zufrieden: *„aber ich find, die Seele dürft nicht so auf der Strecke bleiben"* (Frau B., S. 4). Sie bemängelt infolgedessen: *„da wurde man wirklich total alleine gelassen"* (ebd.).

Besonders deutlich drücken zwei Äußerungen von Frau E. die Überzeugung aus, Krankheit müsse auf krankheits- wie auf persönlichkeitsbezogener Ebene begegnet werden: *„Ein Arzt, der nicht zuhört, was ich für Sorgen hab und was ich für Prob-*

leme hab, der kann ne Krankheit gar nicht behandeln, für meine Begriffe" (Frau E., S. 12). An anderer Stelle meint sie: *„Und nur das Medizinische, da ist man inzwischen ja auch von ab, inzwischen weiß der Arzt auch, dass der Mensch ne Seele hat!" (Frau E., S. 9).* Die drei hier zitierten Frauen erwarten aufgrund ihrer Vorstellung von Krankheit und Gesundheit als biopsychosoziale Phänomene eine ganzheitliche Behandlung und Betreuung im Krankenhaus.

Anhand verschiedener Beispiele von subjektiven Konzepten und Theorien in Bezug auf Gesundheit und Krankheit ist deutlich geworden, dass die individuellen Vorstellungen, die Personen über die Vorgänge in ihrem Körper haben, über mögliche Ursachen für ihre Erkrankungen, und über Maßnahmen, die ihnen bei der Gesundung helfen, sich entschieden auf die Erwartungen auswirken, die von Seiten der Patientinnen und Patienten an das Krankenhaus gestellt werden.

5.1.1.2   Phase der Erkrankung

Weder stellen die subjektiven Vorstellungen zu Gesundheit und Krankheit eine stabile Größe dar (sie verändern sich häufig im Laufe der Erkrankung), noch bleiben die Erwartungen, die eine erkrankte Person an das Krankenhaus stellt, über verschiedene Phasen einer Erkrankung zwangsläufig gleich. Ist Frau D. kurz nach der Diagnosestellung vollkommen überfordert von der Therapieentscheidung, die ihre Ärztin von ihr fordert: *„Sag ich, ja, ich, das weiß doch ich nicht! Das müssen doch Sie entscheiden. Ich bin jetzt das erste Mal in dieser Situation, und Sie haben das täglich!" (Frau D., S. 3)*, und erwartet, dass die Ärztin für sie Entscheidungen trifft, so erwartet sie bei ihrer zweiten Brustoperation fünf Jahre später (in denen sie zahlreiche Kontakte zum Gesundheitssystem hatte und sich umfangreich über ihre Krankheit informiert hat), als Expertin für ihre Erkrankung ernst genommen zu werden und entscheidet eigenständig über das Vorgehen der OP: *„Ein Implantat hab ich gleich abgelehnt, und ich hab auch gesagt, ich möchte das in einer Operation gemacht haben" (Frau D., S. 6)*.

Es bedarf also einer Unterscheidung der Patientinnen und Patienten nach der jeweiligen Phase der Erkrankung, in der sie sich befinden. Steht bei denjenigen Interviewten, die von einer Ersterkrankung berichten, meist der anfängliche Schock der Krebsdiagnose, das Informationsdefizit und der Wunsch nach Begleitung im Vordergrund, so berichten diejenigen, die sich aufgrund von Rezidiven oder Metastasierung ihres Tumors im Krankenhaus befanden, davon, dass sie in ihrem Wissen und Erfahrungsschatz in Bezug auf den Umgang mit ihrer Erkrankung ernst genommen und mehr als Partnerin/ Partner der behandelnden Ärztinnen/ Ärzte verstanden werden wollen.

Frau M. berichtet, dass ein Arzt ihre Ängste den ersten Bestrahlungstermin betreffend lindern konnte, indem er ihr die Geräte und das Vorgehen in Ruhe erklärt hat. Herr H., der seit mehr als fünf Jahren mit Metastasen und verschiedenen Problemen kämpft, die sich durch das fortgeschrittene Stadium seiner Erkrankung ergeben, hat völlig andere Bedürfnisse und dementsprechend andere Erwartungen an das Krankenhaus. Er ist glücklich darüber, dass sich die behandelnden Ärzte und er gegenseitig gut kennen, und seine zusätzlichen Bemühungen, den Krebs im Schach zu halten, von den Behandelnden und Betreuenden respektiert werden. Er nimmt zum Beispiel zusätzliche Medikamente, und weil die das Krankenhaus vor Ort nicht auf Lager hat, wird es ihm gestattet, die Verantwortung für seine Medikation trotz Krankenhausaufenthalt selbständig zu tragen. Das hält er für keine Selbstverständlichkeit, sondern führt es darauf zurück, dass die Pflegenden dieser Station ihn als verantwortungsbewussten Patienten kennen. Auch hält er strenge Ernährungsrichtlinien ein, die mit dem Essensplan auf der Station nicht leicht zu vereinbaren sind:

> *„Mittlerweile ist es so, jetzt kennen sie mich alle schon, die Schwestern sagen immer, oh, Herr H., passens auf, stellen wirs Ihnen so zusammen. Und dann setzen wir uns hin und machen das, dann krieg ich schon das, was ich haben möchte" (Herr H., S. 27).*

Herr H.s Verhalten ist noch besser zu verstehen, betrachtet man seine subjektive Theorie von Gesundheit. Er lässt sich unter Faltermaiers Typ *„Ausgleichstheorien"* (siehe S. 25) einordnen, denn er ist der Meinung, dass er die Risiken, die seine Erkrankung mit sich bringt, durch verschiedene Faktoren beeinflussen und abmildern kann. Neben seiner deutschlandweiten Suche nach zusätzlichen Therapien und verschiedenen Behandlungen auf naturheilkundlicher Basis, ist Herr H. davon überzeugt, dass Ernährung großen Einfluss auf das schnellere oder langsamere Fortschreiten seines Prostatakrebses hat. Würde das Krankenhaus ihm in Bezug auf das Essen nicht entgegenkommen, könnte er seine Bemühungen um Risikominderung nicht fortführen. In der fortgeschrittenen Phase seiner Erkrankung erwartet Herr H., dass das Krankenhaus sein Wissen und seinen Umgang mit der Erkrankung in die Behandlung mit einbezieht.

5.1.1.2.1 Frühere Erfahrungen mit dem System Krankenhaus

Die Erwartungen an die Behandlung und Betreuung im Krankenhaus sind von der Nähe beziehungsweise Distanz, in der sich eine Person zum Krankenhaus erlebt, mitbestimmt. Dies ist zum einen bedingt durch die bisherige Dauer der Erkrankung (siehe oben). Es spielen aber auch andere Aspekte eine Rolle, wenn es um die Beziehung zum System Krankenhaus geht. Die bisherigen Erfahrungen, die eine Patientin/ ein Patient in der Vergangenheit mit Krankenhäusern gemacht hat, sind dabei von zentraler Bedeutung. Für Frau G., die ihre stationären Aufenthalte als bedrohlich erlebt hat, stand fest, die Chemotherapie nicht einmal ambulant in einer Klinik machen zu lassen: sie wollte *„nur raus aus dem Krankenhaus"* *(Frau G., S. 8)*. Herr H. hingegen sieht im Krankenhaus den Ort, an dem ihm effizient geholfen werden kann und zögert nicht, sich in schwierigen Situationen sofort ins Krankenhaus zu begeben.

Frau A. und Herr N. arbeiten beide im Krankenhaus und haben von daher eine besondere Nähe zu der Institution. Doch auch hier zeigt sich, dass nicht ausschlaggebend ist, wie gut eine Person das Krankenhaus kennt, denn die zwei unterscheiden sich stark in ihrem Verhältnis zur Institution Krankenhaus, obwohl sie beide „Insider" sind. Bei Frau A. überwiegen die negativen Erfahrungen, die sie in ihrer Zeit als Assistenzärztin in verschiedenen Krankenhäusern gesammelt hat – in Bezug auf Kolleginnen und Kollegen *(„aber da fragt kein Oberarzt"; Frau A., S. 20)* und auf das Verhältnis zwischen Pflegepersonal und Arzt/ Ärztin, das sie als *„Kampf"* *(Frau A., S. 9)* bezeichnet. Und so entscheidet sie sich auch, das Krankenhaus bis auf kurze Aufenthalte zu meiden, mit dem Preis, wenig Unterstützung bei der Bewältigung ihrer Behandlungsfolgen zur Verfügung zu haben. Herr N. ist ein engagierter Krankenpfleger, der trotz seiner malignen Erkrankung seine berufliche Weiterqualifikation fortsetzt. Er wohnt auf dem Gelände der Klinik und lässt sich auch in dem Haus behandeln, in dem er arbeitet – Anzeichen, die dafür sprechen, dass er wohl mit seiner Arbeitsstelle und seinem Beruf zufrieden ist. Herr N. lobt die Personen, die ihn während seiner Erkrankung behandelt und betreut haben, sehr. Er attestiert ihnen eine menschliche Grundhaltung und ein gutes Gespür, die richtige Mischung zwischen Normalität und Mitgefühl gefunden zu haben.

5.1.1.2.2   Bedürfnisse von Krankenhauspatientinnen und -patienten

Ein weiterer Faktor, der die Erwartungen kranker Menschen an die Behandlung und Betreuung im Krankenhaus mitbestimmt, sind deren Bedürfnisse während des Krankenhausaufenthaltes. Auf dem Gebiet der Forschung zu Patientenbedürfnissen gibt es eine große Menge von Studien, quantitativer wie qualitativer Orientierung[52]. Obwohl die menschliche Bedürfnisbefriedigung immer eine Grundlage für körperliche wie seelische Gesundheit ist (Fromm, 1969, 36), und obwohl Bedürfnisse immer einen konstituierenden Anteil an den subjektiven Erwartungen haben, stelle ich die Ergebnisse diese Studie bewusst anders dar, als dies im Großteil der Studien geschehen ist, die sich mit Bedürfnissen von Krankenhauspatientinnen und -patienten beschäftigen. Sie stehen hier nicht an prominentester Stelle. Aus den Ergebnissen der Interviewauswertung ergibt sich, dass ich nicht, wie es viele andere Studien tun, ein „Ranking" aufstelle, welches denn nun das zentralste Bedürfnis von Krankenhauspatientinnen und -patienten ist. Das Einbeziehen der subjektiven Theorien der Betroffenen lässt sich damit nicht vereinbaren, da eine individuelle Deutung und Gewichtung verwehrt wird. Gasiet (1981, 83) zitiert in diesem Sinne Horkheimer, der feststellt:

> „Die Bedürfnisse sind als „natürliche Tatsache" so unendlich verschieden, dass man sie nur von Fall zu Fall, aber niemals allgemein erfassen kann".

Allgemeingültige Bedürfnispyramiden (Maslow, 1977), aber auch solche, die daran angelehnt speziell für Krankenhauspatientinnen und -patienten aufgestellt wurden (z.B. Rößbach, 2002, 127), können so nicht das Ziel der hier vorliegenden Untersuchung sein. Hier liegt der Schwerpunkt darauf, die einzelne Patientin/ den einzelnen Patienten in ihrer/ seiner Individualität zu sehen. Das führt dazu, dass eine betroffene Person in ihren individuellen Bedürfnissen gesehen wird, die im Vergleich mit anderen Patientinnen und Patienten stark voneinander abweichen können.

Diese individuellen Bedürfnisse werden hier als ein wichtiger Faktor gesehen, der die subjektiven Erwartungen einer Person mitbestimmt. Ein positives Erleben der Krankenhaussituation, die die Gesundung der betroffenen Person unterstützen kann, entsteht dann durch eine Passung zwischen den subjektiven Erwartungen der

---

[52] Eine Auflistung zu Studien, die Bedürfnisse von Krankenhauspatientinnen und -patienten untersuchen und messen, findet sich zum Beispiel bei Böhm (1993, 85) und bei Satzinger; Trojan et al., (2001).

Patientin/ des Patienten und ihren/ seinen Erfahrungen mit der in der Institution Krankenhaus erlebten Behandlung und Betreuung.

5.1.1.2.3 Zusammenfassung

Es hat sich gezeigt, dass verschiedene Faktoren dazu beitragen, dass die Erwartungen an das Krankenhaus bei jeder Patientin/ jedem Patienten von individueller Ausformung sind. Zunächst habe ich die Unterscheidung, ob die Erwartungen an das Krankenhaus nur krankheitsbezogener oder auch persönlichkeitsbezogener Art sind, als relevanten Faktor der Erwartungen an das Krankenhaus beschrieben. Auch die Phase der Erkrankung, in der sich die betroffene Person befindet, und frühere Erfahrungen, die sie mit Krankenhäusern gesammelt hat, bestimmen die Erwartungen mit, die an das Krankenhaus gestellt werden. Zuletzt wurde festgestellt, dass Bedürfnisse, die Patientinnen und Patienten im Krankenhaus haben, individuell und nicht verallgemeinernd gesehen werden sollten. Auch sie tragen in ihrer individuellen Ausformung zu den Erwartungen an das Krankenhaus bei.

Diese Aspekte ermöglichen eine erste Differenzierung um bei Patientinnen und Patienten die Erwartungshaltung an das Krankenhaus zu eruieren. Das ist ein erster nötiger Schritt, um eine Passung zwischen Erwartungen und Behandlung/ Betreuung herstellen zu können.

5.1.1.3 Behandlung/ Betreuung im Krankenhaus

Im Folgenden gilt die Aufmerksamkeit der anderen Seite, mit der die Erwartungen an das Krankenhaus zusammenpassen sollen: die Behandlung und Betreuung, die die Patientinnen und Patienten im Krankenhaus erleben. Dabei stellt sich zunächst einmal die Frage, welche Faktoren ausschlaggebend dafür sind, dass ein Patient oder eine Patientin eine bestimmte Behandlung/ Betreuung erfährt.

5.1.1.3.1 Behandlung/ Betreuung determinierende Faktoren

An dieser Stelle sei zunächst auf Kap. 2.2 verwiesen, in dem das Krankenhaus ausführlich beschrieben wurde. Denn die dort aufgeführten Aspekte wie die historischen Wurzeln des Krankenhauses mit ihren Auswirkungen auf die heutige Ausformung der Institution, auf die verschiedenen Krankenhausprofessionen aber auch auf Patientenrolle, Hierarchie, Organisation, Finanzierung etc. spielen in die einzelne Behandlungssituation hinein. Als wichtiger Aspekt soll hier nochmals die

153

zunehmende Ökonomisierung des Gesundheitswesens genannt werden. Radikale Einsparungen, vor allem durch Kürzungen beim Personal, aber auch die Beschneidung des ärztlichen Entscheidungsmonopols durch nichtärztliche Entscheidungskriterien wie den Kostenfaktor einer Behandlung, wirken auf den Alltag im Krankenhaus ein. Konsequenzen daraus können ein verändertes Betriebsklima, aber auch ein höherer Arbeits- und Zeitdruck auf der Station sein.

Desweiteren ist die Ausbildung der verschiedenen Krankenhausprofessionen als Ort der Kompetenzvermittlung und der Bildung einer Berufsidentität für die Behandlung und Betreuung im Krankenhaus von zentraler Bedeutung. Das Medizinstudium wird nur zögerlich und vereinzelt um die Vermittlung von denjenigen Aspekten der Behandlung erweitert, die eine Persönlichkeitsbezogenheit begünstigen. So spielen kommunikative Fertigkeiten inzwischen eine größere Rolle, doch auch hier besteht noch Handlungsbedarf. Auch die Persönlichkeit der einzelnen im Krankenhaus Tätigen ist immer ein ausschlaggebender Faktor der erlebten Behandlung/ Betreuung.

In der Wahrnehmung der Interviewten bestand die Behandlung und Betreuung zum großen Teil aus ärztlichem und pflegerischem Tun - andere Professionen wie Seelsorge, Physiotherapie, Sozialarbeit und Psychoonkologie, aber auch ehrenamtliche Helferinnen und Helfer, kamen trotz Nachfrage eher am Rande vor. So wird die Darstellung der Betreuung und Behandlung schwerpunktmäßig an Erfahrungen mit den beiden wichtigsten Berufsgruppen des Krankenhauses festgemacht sein.

5.1.1.3.2   Individuelle Wahrnehmung der Behandlung/ Betreuung

Nachdem die hier zu beschreibenden Situationen aus Interaktionen bestehen, bleibt zu betonen, dass das Verhalten der Patientinnen und Patienten nicht ohne Auswirkung auf die Behandlung und Betreuung bleiben kann. Herr H. verdeutlicht es:

> *„Ob das jetzt in der Klinik ist oder nicht. Ich sag immer, so wie man
> in den Wald hineinruft, so hallts zurück. Das ist eine Uraltgeschichte.
> Wenn ich als Patient da hinkomme und versuche, mich schon mit den
> Krankenschwestern anzulegen, oder mit den Pflegern anzulegen, dann
> bin ich schon auf dem Holzweg" (Herr H., S. 13).*

Frau M. ist der Meinung, dass eine gute Behandlung im Krankenhaus immer auch von ihrem eigenen Verhalten abhängig ist:

„Mein Gott, man muss natürlich auch selber ein bisschen dahinter sein, ich mein, ich kann mich nicht ins Bett legen und sagen, jetzt machts mal. Man muss sich schon selber ein bisschen engagieren" (Frau M., S. 9).

Unser Gesundheitssystem fordert aus verschiedenen Gründen und in zunehmendem Maße verstärkte Eigenverantwortung von den Patientinnen und Patienten (Schmidt, 2008, 43; Braun et al., 125). Positive Effekte der Eigenverantwortung sind aus den beiden obigen Zitaten klar herauszulesen, doch sollte die Eigenverantwortlichkeit von Patientinnen und Patienten nicht überstrapaziert werden. Denn nicht alle sind dazu befähigt, z.B. durch ihr Alter, durch Demenz, durch Sprachschwierigkeiten, aber auch durch die Betroffenheit oder den Schock, den eine Krankheit bei der Person ausgelöst haben kann. Es kann nicht der einzige Weg zu mehr Passung und in der Folge zu mehr Gesundheit sein, wenn nur die Patientinnen und Patienten sich an die Situation anpassen und ihre Bedürfnisse und Wünsche sich nach den vorhandenen Umständen richten müssen.

Anhand der Tatsache, dass verschiedene Interviewpartnerinnen und -partner über sehr ähnliche Begebenheiten im Krankenhaus erzählt haben, diese aber sehr unterschiedlich bewertet haben, lässt sich zusammenfassend beschreiben, dass die im Sinne des Konstruktivismus individuelle Wahrnehmung der Behandlung und Betreuung im Krankenhaus ein entscheidender Punkt ist, der zu einer gelungenen oder missglückten Passung beiträgt. Damit verschwimmt die Dichotomie zwischen den Erwartungen einerseits und der Behandlung/ Betreuung anderseits ein Stück weit.

5.1.1.4 Zusammenfassung

Das Anliegen dieses Abschnitts war die Klärung der beiden Seiten, zwischen denen eine Passung entstehen soll, damit das Krankenhaus als unterstützende Ressource für die Gesundung fungieren kann. Es hat sich gezeigt, dass auch auf dieser Ebene der Erfolg von mannigfaltigen Faktoren abhängt, und nicht nur die Bemühungen oder Fähigkeiten einer einzelnen im Krankenhaus tätigen Person bestimmen, ob eine Interaktion mit einer Patientin/ einem Patienten unterstützend wahrgenommen werden kann. Es wird sich aber in der weiteren Auswertung des Datenmaterials zeigen, dass die meisten der hier befragten kranken Menschen dennoch dankbar waren, wenn ihre individuellen Bedürfnisse und Erwartungen von einem konkreten Gegenüber wahrgenommen wurden. Die hier untersuchte Passung soll im Folgenden auf der Grundlage der Untersuchungsergebnisse aufgegliedert werden, und zwar in Bezug auf verschiedene Aspekte der Behandlung und Betreuung, die jeweils individuell stärker oder schwächer gewichtete Puzzleteile darstellen, wenn es um das Gesundwerden im Krankenhaus geht.

5.1.2 Passung in Bezug auf generalisierte Widerstandsressourcen und -defizite

Im Laufe der qualitativen Auswertung des Datenmaterials kristallisierte sich heraus, dass ein großer Teil der sich entwickelnden Kategorien unter den generalisierten Widerstandsressourcen beziehungsweise -defiziten zusammengefasst werden kann, die Antonovsky formuliert hat (vgl. Kap. 2.1.6.2.3). Dieses Anlehnen an die Theorie der Salutogenese[53] bringt mehrere Vorteile mit sich. Zum einen entwirft Antonovsky mit seinem Konzept der Widerstandsressourcen ein Modell, das verschiedene Faktoren in Verbindung setzt mit verbesserter beziehungsweise verschlechterter Stressbewältigung und damit mit Gesundheit. Generalisierte Widerstandsressourcen können, wie bereits beschrieben, einerseits zu einer erfolgreicheren Spannungsbewältigung beitragen, andererseits Stressoren vermeiden, indem Reize gar nicht erst als Stressoren definiert werden – generalisierte Widerstands*defizite* wirken in die Gegenrichtung. Bezogen auf die Krankenhaussituation bedeutet dies, dass das Vorhandensein bestimmter Ressourcen die Situation weniger stressreich erscheinen lässt, die Stressbewältigung verbessert und in Folge Gesundheit fördert; jedoch die Abwesenheit dieser Ressourcen – dann als Defizite – zu einem erhöhten Stresserleben und einer schwierigeren Stressbewältigung führt, folglich die Gesundheit schwächt.

Dieses Vorgehen ist zusätzlich für einen weiteren Aspekt der Auswertung nützlich. Aus den Gegenstücken ‚Ressourcen' und ‚Defizite' lässt sich eine Dimensionalisierung der Kategorien entwickeln. Das Vorhandensein einer bestimmten Ressource wirkt sich positiv, ein erlebter Mangel an dieser Ressource wirkt sich negativ auf die betroffene Person aus. Das jeweils erlebte Ausmaß einer angebotenen Ressource kann so auf einem Kontinuum gedacht werden und mit anderen Interviews verglichen werden. Das Dimensionalisieren kann auch gewinnbringend bei einer Person innerhalb einer Widerstandsressource angewendet werden, denn es

---

[53] Antonovsky bezieht sein Salutogenesemodell auf Primärprävention, also auf die Vermeidung von Krankheit und die Aufrechterhaltung von Gesundheit, hier verschiebt sich der Schwerpunkt, auf (chronisch) Kranke bezogen, in Richtung Sekundär- und Terziärprävention. (vgl. Weis, 1997, 112).

ist notwendig, zwischen *personalen* und *institutionellen* Ressourcen zu unterscheiden. Mit *personal* sind diejenigen Ressourcen gemeint, über die eine betroffene Person selber verfügt oder die sie aus ihrem sozialen Netzwerk zur Verfügung gestellt bekommen kann. *Institutionelle* Ressourcen sind hingegen die, die der Person von Seiten der Institution, vom Krankenhaus angeboten werden.

So hat sich zum Beispiel auf diese Weise gezeigt, dass diejenigen Interviewpartnerinnen und -partner dieser Studie, die über große soziale Unterstützung durch ihren Partner/ ihre Partnerin berichteten, über weniger Unterstützung durch Zimmernachbarinnen und -nachbarn erzählten. Diejenigen Interviewten hingegen, die geschieden oder alleinstehend waren, beziehungsweise nichts über die soziale Unterstützung durch den Ehepartner/ die Ehepartnerin berichteten, nannten die Bettnachbarinnen und Bettnachbarn als große Hilfe auf emotionaler und instrumenteller Ebene. Bringt die erkrankte Person auf einem bestimmten Gebiet ausreichende Ressourcen mit in das Krankenhaussetting, so ist sie wahrscheinlich diesbezüglich weniger auf Hilfen von Seiten der Institution angewiesen.

Dieses Vorgehen ermöglicht das Aufgliedern einer Kategorie auf zwei Ebenen, wie zum Beispiel in Tab. 2 die generalisierte Widerstandsressource *Wissen*: in Hilfen und Hindernisse (als Widerstandsressourcen und -defizite), die wiederum aufgegliedert werden können nach personalen und institutionellen Ressourcen bzw. Defiziten.

	personal	*institutionell*
Hilfen (Ressourcen)	Bücher zum Thema Krebs „gefressen" (Frau E., S. 3)	Fragen beantwortet bekommen (Frau E., S. 11) Ärztin stellt sich ihr zur Verfügung, ist immer für Fragen erreichbar (Frau E., S. 12)
Hindernisse (Defizite)	„Ich hatte ja keine Ahnung, wusste zu dem Zeitpunkt nicht einmal, was ein Onkologe ist" (Frau E., S. 5)	Keine Behandlungsalternativen genannt bekommen (Frau E., S. 3)

Tab. 3 Generalisierte Widerstandsressource bzw. Widerstandsdefizit WISSEN bei Frau E.

157

Aus Antonovskys Liste von generalisierten Widerstandsressourcen (Antonovsky, 1981, 184) sind es die Punkte 2 – 5, die in den Interviews von zentraler Bedeutung scheinen: Wissen/ Intelligenz; Ich-Identität; Bewältigungsstrategie und soziale Unterstützung. Die Widerstandsressource, die Antonovsky an erste Stelle stellt – Materielles – wurde von den interviewten Personen wenig erwähnt. Zu selbstverständlich erscheint es wohl in unserem, zwar beschnittenen, aber trotzdem noch Versorgung zuverlässig zusichernden Sozialversicherungssystem, dass im Falle einer Krebserkrankung die Kosten für die Behandlung von der Krankenversicherung, ob gesetzlich oder privat – übernommen werden. In diesem Zusammenhang ist darauf hinzuweisen, dass drei Interviewpartner berichten, privat versichert oder zusatzversichert zu sein (Herr H., Herr N., Herr K.). Diese drei Patienten berichten von einer überwiegenden Passung zwischen ihren (sich stark unterscheidenden) Erwartungen und der Behandlung und Betreuung, die sie im Krankenhaus erlebt haben. Diese Zufriedenheit findet sich aber auch bei einem Teil der gesetzlich Versicherten und sie wird nicht bewusst mit der privaten Versicherung verknüpft. Es kann nicht das Ziel dieser qualitativen Untersuchung sein, Vor- und Nachteile der zwei in Deutschland existierenden Krankenversicherungsarten abzuwägen, Größe und Auswahl der untersuchten Gruppe eignen sich nicht für diesbezügliche Aussagen. Dennoch möchte ich die generalisierte Widerstandsressource „Materielles", der Antonovsky große Bedeutung zumisst, nicht unerwähnt lassen, wenn auch der erste Blick auf die Interviews das Thema als wenig relevant erscheinen lässt. Die Tatsache, dass unsere Gesellschaft kranken Menschen eine medizinische Versorgung zusichert, hat natürlich entscheidende Auswirkungen auf das Erleben der Krankheits- und Krankenhaussituation.

Die Fragen des Interviewleitfadens zielten auf Hilfen zur Gesundung des Krankenhauses ab, und der Großteil der Interviewpartnerinnen und -partner sprach über psychosoziale Aspekte der Behandlung[54], die je nach ihrer Qualität und Quantität und nach ihrer Passung mit den Bedürfnissen und Erwartungen der einzelnen Person bewertet wurden. Und so bietet es sich an, die vier oben genannten generali-

---

[54] Verschiedene Studien gehen davon aus, dass die Qualität der menschlichen Betreuung von Patientinnen und Patienten leichter zu erkennen und bewerten ist, als die Qualität der medizinischen Behandlung. Aus diesem Grund würden sie ihre Zufriedenheit mit der Situation Krankenhaus dann an ihrer Zufriedenheit mit der menschlichen Betreuung festmachen und sogar auf die Zufriedenheit mit der medizinischen Behandlung übertragen (z.B. Rößbach, 2002, 139). In der hier vorliegenden Untersuchung habe ich bewusst nach Aspekten neben der medizinischen Behandlung gefragt, aber offen gelassen, welche Themen alles gemeint sein können. Unter Kap. 5.1.3.5 – 5.1.3.7 werden die nicht-medizinischen und nicht-psychosozialen Themen beschrieben, die in den Augen der Interviewpartnerinnen und -partnern relevant für ihre Gesundung im Krankenhaus waren.

sierten Widerstandsressourcen zu Unterkategorien zu ernennen, die einen Beitrag zur Passung zwischen den bereits untersuchten Seiten leisten aber auch verwehren können. Sie stellen auf diese Weise Faktoren dafür dar, ob das Krankenhaus unterstützend oder behindernd für die Gesundung erlebt wurde.

5.1.2.1   Wissen/ Informationen

Antonovsky nennt diese generalisierte Widerstandsressource „Wissen/ Intelligenz" und fasst damit einerseits Informationen über die Welt und andererseits die Fähigkeiten, an diese Informationen heranzukommen, zusammen (Antonovsky, 1981, 107). Ich habe mich entschieden, die Fähigkeiten, Informationen zu erlangen unter dem Aspekt der Copingstrategien zu behandeln, da es sich in den Berichten der Interviewpartnerinnen und -partner bei Informationen und deren Beschaffung um zwei verschiedene Aspekte ihrer Erlebnisse im Krankenhaus handelt. Dafür habe ich „*Informationen*" in den Titel aufgenommen, da es der in den Interviews am meisten verwendete Begriff bezüglich Wissens war.

Wie tragen Wissen/ Informationen nun zu einem individuellen Passungsverhältnis zwischen subjektiven Erwartungen und der Behandlung/ Betreuung im Krankenhaus bei? Je nach den subjektiven Vorstellungen über Gesundheit und Krankheit, insbesondere bei den Behandlungsmöglichkeiten der Krankheit, sehen die Betroffenen Wissen und Informationen als eine Ressource für ein besseres Bewältigen der Erkrankung. Ist eine Person nun der Meinung, Informationen können bei der Bewältigung der Krankheit helfen und letztendlich Gesundung fördern, so stellt eine ausführliche und verständliche Wissensvermittlung, die die individuellen Fragen der Person beantwortet, eine Widerstandsressource bei den Stressoren Krankheit und Krankenhausaufenthalt dar. Werden der gleichen Person die gewünschten Erklärungen und Informationen verwehrt, stellt dies ein Widerstandsdefizit dar. Stressoren können weniger gut bewältigt werden, das heißt, die Gesundheit wird zusätzlich geschwächt.

Bis auf einen Interviewpartner (der durch seine Erfahrungen als Krankenpfleger selber über viele Informationen verfügt) beschreiben alle Interviewten die große Relevanz von Wissen und Informationen während ihres Krankenhausaufenthaltes.

Die Informationen beziehen sich in erster Linie auf Fakten zur eigenen Krankheit und deren Behandlung. Auch das Wissen um die Abläufe und Gepflogenheiten in der Institution Krankenhaus gehören dazu. Die Vermittlung dieses Wissens – durch das Beantworten von Fragen, aber auch durch Erklärungen zu anstehenden Untersuchungen, Behandlungen und dem weiteren Vorgehen etc. – sehen die meisten

Befragten als Aufgabe der im Krankenhaus Tätigen. In erster Linie werden Informationen von der Ärzteschaft erwartet. Nicht-medizinische Informationen, zum Beispiel zu Anschlussheilbehandlungen, dem Behindertenstatus, der Krebspatientinnen und -patienten meist zusteht, werden in der Zuständigkeit anderer Krankenhausprofessionen gesehen.

5.1.2.1.1 Wissen als Risikoausgleich

Wissen und Informationen dienen verschiedenen Funktionen. Herr H., der wie bereits beschrieben, davon ausgeht, dass er die Risiken seiner Erkrankung abmildern kann, indem er sich an verschiedene Richtlinien hält, zusätzliche Therapien ausprobiert und zu Spezialisten in andere Städten reist, sieht in Informationen dementsprechend eine sehr wichtige Ressource für den erfolgreichen Umgang mit seiner Krankheit. Er nutzt das Internet als Informationsquelle, aber vor allem unterhält er sich häufig und mit vielen verschiedenen Ärztinnen und Ärzten über Möglichkeiten, seine Krankheit in Schach zu halten. Er sieht sein Wissen als lebensnotwendige Ressource an, um die Risiken seiner Krankheit abzumildern:

> *„Das hat auch mein Überleben gesichert! Sonst würd ich wahrscheinlich nicht mehr da sitzen" (Herr H., S. 9).*

5.1.2.1.2 Wissen um Handlungsfähigkeit zu erlangen

Wissen und krankheitsbezogene Informationen können auch die Funktion haben, die betroffene Person (wieder) handlungsfähig zu machen. Traditionellerweise ist die Arzt-Patient-Beziehung von einem großen Wissensgefälle gekennzeichnet, das den Arzt oder die Ärztin befähigt, durch sein/ ihr medizinisches Wissen Entscheidungen zu treffen. Hier kann die Vermittlung von Informationen an die Patientin/ den Patienten helfen, das Gefälle zu verringern, um auch gemeinsam Entscheidungen fällen zu können. Es kann zum Beispiel um die Entscheidung gehen, ob ein Mamma-Karzinom brusterhaltend oder nicht operiert wird, aber auch um eine Vorstellung dessen, was nach dem Krankenhaus auf die Patientin/ den Patienten zukommt. Dann muss die betroffene Person selber handeln, Termine vereinbaren usw. Frau M. berichtet über die Informationen, die das Krankenhaus ihr kurz vor ihrer Entlassung vermittelt hat:

160

„Aber ich muss halt sagen, von der Aufklärung oder so war das ei-
gentlich schon sehr gut. Man hat da auch, bei der Entlassung zum
Beispiel, so einen Laufzettel, tät ich jetzt mal sagen, in die Hand be-
kommen, wo alles drauf steht. Was geht jetzt weiter, was betrifft mich.
Das hab ich auch als sehr gut empfunden, weil das sind ja hundert
Dinge (lacht), das ist zu viel, und so schaut man sofort auf den Zettel,
da steht jetzt drauf Chemo, Strahlentherapie, selbst die Adresse, wo
ich eine Perücke krieg, bis Sozialstation, also das ist einfach alles,
was für mich jetzt notwendig ist, in Zukunft" (...) (Frau M., S. 8).

5.1.2.1.3   Wissen um zu verstehen

Die Erzählungen von Frau B. sind ein Beispiel für eine wenig gelungene Passung
in Bezug auf die Widerstandsressource Wissen/ Information:

„Und dann kam die Oberärztin, also ich kanns nicht anders sagen,
rein geschossen ins Zimmer, und sagte so ungefähr, also, übermorgen
werden Sie operiert, kommen beide Seiten ab. Ja. Und weg war sie.
Und wenn Sie noch Fragen haben, die Frau Dr. Sowieso steht Ihnen
für Fragen zur Verfügung. (...) Ja sie hatte mir ja gesagt, die Frau Dr.
Sowieso steht für Fragen zur Verfügung. Dann bin ich da rumgerannt
auf der Station, und hab geschaut, ob ich die finde! Wo die ist! Ja wo
war die? Im Kreißsaal! Und zwar den ganzen Tag!" (Frau B., S. 1-2)

Frau B. hat in dieser Situation keine Möglichkeit zu verstehen, warum ihr beide
Brüste amputiert werden sollen. Sie wusste zu diesem Zeitpunkt bereits, dass auf
beiden Seiten Tumore gefunden worden waren, aber die Entscheidung, nicht brusterhaltend zu operieren, wird ihr mitgeteilt, ohne die Gründe dafür darzulegen. Ihr
werden keine Informationen dazu gegeben, weshalb diese Entscheidung getroffen
wurde (unabhängig davon hat man sie auch nicht in die Entscheidung mit einbezogen). Frau B. bekommt zwar den Verweis auf eine andere Ärztin, die ihr Fragen
dazu beantworten kann, diese ist aber nicht erreichbar. Frau B. lastet dem Kran-
haus bis heute an, dass die Therapieentscheidung ihr auf diese Weise mitgeteilt
wurde und leidet unter dem uneinfühlsamen Verhalten der Ärztin. Erst an einem
der folgenden Tage nimmt sich ein anderer Arzt Zeit, um ihr zu erklären, warum
die Mastektomie die sinnvollste Alternative ist. Sie beschreibt die Zwischenzeit mit
den Worten *„Ich hing ja total in der Luft"* (Frau B., S. 3).

5.1.2.1.4   Nicht-Wissen-Wollen als Schutz

Die bisher aufgeführten Beispiele lassen Wissen und Information als einen wichtigen Aspekt der Behandlung und Betreuung im Krankenhaus erscheinen. Dennoch kann man nicht verallgemeinernd sagen, alle Ärztinnen und Ärzte sollten allen Patientinnen und Patienten ein Höchstmaß an Informationen zukommen lassen. Dies kann auch zu zusätzlicher Verunsicherung führen und nicht erwünscht sein. Frau G. möchte sich lieber durch weniger detailliertes Wissen über die Erkrankung/ Behandlung vor Beunruhigung schützen:

> *„... Wir waren, wie ich das letzte Mal drin war, waren wir zu viert im Zimmer, und das ist also sehr aufschlussreich, ... da gibt's schon Patientinnen, die fragen und fragen, ... aber was dann oft gar nicht so .. manchmal so gut ist, wenn man alles so <u>genau</u> wissen will... weil, .. einen das dann einfach zu sehr beschäftigt" (Frau G., S. 7).*

5.1.2.1.5   Wissen gegen die Angst

Frau E. ist hingegen der Meinung, dass Informationen genau das Gegenteil bewirken. Sie helfen gerade, Angst und Verunsicherung abzumildern. Da sie der Meinung ist, nur eine ganzheitliche Behandlung könne erfolgreich sein, erwartet sie auch von den sie behandelnden Ärztinnen und Ärzten die Einbeziehung und Berücksichtigung ihrer Ängste, die sie wegen der massiven Behandlung (Chemotherapie) und der Heilungschancen ihrer Erkrankung hat. Sie stellt fest: *„Informieren, informieren, informieren. Und das würde einem jede Menge Ängste nehmen" (Frau E., S. 12).*

5.1.2.1.6   Wissen als Sicherheit

Vor allem eine neu diagnostizierte Krebserkrankung birgt für die Betroffenen viele Ungewissheiten (vgl. Caspari, 2007, 101). Wie wird die Behandlung aussehen, was wird sie für Nebenwirkungen haben, wie wird sie sich auf die Lebensqualität und das alltägliche Leben auswirken, welche Prognose besteht? Hier können Informationen über Behandlungsmethoden, typische Verläufe etc. dazu beitragen, zumindest ansatzweise Sicherheiten in die unsichere Situation zu bringen. Frau M. berichtet von allem Neuen und Unvertrauten (in der Behandlung aber auch der räumlichen Umgebung), dass es in ihr Unbehagen ausgelöst und sie stark verunsichert hat. So ist sie einem Arzt in der Strahlentherapie dankbar, der durch Erklärung der Geräte ihre Verunsicherung vermindert.

„Und dann ist das halb abgedunkelt, dann diese Geräte außen rum, des ist halt nicht schön wenn man da rein geht. Also es tut nicht weh und alles, aber es ist halt sehr unangenehm, grad das erste Mal, wenn man das macht. Und da muss ich schon sagen, da warens schon sehr ding, „das ist jetzt das Gerät und so", also, die haben das sehr erklärt" (Frau M, S. 19f.).

Zusammenfassend lässt sich sagen, dass die Vermittlung von Wissen und Informationen in Bezug auf die Erkrankung selber und auf die Therapiemethoden, aber auch das Krankenhaus betreffend eine zentrale Hilfe für Patientinnen und Patienten darstellen kann. Aber auch das Recht auf Nicht-Wissen-Wollen kann von Betroffenen in Anspruch genommen werden wollen. So kann nicht generalisiert werden, dass die Vermittlung von Informationen eine zentrale Widerstandsressource im Krankenhaus ist, sondern das jeweils individuelle Ausmaß an Informationswünschen zu eruieren und ernst zu nehmen ist.

5.1.2.2 Ich-Identität

Waren die Informationen eher ein Aspekt, der den Patientinnen und Patienten von Seiten des Krankenhauses vermittelt oder verwehrt wurde, so stellt die Ich-Identität zunächst einmal eine Ressource dar, über die die betroffene Person selber verfügt, und die sie in das Krankenhaussetting mitbringt. Entscheidend sind deshalb hier wieder die Hilfen beziehungsweise Hindernisse, die das Krankenhaus und die im Krankenhaus Tätigen der kranken Person in Bezug auf ihre Ich-Identität entgegenbringen.

Antonovsky versteht die Ich-Identität im Sinne von Erikson (1973) als stabile Größe. Ich habe eine Weiterentwicklung des Salutogenesemodells favorisiert, das Identität im Sinne der alltäglichen Identitätsarbeit als eine flexible und sich permanent weiterentwickelnde Größe annimmt. Hierbei spielt das Identitätsgefühl als Teil der Meta-Identität eine zentrale Rolle. In ihm sind biographische Erfahrungen abgespeichert und bewertet. Bohleber geht davon aus, dass im Identitätsgefühl geprüft wird, ob Handlungen und Erfahrungen zur eigenen Person passen (Bohleber, 1997, 113), also integrierbar sind. Diese Frage der Passung entscheidet nun darüber, ob Erfahrungen im Krankenhaus als eine Ressource oder als ein Hindernis/ Defizit für die eigene Identität erlebt werden – wieder mit der Konsequenz, dass sich das Krankenhaus als unterstützend oder behindernd auf die Gesundung der betroffenen Person auswirken kann.

Dieser Versuch, Handlungen oder Erfahrungen in die eigene Identität zu integrieren, findet sich in den Interviews wieder. Wenn die Interviewten die Erfahrungen, die sie im Krankenhaus gemacht haben, nicht in ihre Identität integrieren können, führt das zunächst zu einer Verunsicherung – zum Beispiel erzählt Frau E. über den Schock der Diagnose: *„weil ich hab ja gedacht, bist jetzt hysterisch, und du kennst dich gar nicht wieder, eigentlich bin ich hart im Nehmen" (Frau E., S. 4)*. Auch wenn Frau E. inzwischen sagen kann, dass es ihr wieder „blendend" geht, und ihre Erzählungen den Anschein erwecken, dass sie die Krankheitserfahrungen inzwischen gut in ihre Biographie integrieren konnte, so haben die damaligen Erfahrungen im Krankenhaus sie zusätzlich zu krankheitsbedingten Faktoren verunsichert und belastet.

Herr N. wählt einen anderen Weg, um mit Erfahrungen im Krankenhaus umgehen zu können, die er nicht in seine Identität integrieren kann oder will. Er sieht die Zeit im Krankenhaus als einen Ausnahmezustand, den er, wie bereits beschrieben, mit *Krieg* gleichsetzt. So, wie sich Soldaten an der Front auch anders verhalten als zuhause, *„sich behelfen" (Herr N., S. 17)*, so steht auch er sich im Krankenhaus Verhaltensweisen zu, die er in einer normalen Situation nicht in seine Identität integrieren könnte. Er erzählt von der Belastung, die von einer Thromboseprophylaxe ausgeht – er hatte zuvor eine lebensbedrohliche Embolie erlitten – nämlich dem ununterbrochenen Zuführen von Flüssigkeit durch Infusionen:

„Dann schläfst du ne halbe Stunde, und dann, Mensch, jetzt musst du schon wieder, und dann hab ich mir zum Schluss einfach diese, diese .. Pieselflaschen geben lassen, obwohl ich da nicht so der bequemliche Typ bin, aber das war mir so wurscht, aber die hat aber nicht gelangt, im Nu war die voll, und dann hab ich mir große Colaflaschen gekauft, so 2-Liter-Flaschen, die hab ich dann oben ausgeschnitten, ja, und hab die einfach her und hab die dann versteckt, dass das keiner sieht und so, weil ich konnte einfach nicht mehr aufstehen, ich wollte einfach .. ich hab dann da reingemacht und dann im Schrank versteckt, war mir wurscht, und dann schnell einfach wieder weitergeschlafen und so. Wenn ich mir das heute überleg, (lacht leicht) schrecklich eigentlich, aber, das ist, wenn man eigentlich zur Ästhetik erzogen worden ist, ja, ich war eigentlich immer ein Mensch, der eigentlich so auf

sich geachtet hat, da verkommt man so, Sie müssen sich vorstellen,
das ist, wie so Krieg ist das, ja, Bombenalarm, und ähm, Sie sind ir-
gendwie an der Front, und überall krachts, und .. ähm, gerade in sol-
chen Krisenzeiten, da behelfen Sie sich ja auch, da haben sich Gene-
rationen vor uns auch irgendwie beholfen, und genauso fallen einem
Sachen ein, die ich hier nie machen würde, oder zuhause, oder sonst
irgendwo" (Herr N., S. 17).

Erfahrungen im Krankenhaus können aber auch im Gegenteil identitätsstärkend
erlebt werden und den Patienten/ die Patientin in der Krankheitsbewältigung unterstützen. Herr H. beschreibt als zentrale Hilfe, die das Krankenhaus ihm gibt, das
gegenseitige Kennen und den persönlichen Umgang mit den behandelnden Ärzten.
Es hilft ihm, wenn er im Falle einer Einlieferung im Krankenhaus mit Namen
angeredet wird, die Pflegekräfte wissen, welche besonderen Wünsche und Bedürfnisse er hat und ihn wie einen alten Bekannten begrüßen. Er erlebt sich im Krankenhaus als „Insider". Wird ihm dies auch von Seiten der im Krankenhaus Tätigen
signalisiert, unterstützt und stärkt ihn das in seiner Ich-Identität:

> *„Um achte saß ich da unten in der Notaufnahme wieder mit meinem*
> *Katheterbeutel, meinen Trolley mit dabei, dann kommt die Stations-*
> *schwester oben von der Station X, das ist die Privatstation, Schwester*
> *T., sieht mich da sitzen. „Herr H. kommen Sie wieder?" Sag ich,*
> *„Schwester, ich komm wieder" – „Ich reservier Ihnen gleich wieder*
> *ein Zimmer!" (lacht)" (Herr H., S. 19).*

5.1.2.3 Copingstrategien

Der Begriff *Coping* ist nach Lazarus

> „kennzeichnend für die Summe aller problemlösenden Anstrengungen einer Person, die
> sich in einer für sie bedeutsamen, gleichwohl ihre individuellen Anpassungskapazitäten
> überfordernden Lage befindet" (Filipp, 1995, 36f.).

Die individuellen Copingstrategien ergeben sich aus früheren Erfahrungen, die die
Person in ähnlichen Situationen gemacht hat, aus ihren subjektiven Theorien, also
Vorstellungen darüber, was helfen könnte, aus den vorhandenen Ressourcen und
aus Merkmalen der Situation selber. Aufgabe der Copingstrategien ist es, die Si-

tuation für die Betroffene/ den Betroffenen zu verbessern. Dies kann einerseits geschehen, indem die belastende Situation verändert wird, oder indem die Person ihre eigenen Aktionen darauf einstellt, das heißt, sie passt sich an (Lazarus, 1995, 216). Antonovsky ist der Meinung, eine Copingstrategie wird dann zu einer effektiven Widerstandsressource, wenn sie rational, flexibel und weitsichtig ist (Antonovsky, 1981, 112f.). Entscheidend daran ist, dass es nicht eine „Master"-Copingstrategie (ebd., 110) geben kann, sondern, dass sich die Copingstrategie jeweils auf die spezifische Situation beziehen muss, um erfolgreich sein zu können. Um die individuelle Ausprägung der Bewältigungsstrategien einer Person verstehen zu können – und um in der Folge der Person angemessene Hilfen dafür zur Verfügung stellen zu können – ist an dieser Stelle nochmals zu betonen, dass es sich dabei um ein Konzept der *kognitiven Einschätzung* handelt: Belastung oder psychischer Stress sollen durch die Copingstrategien bewältigt werden. Das Ausmaß dieses Stresses (und damit der Bewältigungsversuch) hängt aber davon ab,

> „ob die Person davon ausgeht, dass der entstandene Schaden leicht abzuwenden oder zu reparieren ist, oder ob das nicht der Fall ist; beziehungsweise ob die Person keine Informationen dazu erlangen konnte, ob das eine oder das andere der Fall ist" (Lazarus, 1995, 215).

Bewältigungsversuche[55] können auf verschiedenen Ebenen stattfinden: Auf der Ebene des Handelns (z.B. durch Zupacken oder Rückzug), der Ebene der Kognitionen (z.B. durch Vermeidung oder Problemanalyse) und auf der intrapsychisch-emotionalen Ebene (Wut, Angst, Verzweiflung, Fatalismus etc.). Patientinnen und Patienten entscheiden sich jedoch nicht statisch für eine dieser Formen, es können mehrere nebeneinander existieren, auch können sich die Bewältigungsversuche im Laufe der Zeit verändern (Heim et al., 1983; vgl. auch Faltermaier, 1982, 36).

Auch die Bewältigungsstrategien sind wie die Ich-Identität primär eine Ressource oder ein Defizit auf Seiten der Patientinnen und Patienten. Aber auch das Krankenhaus kann hier helfend oder hindernd wirken, indem es Erfolg versprechende Strategien fördert beziehungsweise durchkreuzt. Zum Teil bietet das Krankenhaus auch selber Strategien an, die zu einer besseren Bewältigung der Krankheit führen. In den Interviews ging es dabei meist um krankheitsbezogene Infor-

---

[55] Böhm (1993, 34) schlägt vor, nicht von Bewältigung, sondern von Bewältigungs*versuchen* zu sprechen, da Bewältigung immer einen Erfolg impliziert und somit eine Wertung in Bezug auf geglückt – misslungen mitschwingt. Fraglich ist auch, wer darüber entscheidet, ob ein Bewältigungsversuch erfolgreich oder erfolglos ist.

mationen wie Ernährungstipps, kleine Übungen gegen Lymphstaus etc., die sich auf Handlungen beziehen.

Zu unterscheiden ist zwischen den Strategien, mit denen eine Person die Belastungen, die durch den Krankenhausaufenthalt entstehen, zu bewältigen versucht und den Strategien, die die Person anwendet, um mit der Krankheit und deren Folgen zurechtzukommen. Im Blickpunkt sollen hier all jene Bewältigungsstrategien stehen, die sich im Krankenhaus abspielen oder die mit den Belastungen des Krankenhausaufenthaltes zusammenhängen.

Bei genauerer Betrachtung zeigt sich, dass sich sehr viele verschiedene Bewältigungsstrategien aus den Interviews herauslesen lassen. Die einzelne Person wendet oft mehrere Strategien an, um mit den Belastungen der komplexen und häufig stressreich erlebten Situation umgehen zu können. Interessant ist, dass teilweise zwei Befragte genau konträre Strategien auf ähnliche Situationen anwenden.

Es zeigen sich gegensätzliche Bewältigungsstrategien, wie einerseits die aktive Suche nach Informationen und Gesprächen, um dadurch handlungsfähig in der Krankenhaussituation sein zu können, und andererseits der Rückzug (im Krankenhaus mit niemanden reden wollen beziehungsweise das Krankenhaus meiden). Dies verdeutlicht, wie individuell diese Bewältigungsversuche geprägt sind.

Frau C. beschreibt, wie sie es durch ihr Verhalten der Ärzteschaft gegenüber erreicht, an die Informationen zu gelangen, die sie benötigt. Sie schreibt mit ihrer Tochter Listen mit ihren Fragen, holt den Arzt an ihr Bett zurück, bis er sie alle beantwortet hat. Dem Pflegepersonal gegenüber kann sie ihre Wünsche nur sehr bruchstückhaft durchsetzen. Hier resigniert sie und passt sich deren Routine an. Sie fächert also ihre Bewältigungsstrategien auf. Da, wo sie durch eigenes Handeln die Situation verändern kann, tut sie es auch, auch wenn sie sagt, dass sie das erst lernen musste. Da, wo ihr das nicht möglich ist, passt sie sich den Gegebenheiten an. Sie ist zwar nicht glücklich darüber, dass sie sich z.B. dem Tagesablauf der Pflegerinnen und Pfleger unterordnen muss; doch sie sieht es als das geringere Übel an.

Das Kennenlernen der Station und der dort Arbeitenden kann auch ein Teil der Strategie sein, ein „Insider" im Krankenhaus zu werden. Vor allem Herr H. und Herr N. erzählen, dass ihnen das Gefühl auf der Station dazuzugehören geholfen hat, Krankenhausaufenthalte zu bewältigen. Herr N. wählt dafür den Begriff „Miteingeflecht" (Herr N., S. 27). Es ist das Gefühl, nicht nur Patient/ Patientin zu sein, mehr Freund; es entsteht eine gewisse Nähe zwischen Patient/ Patientin und den im Krankenhaus Tätigen. Diese Vertrautheit kann für die kranke Person verschiedene Vorteile mit sich bringen, zum Beispiel das Gefühl, nicht nur ein Fall XY zu sein, sondern ein Stück weit privilegiert und gut behandelt zu werden. Man wird in der eigenen Betroffenheit wahrgenommen, Fremdheit kann abgebaut und Harmonie aufgebaut werden.

> *„Ich wollt nicht als Patient, wollt mich da irgendwie so einfließen las-*
> *sen, als der nette Junge von nebenan, der jetzt mal da ist zu Besuch,*
> *ja? Weiß nicht, was das für Hintergründe hat, ob man da seine*
> *Krankheit negieren will, ob man .. einfach gut auskommen will, ob*
> *man auf diese Harmonieebene, ich bin so ein Harmoniemensch, ich*
> *weiß nicht, aber das machen viele Patienten so, und ich hab mich da*
> *selber entdeckt, so, ja?" (Herr N., S. 27).*

Herr H. erzählt von dem persönlichen Verhältnis zu dem ihn behandelnden Chefarzt der Urologie, das sich im Laufe seiner Erkrankung entwickelt hat:

> *„Also ich hab den Mann unheimlich schätzen gelernt, schon am An-*
> *fang, als ich das erste Mal da lag, vor 12 Jahren, ja, .. und wir kennen*
> *uns beide in- und auswendig, ich kann also D. anrufen, zu jeder Ta-*
> *ges- und Nachtzeit, das ist überhaupt kein Thema, wenn irgendwas ist*
> *bei mir, ja, das Angebot steht immer, auch wenns um <u>Termine</u> geht,*
> *für meine gesamte Erkrankung" (Herr H., S. 8).*

Die „Insider"-Strategie lässt sich wiederum kontrastieren zu dem Vermeiden der Krankenhaussituation und dem oben genannten Rückzug, der unter anderem das Ziel hat, möglichst wenig in Beziehung zu Ärztinnen/ Ärzten und Pflegepersonal zu treten.

Obwohl Herr H. wie beschrieben die Nähe zur Ärzteschaft sucht, besteht eine seiner weiteren Strategien darin, Autonomie, und zwar gerade den Ärztinnen und Ärzten gegenüber, zu bewahren. Sein enormes Wissen in Bezug auf Behandlungsmethoden und Medikamente ermöglicht es ihm, Therapieoptionen, die ihm von ärztlicher Seite angeraten werden, daraufhin zu prüfen, ob sie ihm Erfolg versprechend erscheinen.

> *„Und zum anderen liegts daran, dass ich nicht immer all das mache,*
> *was mir die Ärzte vorschlagen" (Herr H., S. 4).*

Auch Frau F. hält sich nur an die ärztlichen Anordnungen, die ihr sinnvoll erscheinen und behält sich so ihre Handlungsfähigkeit.

Es lassen sich zudem Strategien in den Interviews finden, die wohl eher die Funktion haben, die Bedrohlichkeit der Situation von sich fernzuhalten. Herr K. macht relativ wenige Aussagen darüber, dass ihn seine Krebserkrankung emotional belastet. Auffällig sind seine „saloppen Sprüche", die er an den Stellen seiner Erzählung einfließen lässt, an denen einige andere Interviewpartnerinnen oder -partner ihrer persönlichen Betroffenheit Ausdruck gegeben hätten. Beispielsweise spricht er von: *„Fürs Überleben einen Porsche gekauft"; „Ich lag da so drin, so relaxt"* (OP-Raum); *„Mit Blaulicht und Fanfaren"* (Notfalleinlieferung mit epileptischem Anfall); *„Das juckt mich aber gar nicht"* (auffällige Operationsspuren auf der Stirn; Herr K., S. 11, 15, 21).

Frau F. beschreibt, im Sinne des Fernhaltens von Bedrohlichkeit, das gemeinsame Lachen mit ihren Zimmernachbarinnen als eine Möglichkeit, die Krankenhaussituation zu meistern.

> *„Und wir ham auch so viel gelacht, dass die Schwester reingekommen ist, jetzt lachts doch net so laut, auf der Station[56] hört man Euch, (lacht) also, das war wirklich... das hat gut getan, einfach"* (Frau F., S. 7).

Darüber hinaus ist Humor eine Bewältigungsstrategie, die in den Erzählungen der Interviewten von im Krankenhaus Tätigen als Widerstandsressource angewandt wurde, also als eine Hilfe, die das Krankenhaus bei der Bewältigung von meist besonders belastend erlebten Situationen gewährt hat. Dabei handelt es sich um spontane Äußerungen von – in den erwähnten Fällen durchweg – Pflegepersonen als Reaktionen auf Situationen, in denen die Interviewten von besonderem Leidensdruck erzählen.

> *(im Aufwachraum nach OP) „Und dann bin ich da so aufgewacht, hab ich mir gedacht, oh Gott, hab ich meine Kappe nicht auf, sieht jeder, bist ein Onko-Glatzkopf irgendwo, ne, dann hab ich noch diesen dicken Verband hier am Bauch gehabt, ne, dann hier so nen Dauerkatheter. Dauerkatheter! Ich! Ne? Ich bin einer, den ihn legt, nicht einer, der ihn hat, ne, und dann kam eine so her, mein Gott, muss so 23,*

---

[56] Mit „Station" mein Frau F. den Schwesternstützpunkt der Station.

24 gewesen sein, da sag ich, mein Gott, na ja, so einen hässlichen
Frosch als Patienten, sagt sie, weißt was, Narben machen sexy. (Lacht
bisschen) Weißt, so einen Quatsch halt irgendwo, und das in der Früh
um 7! Da muss ich so lachen, genau das Richtige! Nicht so, mei du
Armer" (Herr N., S. 22).

Die Überzeugung, dass Humor in der Pflege eine positive therapeutische Wirkung
haben kann, hat dazu geführt, dass „HumorCare"-Vereinigungen[57] weltweit entstehen. Sie treten dafür ein, positiven, also nicht destruktiven Humor in verschiedenen
Settings (u.a. im Krankenhaus) therapeutisch wirksam einfließen zu lassen; zu
diesem Zweck bieten sie zum Beispiel Fortbildungen und andere Veranstaltungen,
auch für Pflegepersonal, an. Es zeigt sich damit ein weiterer Weg, Patientinnen und
Patienten bei der Bewältigung schwieriger Situationen zu helfen.

Zusammenfassend zeigt sich durch die vielfältigen Beispiele aus den Interviews,
dass die Bewältigungsversuche für die betroffenen Personen sehr wichtige Aspekte
ihrer Erinnerungen an die Krankenhausaufenthalte waren. Ohne explizit danach
gefragt zu haben, wurden mir viele Copingstrategien, und zwar von allen Teilneh-
merinnen und Teilnehmern der Untersuchung, erzählt. Es zeigt sich auch, dass es
in einer so komplexen Situation wie einem Krankenhausaufenthalt aufgrund einer
schweren Erkrankung sehr unterschiedlicher Copingstrategien bedarf; jede Person
wendet mehrere verschiedene Strategien an und die Bandbreite, die sich in den elf
hier untersuchten Interviews zeigt, ist beachtlich. Auffällig ist, dass die interviewten Menschen in der *Interview*situation selbst zum Teil ähnliche Strategien angewendet haben, wie die, von denen sie im Rahmen ihrer Krankenhausaufenthalte
berichten. Ich habe speziell die Anfangssequenzen der Interviews daraufhin untersucht, wie die Interviewpartnerinnen und -partner mit den Unsicherheiten, die die
Interviewsituation mit sich bringt, umgehen. Zunächst einmal stehen sie mir, einer
fremden Person gegenüber; sie alle hatten bis dahin an keiner vergleichbaren Befragung teilgenommen, also war auch das Setting fremd. Vor allem diejenigen
unter den Interviewpartnerinnen und -partnern, die ihre eigene Handlungsfähigkeit
im Krankenhaus als zentrales Anliegen beschreiben und diese im Laufe ihrer Erkrankung immer weiter ausgebaut haben, nahmen auch die Interviewsituation
selber in die Hand. Sie fingen zum Beispiel sofort und ohne eine Anfangsfrage
meinerseits an, von ihren Erlebnissen der Krebserkrankung zu erzählen. Frau M.,

---

[57] vgl. http://www.humorcare.com

die im Verlauf ihrer Erzählungen immer wieder betont, wie sehr ihr das Verstehen von fremden Situationen dabei geholfen hat, mit den Unsicherheiten ihrer Erkrankung und deren Behandlung umzugehen, startet das Interview mit einer Gegenfrage:

> *„Wollen Sie irgendetwas Bestimmtes, sagen Sie, Sie gehen nach irgendeinem Schema vor, was Sie sehr interessiert, das Sie fragen?"*
> *(Frau M, S. 1).*

Eine weitere sehr auffällige Parallelität habe ich in den Interviews der beiden Patientinnen gefunden, die auf die Belastungen der Krankenhaussituation größtenteils mit Rückzug reagierten. In diesen beiden Interviews lassen sich teilweise an Stellen, die emotionale Betroffenheit berühren, abrupte Themenwechsel beobachten. Auch wurde ich einmal während einer Nachfrage unterbrochen: *„Ist Ihnen kalt?"* (es war angenehm warm in der Wohnung): Schutz vor Bedrohlichkeit zeigt sich auch im Interview.

Ziel dieser Betrachtungen ist es, die Relevanz von individuellen Copingstrategien, vor allem in einer belastenden Situation wie einer schweren Erkrankung und einem dadurch notwendigen Krankenhausaufenthalt, für die jeweilige Person zu betonen. Daraus ergibt sich für Menschen, die im Krankenhaus mit Patientinnen und Patienten arbeiten, die Notwendigkeit diese Strategien zu erkennen und zu unterstützen. Dies kann für das Krankenhaus ein weiterer Schritt in Richtung heilsamer Ressource sein.

5.1.2.4 Soziale Unterstützung

Soziale Unterstützung „beschreibt die in einer Belastungssituation tatsächlich geleistete Hilfe durch Personen aus dem sozialen Umfeld. Zum Teil werden dazu die vorhandenen sozialen Ressourcen aktiv abgerufen (z.B. durch konkretes Hilfesuchen) oder sie werden von Seiten der Unterstützenden angeboten. Es finden soziale Interaktionen mit für die Stressbewältigung positiver Wirkung statt" (Faltermaier, 2005, 103f.).

Meist wird soziale Unterstützung im sozialen Netzwerk geleistet, wozu enge Vertrauenspersonen zählen, wie zum Beispiel die Partnerin/ der Partner, Familienmitglieder, Verwandte, Freundinnen/ Freunde, Arbeitskolleginnen/ -kollegen, Nachbarinnen und Nachbarn. Auch außerhalb des engeren sozialen Netzes kann soziale Unterstützung stattfinden, z.B. in Selbsthilfegruppen. In den hier ausgewerteten Interviews findet soziale Unterstützung durch das soziale Netzwerk, aber auch durch das Pflegepersonal, die Ärzteschaft, und die Klinikseelsorger statt.

Faltermaier (2005, 104) beschreibt nach House (1981) verschiedene Funktionen von sozialer Unterstützung. *Emotionale Unterstützung* beinhaltet Empathie, Sorge, Vertrauen, Liebe etc. Daraus ergibt sich zum Beispiel, dass Belastungen auch auf emotionaler Ebene ausgedrückt werden können. Eine zweite Funktion besteht in *instrumenteller Unterstützung*: darunter werden direkte Hilfeleistungen verstanden, die zur Lösung von Problemen beitragen. *Informationelle Unterstützung* stellt Informationen zur Verfügung, die der betroffenen Person bei der Lösung eines Problems helfen können. Schließlich meldet die *evaluative Unterstützung* Informationen über die eigene Person zurück, sie gibt Feedback.

Soziale Unterstützung ist eine generalisierte Widerstandsressource, die, wie die bereits beschriebenen Ressourcen, auf verschiedenen Kanälen auf die Gesundheit einer Person einwirken kann. Hilfen, die durch das soziale Netz oder andere relevante Personen einer Patientin/ einem Patienten zuteil werden, können die Bedrohlichkeit von Stressoren abmildern.

> „Soziale Unterstützungen können vor allem aber auch dazu beitragen, dass die primäre (subjektive) Bewertung von Stressoren in Hinsicht auf verschiedene Parameter, wie Schädlichkeit, Verlust und Herausforderung, günstiger ausfällt" (Röhrle, 1994, 129).

Auch auf die sekundäre Bewertung eines Stressors, das heißt die Einstufung des Stressors in Bezug auf seine Bewältigbarkeit, kann das Vorhandensein von sozialer Unterstützung positive Auswirkungen haben (ebd., 130).

Bei der sozialen Unterstützung ist es im Zuge dieser Untersuchung besonders wichtig, die Unterscheidung zwischen personalen und institutionellen Hilfen bzw. Hindernissen zu betrachten. Patientinnen und Patienten, die über ein sehr tragfähiges soziales Netz mit vielen und auf ihre spezielle Situation passenden sozialen Ressourcen verfügen, stellen eventuell weniger Erwartungen eine soziale Unterstützung betreffend an das Krankenhaus. Umgekehrt brauchen Menschen mit einem kleineren sozialen Netzwerk, das über weniger soziale Ressourcen verfügt, die in der Krankenhaussituation Unterstützung darstellen können, besondere Aufmerksamkeit von Seiten der Institution um ihrem Bedürfnis nach sozialer Unterstützung zu begegnen. Unabhängig von dem Ausmaß an sozialer Unterstützung, das vom sozialen Netz zur Verfügung gestellt werden kann, muss berücksichtigt werden, dass es auch Patientinnen und Patienten gibt, die keinerlei Erwartungen an soziale Unterstützung im Krankenhaus haben, beziehungsweise explizit keine derartige

Unterstützung wünschen. Frau A. begibt sich erst gar nicht ins Krankenhaus, und Frau G., der dieser Weg nicht offen steht, weil ihr Tumor anders als bei Frau A. operativ entfernt werden muss, möchte am liebsten nicht angesprochen werden, „flüchtet" so oft es geht auf die Dachterrasse der Klinik.

5.1.2.4.1 Soziale Unterstützung durch das soziale Netz

Aus den Erzählungen der Befragten zeigt sich, wie elementar wichtig vielen die Unterstützung durch das soziale Netz ist. Dem Ehepartner/ der Ehepartnerin kommt in diesem Zusammenhang eine zentrale Position zu. Aussagen wie „ohne meinen Mann hätte ich das nicht geschafft" (Frau C., S. 9) oder „Hat mir auch wieder wahnsinnig mein Mann geholfen" (Frau E., S. 3) fallen in mehreren Interviews. Frau M. sieht es als große Unterstützung an, dass ihr Mann bei allen Untersuchungen und entscheidenden Gesprächen auf der gynäkologischen Station dabei sein darf.

An dieser Stelle zeigt sich, dass die Trennung zwischen sozialer Unterstützung aus dem sozialen Netz und der Unterstützung von Seiten des Krankenhauses letztlich eine künstliche ist: Ohne die Bereitschaft der Behandelnden, den Ehemann zu den Gesprächen und Untersuchungen hinzukommen zu lassen, hätte er seiner Frau diese Unterstützung nicht gewähren können. Frau M. honoriert diese Unterstützung von Seiten des behandelnden Arztes:

> „Aber es ist für den Arzt wahrscheinlich mehr Belastung, aber es tut trotzdem immer gut: „Es ist kein Problem, er kann überall mit dabei sein"" (Frau M., S. 7).

Auch erwachsene Kinder unterstützen ihre erkrankten Eltern erfolgreich durch Besuche aber auch durch instrumentelle Hilfen. So bringt zum Beispiel der Sohn von Frau C., der von Beruf Koch ist, selbst gekochtes Essen ins Krankenhaus, das ihr gut schmeckt und gut tut.

Freundinnen, mit denen man auch nachts telefonieren kann, „unheimlich viel Besuch", aber auch Bekannte, die man zufällig als Patientinnen wieder trifft, und die einen mit Informationen über die Behandlungen versorgen – die aus den Interviews herausgearbeitete Liste der sozialen Unterstützung aus dem sozialen Netz ist sehr lang und so scheint es, dass es sich um eine sehr wichtige und mächtige Widerstandsressource handelt, wenn es darum geht, mit einer schweren Erkrankung und deren Folgen umzugehen.

Erwähnen möchte ich hier noch Frau D., die verschiedene Personen aus ihrem weiteren Netzwerk aktiviert (z.B. den Sohn einer Bekannten, der Chemiker ist und mit Krebstherapeutika arbeitet; die Bekannte ihrer Schwägerin, die Psychoonkologin ist). Diese Personen helfen ihr, Informationen zu Nebenwirkungen ihrer Medikamente zu erfahren und Hinweise zu bekommen, welche diagnostischen Untersuchungen für sie hilfreich sein könnten. Es handelt sich um Informationen, zu denen sie ohne diese Kontakte keinen Zugang hätte. Auffällig ist, dass Frau D., die über dieses große und viele Hilfen zur Verfügung stellende soziale Netz verfügt, vom Krankenhaus eigentlich nicht mehr als eine krankheitsbezogene Behandlung erwartet. Sie ist durchaus der Meinung, dass verschiedene Aspekte der persönlichkeitsbezogenen Behandlung die Gesundung unterstützen können, erwartet dies aber nicht vom Krankenhaus. Vielleicht ist ihr Bedarf größtenteils durch ihr soziales Netzwerk (und durch ihre Kompetenz, unterstützende Hilfe zu organisieren) abgedeckt.

5.1.2.4.2   Soziale Unterstützung durch andere Betroffene

Auch wenn die Zimmernachbarinnen und -nachbarn zunächst Fremde sind, kann die gemeinsame Lage schnell Nähe erzeugen. Die geringe Anzahl an befragten Patientinnen und Patienten lässt keine abschließende Beurteilung zu, doch es fällt auf, dass die drei Frauen, die nichts über die soziale Unterstützung durch ihre Ehepartner und Familienangehörigen erzählen, gerade die unterstützende Rolle der Bettnachbarinnen hervorheben. Frau F. ist sogar der Meinung, dass sie dank ihrer Zimmernachbarin keine Beruhigungsmedikamente braucht: das gemeinsame Lachen hilft ihr mehr. Auch Frau G. sieht den Kontakt zu den Zimmernachbarinnen positiv: *„es ist nicht schlecht, also, man kann sich untereinander ein bisschen austauschen" (Frau G., S. 18)*. Trost bekommt Frau B. von ihrer Bettnachbarin in der Nacht nach der Therapieentscheidung, die sie als sehr niederschmetternd erlebt; sie kann erzählen, es hört jemand zu. Zimmernachbarinnen können aber auch als sehr belastend beschrieben werden. Frau E. empfindet das Vierbettzimmer, in das sie zuerst kommt, als unerträglich, weil sie die Gespräche zwischen den anderen Frauen strapazieren. Wie bereits beschrieben, verhilft ihr ihr Ehemann durch ein Gespräch mit einer Pflegenden zu einer Verlegung in ein anderes, kleineres Zimmer. Auch Frau C. hat das Dreibettzimmer in schlechter Erfahrung: *„da ist schon die Hölle los" (Frau C., S. 12)*. Sie ist eher froh, wenn die anderen Patientinnen nicht da sind.

5.1.2.4.3   Soziale Unterstützung durch Ärztinnen/ Ärzte und Pflegende

Herr N. drückt in einer Erzählung genau die Passung aus, die soziale Unterstützung für ihn im Krankenhaus erreichen sollte, um als hilfreiche Widerstandsressource Gesundung zu fördern:

> *„In sämtlichen Stationen, die man so durchläuft als Patient, man merkt, das sind immer wahnsinnig bemühte Menschen, die nicht übertriebenen Eifer anbringen, nicht übertriebenes Mitgefühl zeigen, die einfach gestanden den Job machen, aber trotzdem spürt man die Kompetenz und trotzdem auch die Wärme" (Herr N., S. 19f.).*

Die Pflegenden treffen hier genau die Mischung an emotionaler Unterstützung, die für ihn in diesem Moment passend ist. Aber auch von passender sozialer Unterstützung von ärztlicher Seite wird mehrmals berichtet:

> *"Eine junge Ärztin, die kam dann mal, das war dann wo ich schon bald wieder entlassen wurde, und hat sich wirklich mal zu mir hingesetzt und hat mir so Ratschläge gegeben, wie ich mich jetzt verhalten soll, so mit Ernährung, und so, um ... bessere Chancen in Zukunft zu haben" (Frau B., S. 4).*

Trotz dieser Unterstützungsleistung überwiegt bei Frau B. das Gefühl, nicht genügend soziale Unterstützung durch die Ärzteschaft und das Pflegepersonal bekommen zu haben. Sie fühlt sich im Krankenhaus allein gelassen und in der Luft hängend, hätte sich zum Beispiel gewünscht, dass sie mal jemand umarmt. Hier gibt es für sie auch keinen Raum, um Bedürfnisse nach sozialer Unterstützung auszudrücken, was die Grundlage dafür ist, eine „passende" soziale Unterstützung zu bekommen, die nicht nur zufälligerweise die richtige ist.

Zum Teil wurden durch mangelnde Unterstützung durch das Krankenhaus sogar Hilfen, die das soziale Netz leisten wollte, erschwert. Herr M. wollte seine Frau nach der ambulanten Strahlentherapie abholen, da sie zu diesem Zeitpunkt aufgrund der Behandlung nicht Auto fahren durfte. Dort ist es ihm aber nicht erlaubt zu warten, noch wird er darüber informiert, wie lange die Behandlung noch dauert (Frau M., S. 14).

5.1.2.4.4   Soziale Unterstützung durch andere im Krankenhaus tätige Menschen

Bei der sozialen Unterstützung durch andere im Krankenhaus tätige Menschen als Ärzteschaft und Pflegepersonal muss an erster Stelle die Krankenhausseelsorge genannt werden, da mehrere Interviewpartnerinnen die emotionale Unterstützung betonen, die sie durch Krankenhausseelsorger erhalten haben. Entscheidend im Kontakt mit seelsorgenden Personen scheint der Zeitfaktor zu sein. Krankenhausseelsorge wird von den Kirchen organisiert und finanziert, und muss sich somit nicht in krankenhausinterne Abläufe, Sparmaßnahmen und organisatorische Sachzwänge eingliedern. Dies alleine stellt einen großen Unterschied zu anderen Krankenhausprofessionen dar. Hinzu kommt der christliche seelsorgerische Auftrag. In diesem Sinne wurden Pfarrer oder Ordensschwestern, die Patientenbesuche machten, als sehr angenehm und unterstützend empfunden. Diejenigen von mir interviewten Menschen, die positive Erfahrungen mit Seelsorgern im Krankenhaus gemacht haben, assoziieren damit die emotional unterstützenden Aspekte des Zuhörens und des fehlenden Zeitdrucks.

Herr K., der trotz seines Hirntumors möglichst schnell wieder gesund und leistungsfähig werden möchte, bewertet andere Aspekte der sozialen Unterstützung als positiv. Für ihn ist ausschlaggebend, dass mehrere Menschen, auf die er im Krankenhaus trifft, ihm Normalität „attestieren":

„Warum wollen Sie eine Anschlussheilbehandlung machen, brauchen Sie doch nicht, Sie sind doch topfit" (Herr K., S. 20).

„Der Sozialarbeiter, es ging ja darum, ich hätte mir ja, ich könnte ja behindert sein. Ich könnt mir ja 50%, könnt ich mir ja einen Schein geben lassen, hat er gemeint, machen Sie das net, krieg ich nie wieder los und ähm, die haben mich ja schon gesehen" (Herr K., S. 30).

„... Irgend eine Psychologin, und die hat dann ein bisschen mit mir geschwätzt, und die hat auch gesagt: „zu Ihnen brauch ich ja nicht mehr kommen"" (Herr K., S. 31).

5.1.2.4.5 Zusammenfassung: Soziale Unterstützung

Wie bereits bei den anderen generalisierten Widerstandsressourcen hat sich auch hier gezeigt, dass es nicht rein um das *Ausmaß* der sozialen Unterstützung geht, sondern mehr um ein Zusammenpassen der angebotenen Unterstützung mit den Erwartungen, die die Betroffenen diesbezüglich hatten. Tausche ich als Gedankenspiel die Interviewpartnerinnen und -partner in ihren jeweiligen Situationen aus, stelle mir also vor, eine bestimmte Situation hätte zum Beispiel nicht Frau B. sondern Herr K. erlebt, so muss ich vermuten, dass die Bewertung eine völlig andere gewesen wäre. Der Ansatz, dass die Passung zwischen den beiden Seiten wichtiger als das tatsächliche Ausmaß der Widerstandsressourcen ist, zeigt sich auch beim Aspekt der sozialen Unterstützung.

5.1.2.5 Zusammenfassung: Passung in Bezug auf generalisierte Widerstandsressourcen

Das Gewinn Bringende der individuellen Passung zwischen den subjektiven Erwartungen einer Person und der Behandlung und Betreuung im Krankenhaus konnte in Bezug auf die vier generalisierten Widerstandsressourcen bzw. -defizite – Wissen, Ich-Identität, Copingstrategie, soziale Unterstützung – gezeigt werden. Das individuelle Erleben jeder einzelnen Person und deren spezielle Situation wirken sich entscheidend darauf aus, welche dieser Widerstandsressourcen und in welchem Ausmaß für dieses Individuum eine Unterstützung darstellen, die das Krankenhaus für die Gesundung leisten kann.

Für die anderen generalisierten Widerstandsressourcen, die Antonovsky formuliert, haben die Interviews kein Material geboten. Das kann daran liegen, dass es sich dabei um Ressourcen handelt, die in anderen Situationen als einem Krankenhausaufenthalt hilfreich sein können. Jedoch bleiben einige, und zwar sehr wichtig erscheinende Widerstandsressourcen bei dem Versuch übrig, die in den Interviews genannten Themen in Antonovskys Auflistung von generalisierten Widerstandsressourcen einzugliedern.

Daraus schließe ich, dass es neben den generalisierten, also allgemein wirkenden Widerstandsressourcen, auch solche geben muss, die spezifisch auf eine bestimmte Belastungssituation, hier das Krankenhaus, wirken. Aus dieser Konsequenz formuliere ich im Folgenden eine Reihe von Widerstandsressourcen (fehlen sie, werden sie zu Defiziten), die spezifisch im Krankenhaussetting wirken. Auf diese bezogen zeigt sich erneut, dass die individuelle Passung zwischen subjektiven Erwartungen und der Behandlung/ Betreuung im Krankenhaus ein ausschlaggebender Aspekt dafür ist, wie sehr die betroffene Person das Krankenhaus als unterstützend beziehungsweise behindernd für die eigene Gesundung erlebt.

5.1.3 Passung in Bezug auf spezifisch auf die Krankenhaussituation wirkende Widerstandsressourcen/ -defizite

5.1.3.1 Als Person wahrgenommen werden

Sich als Person wahrgenommen fühlen, beziehungsweise sich als Person verkannt fühlen – darunter lassen sich sehr viele, und bei der Großzahl der Interviews auch die am eindringlichsten beschriebenen Erfahrungen mit Hilfen und Hindernissen des Krankenhauses für die Gesundung zusammenfassen. Ich hätte aufgrund der inhaltlichen Verwandtschaft versuchen können, einen Teil dieser Unterkategorie in die generalisierte Widerstandsressource *Ich-Identität* einfließen zu lassen. Stattdessen habe ich mich aber entschieden, den Themenkomplex nicht aufzuteilen und die häufige Zentralität dieser Erfahrungen im Krankenhaus dadurch zu betonen, dass sie als spezifisch wirkende Ressource (und im Umkehrschluss als Defizit) einen markanten Platz in der Darstellung der Untersuchungsergebnisse erhalten. Noch etwas muss angemerkt werden, wenn es um die Abgrenzung der Unterkategorien voneinander geht. Die Widerstandsressource *als Person wahrgenommen werden* und die als nächstes aufgeführte Ressource *Zeit* lassen sich nicht klar voneinander trennen. Auch wenn beide völlig eigenständige Teile beinhalten, so ist die eine nicht ohne die andere möglich. Einen Patienten/ eine Patientin als Person wahrzunehmen, funktioniert (als eine Bedingung neben anderen) für im Krankenhaus Tätige nur, wenn dafür genügend Zeit vorhanden ist. Es besteht aber auch in entgegengesetzter Richtung ein deutlicher Zusammenhang. Analysiere ich die Interviewsequenzen, in denen von Zeit die Rede ist hinsichtlich der Frage, wofür diese Zeit gewünscht wird, zeigt sich häufig der Wunsch, in der eigenen Individualität wahrgenommen zu werden.

Ein Krankenhausaufenthalt beinhaltet an sich (allein schon durch die räumliche Trennung vom gewohnten Umfeld) eine Art „psychosoziale Entwurzelung" (Elsbernd; Glane, 1996, 42). Berücksichtige ich dann noch die Belastungen, die eine schwere Erkrankung meist mit sich bringt, so ist es naheliegend, dass ein großes

Bedürfnis besteht, auch in der eigenen Situation gesehen zu werden. Insofern beinhaltet die Unterkategorie *als Person wahrgenommen werden* bereits den Passungsgedanken. Hier geht es genau darum, dass die andere Person die individuelle Lage der/ des Betroffenen erkennt und ihr Handeln danach ausrichtet. Es schwingt aber auch eine emotionale Anteilnahme mit, die im Folgenden in ihren verschiedenen Facetten beschrieben wird.

Um die emotionale Lage zu beschreiben, in der sie sich im Krankenhaus befinden, wählen einige der interviewten Personen im Laufe der Interviews sehr ausdrucksstarke Bilder. Ich füge hier eine Liste dieser selbstgewählten Bilder ein, um den Wunsch, als Person wahrgenommen werden wollen, zu verdeutlichen.

> *„Ich habe mich gefühlt wie Müll, wie Sondermüll" (Frau E.)*
> *„Krieg", „Bombennächte", „an der Front", „überall krachts"*
> *(Herr N.)*
> *„Die Diagnose hat wie eine Bombe eingeschlagen" (Frau B.)*
> *„Todesurteil" (Frau E.)*
> *„In ein Loch gefallen" (Frau D.)*
> *„Schuss vor den Bug" (Frau F.)*
> *„niederschmetternd" (Frau G.)*
> *„Hölle" (Frau E.)*

5.1.3.1.1   Betroffenheit versus Routine

Die oben genannten Zitate, die allesamt bezeugen, dass sich die jeweiligen Menschen in einer Ausnahmesituation befinden, veranschaulichen die Aussage von Siegrist (1972, 278), dass der Arzt-Patient-Beziehung[58], was das Erleben der Situation betrifft, „ein immerwährender Konflikt" (ebd.) innewohnt. Dem Gefühl der Patientin/ des Patienten, sich in einer Ausnahmesituation zu befinden (ausgedrückt zum Beispiel durch die oben aufgelisteten Bilder) steht ärztliches/ pflegerisches Routinehandeln gegenüber. Es ist immer ein Stück weit Alltag für die im Krankenhaus Tätigen, unabhängig davon, wie einfühlsam sie mit der kranken Person in Kontakt treten. Dies formuliert auch Frau M.:

---

[58] Dasselbe gilt für die Pflegekraft-Patient-Beziehung und andere Interaktionen in der Institution Krankenhaus.

In der Chemotherapie-Ambulanz: „Es ist wahrscheinlich für eine Krankenschwester eine stupide Arbeit, kann ich mir vorstellen, weiß ich nicht, aber ist vielleicht so. Die kommt nicht in eine Ausnahmesituation, weil der Patient ist in einer Ausnahmesituation. Für den bricht praktisch eine Welt zusammen, aber für die kommen am Tag zwanzig solche, und schon seit zehn Jahren" (Frau M., S. 16).

Auch Frau C. hat ähnliche Erfahrungen gemacht: *„Und die machen auch genau ihre Arbeit, egal wie's dir geht"* (Frau C., S. 17). Herr N. hingegen fühlt sich in seiner besonderen Lage erkannt, wenn er erzählt:

„Wo ich dann meine Sachen erklärt hab und dann mitten im Erklären hab ich dann angefangen zu weinen, das war einfach unglaublich, ne? Da waren die die Ruhe selbst. Dann sind sie zweimal noch mal gekommen, weil die gemerkt haben, weil die <u>wirklich</u> gemerkt haben, dass ich da richtigen Kummer hab. Die haben einen sehr erfahrenen Chefonkologen, der mir auch hätte sagen können, wissen Sie was, ich hab gerade einen 12jährigen, einen 13jährigen, Ihre Sache geht vorbei, ja? Aber deren? Nie! Niemals. Hingesetzt, erklärt, also, muss man wirklich sagen, sogar bei den Chefs" (Herr N., S. 20).

5.1.3.1.2 Rücksicht/ Schonung

Die eigene Betroffenheit führt dazu, dass ein mehr oder weniger großes Bedürfnis nach Rücksicht und Schonung entsteht. Herr K. hat nicht das Gefühl, dass er rücksichtsvoll behandelt und betreut werden muss, er möchte eher normal behandelt werden. Dies gibt ihm eher das Gefühl, auf dem Weg der Besserung zu sein. Frau E. hingegen ist der Meinung, sie brauche dringend Schonung um wieder gesünder werden zu können. Der Kontakt zu vielen schwer kranken Menschen im Krankenhaus und damit das Umgebensein von Leid belastet sie. Hier hätte sie sich mehr Rücksicht auf ihren eigenen, sehr ängstlichen Zustand gewünscht. Sie beschreibt in diesem Zusammenhang das Setting, in dem ihre Chemotherapie durchgeführt wird. Die Patientinnen und Patienten sitzen während der Infusionen in mehreren Stuhlreihen hintereinander, und so fühlt sich Frau E. dem Leid der anderen schutzlos ausgeliefert: *„Ich hab noch mit den anderen mitgelitten!"* (Frau E., S. 7).

5.1.3.1.3 Respekt/ Würde

Die Realisierung des grundlegenden Rechtes auf würde- und respektvollen Umgang wird im Krankenhaus dadurch erschwert, dass es vielen Patientinnen und Patienten schwerfällt, sich in Situationen zu wehren, in denen sie sich ungerecht oder respektlos behandelt fühlen. Die häufig große soziale Distanz zwischen Ärzteschaft und Erkrankten, die Abhängigkeit von den im Krankenhaus Tätigen und der meist schlechte Allgemeinzustand machen es besonders schwierig, die eigene Meinung durchzusetzen. So entstehen Situationen, die bei den Patientinnen und Patienten das Gefühl hinterlassen, in ihrer Würde verletzt worden zu sein; es ist das Gefühl, ausgeliefert zu sein. Wenn es keine Möglichkeit gibt, bei entscheidenden Dingen nachzufragen, wenn Untersuchungen, die vor der Entlassung durchgeführt werden müssen, am Vorabend immer noch nicht erledigt sind, die Patientin dann um halb elf Uhr abends in die Notaufnahme „geschoben" wird, um da zwischenrein untersucht zu werden – das Ergebnis der Untersuchung dann aber nie dort ankommt, wo es hinsoll (Frau M., S. 10) – dann läuft hier (zumindest in der Wahrnehmung der Patientin, die die Sachzwänge, die dazu geführt haben mögen, ja nicht kennt) einiges schief. Es führt dann zu Verunsicherung und zu dem Gefühl, nicht wie ein Mensch sondern wie eine Sache behandelt zu werden.

Herr K. berichtet hingegen von einem Arzt, der die Dringlichkeit seiner Situation wahrnimmt und ihm aufgrund von persönlichen Beziehungen bei einem Spezialisten einen Termin für den nächsten Morgen vereinbart. Dort wird er dann von einem Professor mit Handschlag und Namen begrüßt. Es wundert nicht, dass Herr K. nicht über respektlosen Umgang klagt.

5.1.3.1.4 Nicht als Person wahrgenommen werden wollen

Die positiven beziehungsweise negativen Beispiele, die in diesem Abschnitt Passung zwischen Individuum und Institution illustrieren, sollen nicht zu der Annahme führen, dass alle Patientinnen und Patienten persönlich wahrgenommen werden wollen. Als Person wahrgenommen werden ist der zentrale Bestandteil persönlichkeitsbezogener Behandlung. Doch die drei Interviewpartner und -partnerinnen, die nur krankheitsbezogene Erwartungen in Bezug auf ihre Behandlung im Krankenhaus erwähnen, unterscheiden sich nochmals bezüglich des hier beschriebenen Aspektes. Während Frau D. das Thema persönlichkeitsbezogene Behandlung in ihren Erzählungen nicht berührt und so der Eindruck entsteht, dieser Aspekt habe für sie in dem Moment einfach keine Priorität gehabt, so beschreibt Frau G. ganz explizit den Wunsch, dass niemand mit ihr redet. Sie will in den Tagen, die sie im Krankenhaus verbringt, nicht in Interaktion treten und das beinhaltet auch, dass sie nicht als Person wahrgenommen werden will.

5.1.3.1.5 Individuelle Bedürfnisse und Präferenzen

Wurden während des Krankenhausaufenthaltes die jeweiligen Bedürfnisse berücksichtigt, die aus der speziellen Situation der einzelnen Person entstanden waren, so konnte das Gefühl entstehen, gut aufgehoben zu sein. *„Die haben sich gekümmert"*, *„die waren sehr bemüht"* sind Aussagen, die jeweils an den Stellen der Interviews gemacht werden, wo ein Wahrnehmen der individuellen Situation beschrieben wurde und eine individuelle Reaktion darauf folgte:

> *„Ich hab da ja gar nicht raus können, nicht duschen, nix. Da war eine Schwester da, und die hat mir dann auch immer die Haare gewaschen, so rückwärts, das war auch furchtbar schön (...). Vorher bin ich auf Intensiv gewesen: nichts gemacht worden, und dann hat die andere Schwester zu ihr gesagt: „Das kannst du doch nicht machen, die kann sich doch nicht aufsetzen!" – „Doch, doch, ich lass mir jetzt da was einfallen". Und dann hat die so eine Schüssel hinters Bett gestellt und hat mir so die Haare gewaschen. Genau, des war auch wunderbar!" (Frau C., S. 10)*

Eine unindividuelle Behandlung, die nur der Routine folgt, nicht aber den speziellen Anforderungen der Situation, bringt hingegen das Gefühl mit sich, nicht als Person, sondern als „Fall XY" behandelt zu werden. Meistens enttäuscht das die Betroffenen. Einige versuchen, sich in die Rolle der nicht individuell agierenden Pflegekräfte und Ärztinnen/ Ärzte hineinzuversetzen und entschuldigen deren Verhalten mit dem großen Arbeitspensum oder mit Zeitdruck.

Frau F., die aufgrund ihrer langjährigen Krebserkrankung viel Erfahrung mit Krankenhäusern hat, wünscht sich zwar sehr eine persönlichkeitsbezogene Betreuung – am liebsten würde sie eine Person im Krankenhaus sehen, die nichts anderes macht, als von Bett zu Bett zu gehen, sich ein bisschen zu unterhalten und zu fragen, was für Probleme auftauchen – aber sie erwartet diese Behandlung eigentlich nicht mehr vom Krankenhaus. Ihren Humor und ihre guten kommunikativen Fähigkeiten nutzt sie dazu, sich die Anteilnahme, aber auch funktionelle Hilfen bei anderen zu holen. Hierbei spielen bei ihr immer wieder die Zimmernachbarinnen eine große Rolle.

> *„Also, Sie werden grundversorgt in der Dermatologie, eingeschmiert, da waren auf einem Brett für jeden Patienten die Salben darauf, viererlei Salben, und so von Kopf bis Fuß, obwohl mir ja da nix gefehlt hat, das war ja nur der Arm und so. Aber die haben gesagt, das gehört zur Grundversorgung in der Dermatologie, und da muss jeder, da wird jeder einge..., wir [mit Zimmernachbarin] haben nur immer vom Einbalsamieren geredet (lacht)" (Frau F., S. 12).*

5.1.3.1.6   Sich von der Masse abheben

Über die Relevanz der individuellen Lösungen hinaus habe ich festgestellt, dass einige Patientinnen/ Patienten diejenigen Situationen als besonders wichtig beschrieben haben, in denen sie das Gefühl haben konnten, auf irgendeine Weise privilegierter als die anderen Patientinnen und Patienten behandelt zu werden. Teilweise ergibt sich dieses *von der Masse abheben* daraus, dass die interviewte Person Pflegekräfte oder ärztliche Mitarbeiter persönlich kennt (die Tochter einer Freundin ist Pflegerin auf der Station) oder es einen anderen Bezug gibt (der Arzt kommt aus demselben kleinen Ort wie man selber, hat die Mutter schon behandelt usw.), der zu mehr gefühlter Nähe zwischen den beiden Personen führt. Herr H. merkt, dass er durch seine Tätigkeit in der Selbsthilfebewegung eine Sonderrolle innehat.

> *„Andererseits, ist es so, und das geb ich ganz unumwunden zu: durch meine Arbeit in der Selbsthilfe kenn ich natürlich <u>unheimlich</u> viele Ärzte. Klar, weil man sich ständig irgendwo trifft, mal zu tun hat miteinander, und das bringt natürlich <u>mir persönlich</u>, das geb ich offen und ganz unumwunden zu, ganz erhebliche Vorteile. Weil, wenn bei mir irgendwas ist, dann ruf ich den Arzt an, und der sagt: Herr H., kommens vorbei. Nicht irgendein Patient, sondern das ist der Herr H., das ist der Selbsthilfegruppenleiter, und dann funktioniert das auch" (Herr H., S. 10f.).*

5.1.3.1.7 Im Gegenüber eine Person wahrnehmen

Ein gegenseitiges Bekanntsein, auch außerhalb des Krankenhauskontextes, aber auch Situationen, in den Ärztinnen/ Ärzte oder Pflegekräfte etwas Persönliches von sich erkennen lassen, führen dazu, dass die kranke Person in ihrem Gegenüber eine Person wahrnehmen kann. Dadurch entsteht mehr Menschlichkeit im institutionellen Kontext, und diejenigen Patientinnen und Patienten, die persönlichkeitsbezogene Wünsche an das Krankenhaus haben, sind darüber besonders dankbar. In der Folge kann auch hier sowohl das Gefühl, als Mensch und nicht als Fall wahrgenommen zu werden, als auch das Gefühl, eine privilegierte Behandlung zu erhalten, entstehen.

5.1.3.1.8 Interviewsituation

Meine Fragestellung setzt den Fokus des Interviews auf das individuelle Erleben und Bewerten der Krankenhaussituation. Die Frage, welche Begebenheiten die Interviewten als hilfreich beziehungsweise störend für die Gesundung erlebt haben, bekommen sie so im Krankenhaus nicht gestellt. Dort ist das als Person wahrgenommen werden eher eine nicht systematische Nebensächlichkeit: manchmal passiert es, manchmal nicht, für manche im Krankenhaus Tätigen ist es selbstverständlich, für andere nicht. Die Interviewsituation hingegen stellt den Versuch dar, die persönlichen Bedürfnisse und die persönliche Sichtweise der Erfahrungen in der Institution Krankenhaus zu erfahren. Dieses Interesse an ihrer eigenen Person haben viele der Interviewpartnerinnen und -partner als sehr angenehm empfunden. So hat in diesen Fällen die Interviewsituation selbst dem großen Bedürfnis, als Person wahrgenommen zu werden, entsprochen.

Es lässt sich zusammenfassend sagen, dass sich für diejenigen Patienten und Patientinnen, die sich eine persönlichkeitsbezogene Behandlung im Krankenhaus wünschen, die Voraussetzung dafür, nämlich das als Person mit individuellen Problemen und Wünschen wahrgenommen zu werden, als zentrale Widerstandsressource erweist. Ohne das Wahrnehmen der Person kann Behandlung und Betreuung immer nur zufällig die Bedürfnisse der Person treffen, kann immer nur zufällig eine Passung mit den individuellen Erwartungen entstehen.

5.1.3.2 Zeit

Zeit wird in den hier untersuchten Interviews oft erwähnt. Das Bedürfnis nach Zeit scheint ein sehr zentrales zu sein. Was beinhaltet der Zeitaspekt in Bezug auf die Betreuung und Behandlung im Krankenhaus? So entsteht zum Beispiel durch Personalkürzungen einen Mangel an Zeit, Zeit wird immer mehr als Luxus erlebt. Es gibt *schnell* versus *langsam*, zum Beispiel in Bezug auf Pflegetätigkeiten, die „am Patienten" verrichtet werden. Gespräche mit Ärztinnen und Ärzten werden als *„in Ruhe"* oder *„gehetzt"* beschrieben – wobei das zweite einen *„überrumpelt"* zurücklässt. Ich kann mir Zeit für etwas nehmen, oder jemand kann mir Zeit lassen (aktiv – passiv). Viele wollen mehr Zeit, einige sind der Meinung, die Krankheit hätte schon zu viel Zeit in Anspruch genommen und sie werden ungeduldig, wenn die Gesundung nicht schnell genug voranschreitet. Zeit kann also in beide Richtungen jeweils eine Widerstandsressource und ein Widerstandsdefizit sein: wenig Zeit von anderen bekommen/ aber schnell wieder gesund sein – viel Zeit gelassen bekommen/ aber die Gesundung dauert länger als man glaubt es ertragen zu können.

Welche Funktionen hat Zeit im Krankenhaus? Ich werde im Folgenden den Aspekt von Zeit betrachten, der *„viel versus wenig Zeit bekommen, um …"* beinhaltet. Diese Frage lässt sich aber genauso für die anderen oben genannten Zeitaspekte stellen.

5.1.3.2.1 Zeit, um...

Zeit kann eine Voraussetzung dafür sein, dass die Patientin/ der Patient gewünschte *Informationen* bekommen kann.

> *„Ja, die Zeit hat er [der Oberarzt] sich, also unter vier Augen oder unter sechs Augen, <u>immer!</u> genommen. Und dann hat auch der junge Arzt was dazu erklärt, wie er das sieht und dann haben sie schon auch das weitere Verfahren erklärt, welche Chemo, welche Bestrahlung…"*
> *(Herr K., S. 40).*

Zeit kann aber auch dazu dienen, soziale Unterstützung zu bekommen (jemand hat Zeit und hört zu, bringt eine Zeitung ans Bett etc.). Zeit kann, wie bereits beschrieben, die Voraussetzung dazu sein, dass die Patientin/ der Patient sich als Person wahrgenommen fühlen kann. Teilweise ist „Zeit bekommen" wichtig, um Entscheidungen treffen zu können. Im Zusammenhang mit der Therapieentscheidung wird häufig Zeitdruck erwähnt. Im Fall von Frau A. wird der Therapiebeginn von Seiten des Krankenhauses sehr bald angesetzt: „es eilt!" (Frau A., S. 2).

Frau E. hingegen möchte, dass der Tumor so schnell wie möglich entfernt wird; sie wird jedoch in ihrem Fall wegen Feiertagen nochmals entlassen und erlebt die Tage, an denen nichts passiert, als große Belastung.

5.1.3.2.2 Warten

Warten ist ein weiteres Thema in Bezug auf das Zeiterleben im Krankenhaus. Warten kann Ängste und Unsicherheit verstärken. Für Frau A. sind die wenigen Tage im Krankenhaus von Warten geprägt. Sie hat das Gefühl, der behandelnde Arzt bemüht sich und teilt ihr die Diagnose so schnell mit, wie er kann, und dennoch erlebt sie die Tage, an denen nicht viel geschieht, als sehr schlimm.

Warten (z.B. auf eine Untersuchung) findet im Krankenhaus häufig auf Gängen statt. Das ist ungemütlich und bietet wenig Unterstützung für Menschen, die zum Beispiel die Maßnahme, auf die sie warten, beunruhigend finden:

> „Und dann bin ich einfach allein und sitz da eine <u>Stunde</u> und warte auf die Untersuchung, also je länger ich da so sitz, desto mehr steiger ich mich da rein. Eine beruhigende Musik oder eine beruhigende Atmosphäre außenrum, des wäre schon viel wert. Wenn man in der L.-Klinik in diesen Wartedingern sitzt, da unten bei der Strahlentherapie, da ist dann noch die Notaufnahme, da fahren dann alle fünf Minuten irgendwelche Notfälle vorbei. – I: Sie sitzen so, dass die Notfälle an Ihnen vorbeigefahren werden? – M: Ja, die kommen da vorbei, weil diese Röntgenabteilung daneben ist, da kommen dann auch die Sanitäter mit, also es ist ... irgendwie ... nicht sehr einladend (lacht), nicht? Und das sind dann so Sachen wo ich sag: das schürt dann die Angst oder diese Unsicherheit noch mehr" (Frau M., S. 27).

Frau M. beschreibt in dieser Sequenz mehrere Aspekte, die Gesundheit schwächen: sie beschreibt, dass sie sich durch das Warten in ihre Angst hineinsteigert. Ich stelle mir vor, dass sie in diesem Zustand eine Stunde später hereingerufen wird. Wird sie Informationen aufnehmen und die Untersuchungssituation als verstehbar und handhabbar erleben können? Wohl eher nicht. Sie beschreibt die Situation, in der Notfälle an ihr „vorbeigeschoben" werden als „nicht sehr einladend". Erwähnenswert finde ich auch den Begriff „Wartedinger" – etwas wohl Undefinierbares, kein Zimmer, kein Gang. Für Frau M. bedeutet es auf jeden Fall keine Unterstützung in einer an sich schon belastenden Situation sondern eine zusätzliche Belastung.

Zeit ist also eine Widerstandsressource, die durch ihr Vorhanden-/ Nichtvorhandensein andere Ressourcen begünstigt oder verknappt. Ist zum Beispiel genügend Zeit für Aufklärung und ausführliche Informationen vorhanden, dann kann diese Information all diejenigen Gesundung fördernden Aufgaben erfüllen, die unter Kap. 5.1.2.1 (Wissen/ Informationen) beschrieben sind. Zeit erscheint neben dem *als Person wahrgenommen werden* als eine grundlegende Widerstandsressource, die andere Gesundungshilfen begünstigen (aber auch, wenn zu wenig vorhanden, schwächen) kann. Zeit wird aber auch sehr individuell erlebt, so dass sich zeigt, wie wichtig es ist, eine Passung zwischen den subjektiven Erwartungen und den Sachzwängen der Institution Krankenhaus anzustreben.

5.1.3.3   Handlungsfähigkeit/ Autonomie

Gimmler schreibt über Autonomie innerhalb von Institutionen, dass die institutionelle Organisation negative Erfahrungen der Fremdbestimmung und die Einengung der Handlungsfähigkeit bedingt:

> „Der Individualität und ihren spezifisch modernen Ansprüchen auf Autonomie und Selbstverwirklichung scheint die Institution hemmend und geradezu feindlich gegenüberzustehen" (Gimmler, 1998, 11).

Dies lässt sich nur bedingt mit der Auffassung vereinen, dass es einer „passenden Mischung" in Bezug auf Widerstandsressourcen bedarf – hier innerhalb des Spannungsfeldes zwischen Selbst- und Fremdbestimmung: denn Fremdbestimmung kann an sich auch als etwas Positives erlebt werden.

Autonomie ist für Patientinnen und Patienten besonders relevant in Bezug auf den individuell ausgeprägten Wunsch nach eigener Wahl, Entscheidung und Mitsprache (Hofer, 1987, 18). Patientenchartas (z.B. die von einer von der Bundesregierung eingesetzten Arbeitsgruppe erstellte Patientencharta; BMGS, 2002) – im amerikanischen Raum weit verbreitet als „Patient's Bill of Rights" – erwähnen das Recht auf Autonomie bei der Arztwahl und bei Entscheidungen über Art und Umfang der Behandlung. In der Ottawa Charta (vgl. Kap. 2.1.4) wird gefordert, die Autonomie über die eigenen Gesundheitsbelange zu stärken.

Autonomie gilt als eines der Identitätsziele (Straus; Höfer, 1997, 299). Wenn es das allgemeinste und übergeordnete Identitätsziel ist, „ein Passungsverhältnis zwischen Innen- und Außenwelt herzustellen" (Keupp et al., 2006, 86), dann gilt dies auch auf der Ebene der Autonomie im Krankenhaus. Die Passung zwischen der vom Krankenhaus gewährten und der von der kranken Person gewünschten Autonomie (z.B. eine Therapieentscheidung betreffend) entscheidet über die innere Stimmigkeit, die der Patient/ die Patientin daraus resultierend erlebt. Autonomie muss also immer kontextualisiert gesehen werden (Geisler, 2004).

Die Auswertung der Interviews hat gezeigt, dass sich das Ausmaß an gewünschter Selbst- beziehungsweise Fremdbestimmung im Laufe einer Erkrankung verschieben kann, und dass die Erwartungen, die eine Person an das Krankenhaus stellt, mit dafür verantwortlich sind, wie viel Autonomie – z.B. bei der Wahl von Therapiemöglichkeiten – eine Patientin/ ein Patient wünscht. Am auffälligsten ist die Verschiebung von gewünschter Fremdbestimmung hin zu eingeforderter Autonomie bei Frau D. zu erkennen. Bei ihrem ersten Krankenhausaufenthalt ist sie der Meinung, die Ärztin könne besser als sie entscheiden, welche Operationsmethode am besten geeignet ist. Bei der zweiten Operation (5 Jahre später) gibt dann sie den Ärzten klar vor, wie sie operiert werden möchte (Frau D., S. 3; 6, vgl. S. 161).

Die Erwartungen, die Frau F. an die Institution Krankenhaus stellt, sind geprägt von ihren vielen Erfahrungen, die sie in Krankenhäusern schon gesammelt hat. So geht sie nicht davon aus, dass sie eine Behandlung erfährt, die auf sie maßgeschneidert ist. Ihre Reaktion darauf ist, von Ärzten Verschriebenes oder Vorgeschlagenes dahingehend zu prüfen, ob es mit ihren eigenen Vorstellungen korreliert. Sie behält sich (mit einer gewissen Portion Stolz) vor, sich nicht an alles zu halten, was ihr vorgeschrieben wird.

> *„Und dann, er war halt Chirurg, hat er die Schwester so angeschaut, sagt er: „Lexotanil, Lexotanil", das ist ein Beruhigungsmittel (lacht). Des waren solche Bricketts (zeigt mit den Fingern die Größe), hat man in drei Teile teilen können. Und ich habs immer schön brav in der Früh gekriegt mit den Medikamenten, habs aber nie geschluckt (lacht)" (Frau F., S. 6).*

Dem ähnelt die Strategie von Herrn H., der ebenfalls über viele krankenhausbezogene Erfahrungen und krankheitsbezogenes Wissen verfügt. Auch er behält sich vor, sich nicht an alles zu halten, was ihm von ärztlicher Seite vorgeschlagen wird. In beiden Beispielen zeigt sich der Wunsch nach mehr Selbstbestimmung.

Auffälligerweise erzählt von allen Interviewten nur Frau M. von einer wirklichen Beteiligung an Therapieentscheidungen. Nachdem ihr die Informationen zur Verfügung gestellt werden, die sie dazu befähigen, die Entscheidung auch treffen zu können, gibt man ihr die freie Wahl.

„Und da ist mir auch freigestellt worden, ob ich gleich will oder ich kanns mir auch über die Feiertage,... aber ich wollt eigentlich nicht Weihnachten und des alles mit der Diagnose im Kopf verbringen. Gut, ich hab mir gedacht, die Kinder sind alle selbständig, und so, ich geh lieber gleich, weil der hat mir dann auch nicht versichern können, dass ich Weihnachten wieder zu Hause bin. Ich habe dann gesagt, das ist mir egal, lieber hab ich's hinter mir und bin Weihnachten im Krankenhaus, als dass ich Weihnachten zu Hause sitz und das alles noch vor mir hab. Also, das war meine eigene Entscheidung, dass das so kurzfristig war. Also, da ist mir schon die Wahl .. gelassen worden, denn die paar Tage machen es auch nicht mehr aus. Aber ich wollt, das war dann meine Entscheidung" (Frau M., S. 2).

Entgegen der Auffassung des anfänglichen Zitates zu Autonomie, das impliziert, der moderne Mensch strebe immer nach Autonomie, kann durchaus – vor allem in einer belastenden Situation – auch der Wunsch hin zu mehr Fremdbestimmung bestehen. Nicht-Wissen-Wollen (Frau G.) und Nicht-Entscheiden-Wollen (Frau D. zu Beginn ihrer Behandlung) sind mögliche Strategien, um durch mehr Fremdbestimmung die eigenen situationsspezifischen Bedürfnisse befriedigen zu können.

Nichtvorhandene Passung zwischen erlebter Fremdbestimmung und gewünschter Selbstbestimmung kann einerseits zu Überforderung (das Krankenhaus fordert mehr Selbstbestimmung als man sich zutraut/ als man leisten kann), andererseits zu dem Gefühl des Ausgeliefertseins (das Krankenhaus gewährt weniger Selbstbestimmung als man wünscht) führen. Hier wird das eigene Bedürfnis nach Selbstbestimmung beschnitten. Dementsprechend wird die Handlungsfähigkeit durch das Verhalten von im Krankenhaus Tätigen bzw. durch krankenhausinterne Regeln, Abläufe und Gepflogenheiten eingeschränkt. Ein Gefühl des würdelosen Umgangs bleibt bei der Patientin/ dem Patienten zurück.

Das Gefühl, nicht handlungsfähig zu sein, ist für Frau C., die viele Wochen lang bettlägerig ist und so besonders auf Hilfen von anderen angewiesen ist, ein besonders sensibles Thema. Sie fühlt sich dem Dienstplan, dem Tagesablauf und den Launen der Pflegekräfte ausgeliefert und leidet sehr darunter. Je nachdem, welche

Pflegekraft Dienst hat, macht sie gute oder schlechte Erfahrung mit der Versorgung.

> *„Und da hab ich nicht aufstehen dürfen, also nur am Rücken liegen.*
> *Und nach vier Wochen kann man halt einfach nicht mehr liegen. Mir*
> *hat der Rücken geschmerzt, und manche Schwester ist in der Nacht*
> *reinkommen, hat mich dann aufgesetzt und hat mir den Rücken mit*
> *Franzbranntwein eingeschmiert, dass es so kühl geworden ist und*
> *frisch angezogen. Aber manche machen es halt auch nicht, da muss*
> *man dann extra was sagen, ... und dann kommt es schon auch vor:*
> *„naa, da hab ich jetzt keine Lust, und .. hab jetzt so viel zu tun, bin*
> *allein in der Nacht, und da hab ich jetzt keine Zeit". „Später wieder"*
> *hab ich auch schon gehört, ist aber nie mehr wieder gekommen"*
> *(Frau C., S. 27).*

> *„Oder man merkt ja – ich war ja da so verpflastert, und mit lauter*
> *Schläuchen –wie dann allein schon der Schlauch raus gemacht wird.*
> *Oder ob das Pflaster runter gerissen wird, oder: „Moment, da muss*
> *ich bisschen vorarbeiten, bisschen einweichen, damit man es runter*
> *kriegt", oder was, das merkt man schon. Ja, da denkt man sich schon,*
> *wer kommt? (lacht)" (Frau C., S. 10).*

5.1.3.4 Umgang mit Schock/ Angst[59]

5.1.3.4.1 Schock

Die Sicherheit, dass es Krebs ist, dass operiert, vielleicht amputiert werden muss, aktiviert häufig die Verknüpfung von Krebs mit Tod: *„weil, wo ich die Diagnose gekriegt hab, hab ich gedacht, das ist ein Todesurteil"* (Frau E., S. 9). Das bestätigt auch Gerdes (1986, 11) in seinem Aufsatz über Krankheitsverarbeitung bei

---

[59] Die Kategorie *„Umgang mit Schock/ Angst"* könnte eigentlich auch unter Copingstrategien (Kap. 5.1.2.3) subsumiert werden. Sie erscheint hier jedoch als eine sehr spezielle Ausformung des Bewältigungshandelns, das durch die spezifische Situation von lebensbedrohlich erkrankten Patientinnen und Patienten im Krankenhaus determiniert ist. So erachte ich es als sinnvoller, *„Umgang mit Schock/Angst"* als spezifisch wirkende anstatt als generalisierte Widerstandsressource (Widerstandsdefizit) zu konzipieren und dementsprechend an dieser Stelle der Studie zu behandeln.

Krebskranken: „Offenkundig ist es ja die plötzlich spürbar und real gewordene Nähe des eigenen Todes, die den „Schock" auslöst". Er nennt es einen „Sturz aus der normalen Wirklichkeit". Der eigene Tod wird plötzlich real und nah erlebt. Gerdes folgert daraus für das Leben der Betroffenen:

> „Und damit steht man der Welt, die man bisher mit den anderen Menschen bewohnt hat, plötzlich von außen gegenüber, und für die eigene Situation gibt es innerhalb dieser sozial vorgeprägten Welt keine sinnvolle Deutung mehr. Alle Sinnhaftigkeit, die man kennt, bezieht sich auf das Leben in der bekannten Welt – und in der ist man plötzlich nicht mehr zu Hause. Man kann sie zwar noch betreten – Straßenbahn fahren, fernsehen, die Arbeit erledigen usw. – aber dies hat nun alles irgendwie keinen „Boden" mehr und hat den Sinn verloren, den es früher hatte" (ebd., S. 26).

Der Schock war zum Teil so überwältigend, dass Patientinnen von dissoziativen Phänomenen berichten:

> „Aber es war die Situation selber, die war so eigenartig, ich komm da ins M.-Krankenhaus, zur Frau Dr. K., und die hat noch einmal Ultraschall gemacht, hat dann noch einen anderen Arzt dazu geholt, und ja, .. also sie hat gesagt, ja, also, die Brust muss weg, das ist Ihnen ja klar in dieser Situation, und das ging alles so an mir vorbei, also, ich hab dann noch gelacht und mit ihr rumgewitzelt, es ging irgendwie so an mir vorbei, als .. wär ich da gar nicht betroffen. Das hab ich im Moment, .. also das hab ich früher nie geglaubt, dass man so etwas nicht begreifen kann. Aber das war so, als würde sie sagen, ja, die und die, bei der muss das gemacht werden. Und da war also erst bisschen Distanz und plötzlich ist das dann: zack. Hats tick gemacht. Und dann bin ich schon in ein Loch gefallen, wie man so schön sagt" (Frau D., S. 5f.).

Auch Frau F. berichtet von ihren dissoziativen Reaktionen auf die Krebsdiagnose:

> „Das war so eigenartig, dass nicht ich es bin, die da liegt. Das ist jemand anderes, das bin ich nicht, und dann sag ich, das ist so eigenartig, also, ... also fast schizophren, eben so, da trennt sich ja irgendwas, so Seele – Geist, oder Körper, also ich hab gesagt, das bin nicht ich, mir ist das nicht passiert, das ist wer anderes" (Frau F., S. 6).

„Panik"; „mir war in dem Moment alles wurscht" (Frau E., S. 2; 3) sind nur einige andere Versuche, die Situation nach der Diagnosemitteilung zu beschreiben. Wie kann von Seiten des Krankenhauses in diesem Moment Hilfe aussehen? Einige wünschen sich psychosoziale Betreuung, andere erzählen, dass ihnen Informationen zu Krebs, zu den Therapiemöglichkeiten, aber auch Erfahrungsberichte von anderen Betroffenen geholfen haben. Herr N. berichtet von Reaktionen von im Krankenhaus Tätigen, die sich mit seinen Bedürfnissen gedeckt haben. In den anderen Fällen hat das soziale Netz diese Aufgabe übernommen:

> „Und meine Geschwister anfangs natürlich auch ziemlich am Boden, mein Bruder war zur ersten Chemo gleich da, mit einem Sack Büchern (lacht), was man alles machen kann und tun kann, Ernährung bei Krebs und mental, und so" (Frau A., S. 17).

Dennoch formulieren mehrere Interviewte, dass sie sich in dieser Hinsicht mehr Hilfe vom Krankenhaus erhofft haben, und sich eigentlich alleine gelassen gefühlt haben.

5.1.3.4.2   Angst

In den Erzählungen der Betroffenen hat der Krankenhausaufenthalt einerseits Ängste geschürt, andererseits aber auch Ängste gemildert. Herr K. fühlt sich im Krankenhaus hervorragend aufgehoben, im Wartezimmer wird er an „Arabern mit dicken Koffern" vorbei direkt ins Sprechzimmer des Chefarztes geführt und bekommt von diesem einen Operationstermin in nur wenigen Tagen. Er hat das Gefühl, von lauter „Koryphäen" und privilegiert behandelt zu werden, und er ist der Meinung, dass dies ausschlaggebend dafür ist, dass die Gefahr seines Hirntumors gebannt ist. Frau E. hingegen fühlt sich durch die Art, wie die Ärztinnen/ Ärzte und Pflegekräfte mit ihr umgehen, nicht beruhigt. Sie ist der Meinung: „Und jetzt, im Nachhinein denk ich mir, haben dir die Ärzte noch zusätzliche unnötige Ängste eingebrockt!" (Frau E., S. 4). Besonders gestört haben sie ihrer Meinung nach unüberlegte Äußerungen, wie zum Beispiel, die Behandlungen würden vor allem der „Lebensverlängerung" dienen – dabei hätte sie sich den Ausdruck Heilung so sehr gewünscht. Auch eine Pflegerin schürt, in Frau E.s Erleben, durch unüberlegte Äußerungen noch zusätzlich die Angst, die sie selber schon vor Krebs und dessen aggressiver Behandlung hat:

„Eine Schwester, ... alle waren sie lieb und nett, die kommt ans Bett und sagt, ohh, da kommt noch viel auf Sie zu, da wünsch ich Ihnen viel Kraft... Meine Schwester hat das auch mitgemacht, und die hats nicht geschafft" (Frau E., S. 4).

Sie beschreibt, dass die Ängste, die sie hatte (vor den Behandlungen, aber auch existentielle Ängste), schlimmer waren als die Erkrankung selber. Vom Krankenhaus hat sie in dieser Hinsicht wenig und vor allem nicht die passende Unterstützung erhalten. Sie erzählt davon, dass sich schon alle bemüht und Ratschläge gegeben haben, aber dass dies nicht die Hilfen waren, die in dieser Situation passend gewesen wären:

„Und im Krankenhaus haben sich alle sehr bemüht, aber die <u>Ängste</u>, die ich hatte und die tausend <u>Fragen</u>, und das war schon bis zum zweiten Krankenhausaufenthalt. Mich haben die Ängste ... kaputt gemacht, krank gemacht regelrecht, und wo ich auch glaub, was dazu geführt hat, dass ich dann (lacht etwas) in einen depressiven Zustand kam, von dem ich auch überhaupt keine Ahnung hatte, oder wie man damit umgeht! Hat mir auch wieder wahnsinnig mein Mann geholfen, der hat richtig gespürt, wenn ich in das Loch reingepurzelt bin, da ging eigentlich alles an mir vorbei, die ganzen guten Ratschläge, ne, man hat sie wahrgenommen, aber man konnt damit nichts anfangen. Aber mein Mann hat mich dann gepackt und hat mit mir irgendwas unternommen, und da hat er mich irgendwie wieder mit rausgeholt" (Frau E., S. 3).

Unter dem Aspekt der generalisierten Widerstandsressource *Wissen* wurde schon verdeutlicht, dass auch Informationen dazu dienen können, Ängste abzubauen. Erklärungen, aber auch das Beantworten von Fragen sind Strategien, die von Seiten der Ärzteschaft oder der Pflege dazu beitragen können, dass Ängste gemildert werden. Doch auch an dieser Stelle möchte ich Frau G. erwähnen, bei der eben gerade nicht die Informationen sie beruhigen, sondern das Nicht-Wissen:

„Da gibt's schon Patientinnen, die fragen und fragen, ... aber was dann oft gar nicht so .. manchmal so gut ist, wenn man alles so <u>genau</u> wissen will ... weil, .. einen das dann einfach zu sehr beschäftigt" (Frau G., S. 7).

Auch an dieser Stelle, mit der die Darstellung der *psychosozialen* Widerstands-ressourcen – generalisierte und spezifisch auf die Krankenhaussituation wirkende – abgeschlossen ist, zeigt sich: Nicht die Widerstandsressource an sich ist es, die in einer belastenden Situation hilft, sondern es ist das erfolgreiche Zusammenspiel zwischen subjektiven Erwartungen und Bedürfnissen auf der einen und den ange-botenen Ressourcen auf der anderen Seite. So können die Patientinnen und Patien-ten das Gefühl bekommen, gut aufgehoben zu sein und in der Gesundung unter-stützt zu werden. Dabei ist auch eine Abstimmung der personalen und institutiona-len Ressourcen/ Defizite von Bedeutung.

5.1.3.5   Subjektiv erlebte Qualität der medizinischen Behandlung

Die rein medizinische Behandlung einer Krebsbehandlung ist hier, gemäß der sozialwissenschaftlichen Ausrichtung der Untersuchung, nicht von zentraler Be-deutung, lässt sich aber natürlich nicht aus dem Thema ausklammern und bedingt immer die positive oder negative Einschätzung des Krankenhausaufenthaltes ent-scheidend mit. So kann zum Beispiel das Gefühl, sich „in guten Händen" zu befin-den eine wirksame Widerstandsressource sein, wenn es um Gesundung geht. Un-verständliche (oder gar keine) Erklärungen der medizinischen Behandlung verunsi-chern in den meisten Fällen und erschweren so eine Gesundung.

Für diejenigen Interviewpartnerinnen und -partner, die nur krankheitsbezogene Erwartungen an das Krankenhaus stellen, ist die medizinische Behandlung das zentrale Bewertungskriterium. Bei Erwartungen bezüglich der krankheits- *und* persönlichkeitsbezogenen Behandlung/ Betreuung werden auch die psychosozialen Aspekte der Betreuung mit in die Bewertung einbezogen. Ich habe bereits erwähnt, dass es Patientinnen und Patienten als medizinischen Laien nicht immer leicht fällt, die medizinische Behandlungsqualität zu bewerten. In verschiedenen Studien wurde gezeigt, dass viele Patientinnen und Patienten die Tendenz haben, von der Qualität der psychosozialen Betreuung auf die Qualität der medizinischen Be-handlung zu schließen (z.B. Rößbach, 2002, 139, vgl. auch in dieser Studie S. 158).

Ich habe bei der Analyse der Interviews festgestellt, dass die Qualität der medi-zinischen Behandlung tatsächlich für die meisten Betroffenen verborgen bleibt (teilweise wird schmunzelnd festgestellt, dass sich die Operation ja ihrer Erinne-rung entzieht), und es andere Faktoren sind, an denen die Behandlungsqualität festgemacht wird. Manchmal stellt es sich im Nachhinein heraus, dass eine Be-handlung nicht den gewünschten Erfolg hat, und damit ist klar, dass die Behand-lung fehlerhaft war. Ansonsten werden verschiedene Kriterien herangezogen, wie der Ruf/ Status einer Klinik (Brustzentrum), die Stellung des Operateurs (Professor, Koryphäe), aber auch Stimmen von später behandelnden Ärztinnen/ Ärzten:

> *„Bei ihnen wurde so ziemlich alles versäumt, was man versäumen konnte" (Frau D., S. 6)*

> *„Da haben die aber schön rumgepfuscht!" (Frau B., S. 10)*

Herr K. spricht sogar die beiden an der Operation beteiligten Ärzte an, da er Zweifel daran hat, dass die sichtbaren Operationsspuren auf seiner Stirn unabwendbar waren. Sie versichern ihm, dass alles gut gelaufen ist, *„alles passt"*. Für ihn ist in dieser Hinsicht der Versuch, die Methoden der Operation zu verstehen, hilfreich; er kann die Veränderungen an seiner Stirn einordnen und damit akzeptieren. Auffällig ist, dass ihm, einem gelernten Werkzeugmacher, der Zugang über das chirurgische Handwerk hilft.

> *„Nee, das ist halt so, die Speckschicht auf diesem Stück, die wächst halt <u>anders</u>, die war halt raus, war wahrscheinlich in irgendeiner Lauge gelegen, weil die haben ja das Originalstück wieder eingesetzt. Das haben die rausgefräst, mit so nem Bohrer, so ner Fräse, ganz dünn wahrscheinlich, oder mit nem Laser" (Herr K., S. 21).*

Auch äußerliche Merkmale können als Bewertungskriterien für die Qualität der Behandlung herangezogen werden, wenn der Patientin/ dem Patienten keine anderen Bewertungskriterien zur Verfügung stehen. So zum Beispiel das „schmuddelige" Anmuten eines OPs:

> *„Und der OP, der eine, der untere, aber ich glaub, der kommt jetzt auch weg, der ist schmuddelig. Was heißt schmuddelig, er ist alt. Sauber ist er wahrscheinlich schon, muss er ja sein. Also, aber ich bin vorher im Unterleib operiert worden, zwei Jahre vorher, und da war ich im anderen OP, im neueren, im .. ja .. sterilen, das war natürlich schon was anderes. Erst hab ich (lacht) mir gedacht, um Gottes willen, wo bist du denn da gelandet! Ja, das ist ja wie ein alter Blechhaufen!" (Frau D., S. 18).*

Das subjektive Erleben der Räumlichkeiten kann also als Kriterium für die medizinische Behandlungsqualität herangezogen werden. Die Räumlichkeiten können zusätzlich noch andere Botschaften für die Patientinnen und Patienten enthalten, die im Zuge des nächsten Abschnitts beleuchtet werden.

5.1.3.6   Räumlichkeiten

„Wenn ich jetzt speziell das M.-Krankenhaus anschau, das, was mir immer unheimlich gut gefällt im M.-Krankenhaus, ist das Ambiente selber. Das ist die <u>Ruhe</u>, ja? Das sind auch die schönen, hellen Zimmer, die zur Verfügung stehen, und das was mir immer persönlich unheimlich gut gefällt: das Haus selber, weil ständig irgendwelche wechselnden Ausstellungen von Malern da sind. Das find ich unheimlich toll. Ich kann mich da stundenlang damit beschäftigen, ja, also mir wird's nie langweilig im Krankenhaus. Wenn ich da in der Klinik bin, ne? Also das find ich auch, das ist natürlich die ganze Umgebung und die Räumlichkeiten. Diese Dinge, die sind natürlich auch ganz, ganz wichtig und positiv, das hat mir auch unheimlich gut getan, das <u>tut</u> mir auch immer gut, also, wenn ich nicht unbedingt irgendwo anders hin muss, dann geh ich immer wieder ins M.-Krankenhaus" (Herr H., S. 29).

Mehrere Patienten und Patientinnen erwähnen auch die wunderschön angelegte Dachterrasse des Krankenhauses; sie hätten es genossen, an die frische Luft zu gehen und Pflanzen um sich herum haben zu können. Neben dem „Ambiente" des Krankenhausgebäudes ist es auch für die Wahrnehmung der Räumlichkeiten wichtig, ob sie vertraut oder fremd sind. Frau M. hat sich unter anderem für ein bestimmtes Krankenhaus entschieden, weil sie sich darin schon etwas auskannte:

„Und ich hab des M.-Krankenhaus daher schon gekannt, weil mein Vater vor zwei Jahren lange drinnen war, also ich hab das Krankenhaus schon ein bisschen gekannt" (Frau M., S. 6).

Als sie später zu Behandlungen in ein anderes, sehr großes Haus muss, vergleicht sie die beiden Häuser:

„Zu den Bestrahlungen bin ich in die L.-Klinik. – I: Und wie war dort die Atmosphäre, war die wieder anders? – M: Also, die ist ganz anders. Also ich muss jetzt zum M.-Krankenhaus sagen, da ist es sehr

überschaubar, sehr fam..., na ja, familiär ist jetzt vielleicht ein biss-
chen übertrieben, aber einfach, man fühlt sich eigentlich wohler, also
ich hab mich jetzt wohler gefühlt. Von der ganzen Atmosphäre her,
wenn man insgesamt die ganze Klinik sieht. Ob das jetzt ist, wie ich da
rein komme, oder das ist irgendwie alles überschaubarer. Also, es
sind Bilder an der Wand, oder irgendwie ist es eine heimeligere At-
mosphäre, und die L.-Klinik, mein Gott, des ist halt eine riesige Kli-
nik. (lacht) Es ist halt einfach mal ein Riesen ... Bau. Es ist schwierig,
wenn du das erste Mal reinkommst, wo du hinmusst. Es ist gut be-
schriftet, man findet alles, aber es ist halt ein Wahnsinns-, ein Riesen-
apparat" (Frau M., S. 17f.).

Das Krankenhaus, das ihr bekannt ist, und das wohl auch Wert auf eine angenehme Raumgestaltung legt, erscheint ihr „heimelig", das andere beschreibt sie mit „Riesenapparat". Gerade Frau M. betont immer wieder, wie sehr ihr das Gefühl sich auszukennen, etwas zu kennen und zu verstehen dabei hilft, Ängste zu überwinden und sich zu beruhigen. Der riesige Bau und die fehlende angenehme Atmosphäre können Ängste und Beunruhigung verstärken und somit ein zusätzlicher Stressor sein.

Bei der Einschätzung der Räumlichkeiten kann ich in den Erzählungen der Interviewpartnerinnen und -partner eher Gemeinsamkeiten als Unterschiede finden. Eine angenehme, nicht einschüchternde Atmosphäre, die von den Krankenhausgebäuden und dessen Einrichtung ausgestrahlt wird, scheint für alle wichtig zu sein, die sich zum Gebäude geäußert haben[60]. Erholung und Ablenkung, aber auch sich Zurückziehen können sind die erwähnten Konsequenzen, die eine angenehme Gestaltung des Gebäudes/ des Krankenhausgartens ermöglicht.

Die Einschätzung der Krankenhaus*zimmer* war bei allen Interviewten ziemlich übereinstimmend: nicht zu viele Betten in einem Zimmer, groß, hell, freundlich, nicht zu weiß und schmucklos. Die subjektiven Erwartungen der einzelnen Patientinnen und Patienten scheinen hier recht ähnlich zu sein, auch wenn die Relevanz der äußeren Umgebung verschieden gewichtet ist.

---

[60] Im Interviewleitfaden waren positive oder negative Auswirkungen des Gebäudes ein Punkt neben anderen bei einer Liste möglicher Aspekte des Krankenhauses, die geholfen/ geschadet haben könnten (siehe Anhang). Einige Interviewpartnerinnen /-partner sind darauf eingegangen, andere nicht, woraus ich auf die unterschiedliche subjektive Bedeutsamkeit der Erfahrungen mit den Räumlichkeiten schließe.

An dieser Stelle möchte ich erwähnen, dass es seit Längerem verschiedene Versuche gibt, die Gestaltung der Krankenhausumgebung patientenzentrierter auszurichten und die Heilung fördernde Wirkung der Räumlichkeiten anzuerkennen. Als Beispiele seien hier die Umgestaltung von Stationen nach den Grundsätzen von Feng Shui (Schumm, 2004) oder die Plantetree-Bewegung aus den USA (Frampton, 2008) genannt. Auch wenn die Krankenhäuser, von denen die Interviewten berichten, nicht hoch dotierten Modellen der patientenzentrierten Raumgestaltung angehörig sind, sind zum Beispiel die wechselnden Ausstellungen, von denen Herr H. spricht, das Resultat eines krankenhausinternen Arbeitskreises, der Kunst und Kultur im Krankenhaussetting fördert und damit das Krankenhaus zu einer angenehmeren Umgebung für alle Beteiligten machen möchte. Die mehrfach beschriebene angenehme Wirkung dieses speziellen Krankenhauses lässt sich wohl auch auf die Existenz dieses Arbeitskreises zurückführen.

5.1.3.7   Auswirkungen der Entwicklungen im Gesundheitswesen

Die Ökonomisierung des Gesundheitswesens und der in diesem Zusammenhang den Krankenhäusern verordnete harte Sparkurs zeigt auch Auswirkungen auf den Alltag von Patientinnen und Patienten im Krankenhaus. Auch zunehmend verbreitete Gedanken zur Patientenorientierung – ob auf ethischen oder monetären Gründen basierend – wirken sich auf den Krankenhausalltag aus. Diese Veränderungen, die vor allem von denjenigen Patientinnen und Patienten wahrgenommen werden, die über mehrere und zum Teil lange zurückliegende Erfahrungen mit dem Krankenhaus verfügen, können sich positiv wie negativ auf die Gesundung auswirken und in diesem Sinne zu einer Widerstandsressource oder einem Widerstandsdefizit werden.

Im Vergleich zu früheren Krankenhausaufenthalten empfinden einige Patientinnen und Patienten die „Hotelleistungen" und den Servicestandard im Krankenhaus als gestiegen. Angenehm wird beschrieben, dass die Bettenanzahl pro Zimmer gesunken ist, die Dusche nicht mehr auf dem Gang ist, es mehr Wahlmöglichkeiten beim Essen gibt und das Frühstück bis neun Uhr eingenommen werden kann. Herr K. bekommt zum Frühstück eine Zeitung, worüber er sich sehr freut. Mehrmals werden gut ausgestattete Teeküchen erwähnt, die den Patientinnen und Patienten ständig geöffnet sind. Die Auswirkungen dieser Veränderungen sehen sie als positiv an, man kann sich wohler fühlen.

Frau F. steht diesem Standard jedoch ambivalent gegenüber. Einerseits genießt sie den guten Kaffee, den sie kostenlos und sogar für ihren Besuch bekommt –

lieber würde sie stattdessen aber mehr Kapazitäten beim Pflegepersonal sehen, die ihr dann zum Beispiel dabei helfen könnten, ihr Bett aufzuschütteln:

> „Sagt sie [die Pflegerin]: „nein, des müssen Sie selber machen!“ (lacht). Also, Bett aufschütteln, aber den Arm hätt ich ja nicht bewegen sollen“ (Frau F., S. 12).

Die Verschiebung der finanziellen Prioritäten weg von der Patientenbetreuung hin zu Hotelleistungen ist nicht in ihrem Sinne:

> „Aber, wie gesagt, die Zuwendung der Schwestern, des wird spärlicher, aber da können die Schwestern nichts dafür, das sind alles Personaleinsparungen, und die haben ihre Vorschriften, und ... ja... wenn man gehfähig ist, da gibt es ja inzwischen überall auf den Stationen diese Teeküchen, und da haben wir uns unseren Tee selber geholt, oder wenn man einen Kaffee gewollt hat. Das ist ja alles kostenlos, wenn man sich das vorstellt, auch für die Besucher“ (Frau F., S. 13f.).

Die Tatsache, dass durch Personaleinsparungen vor allem die Verfügbarkeit der Pflegerinnen und Pfleger eingeschränkt wird, aber auch die gestiegene Arbeitsbelastung der Ärzteschaft (lange Arbeitszeiten, mehr und zusätzliche administrative Aufgaben), wird von mehreren Interviewten als sehr negativ beurteilt.

> „Und das hat sich jetzt auch in den ganzen Jahren, seit 99, geändert. Also, die haben immer <u>noch</u> weniger Zeit. Das Personal hat immer <u>noch</u> weniger Zeit“ (Frau C., S. 18).

> „Und dass die [Ärzte] halt auch mehr <u>Zeit</u> haben. Das mit dem ganzen <u>Papierkram</u>, was die erledigen. Wenn ich an dem Stationszimmer vorbei gehe, die Ärzte sitzen <u>nur</u> am Computer, die haben <u>wirklich</u> keine Zeit, das würd ich mir wünschen und dass die halt einfach nicht <u>so</u> viel arbeiten müssen. Weil, wer will schon von einem Arzt operiert werden, wenn der schon 12 Stunden gearbeitet hat? Niemand, ja“ (Frau C., S. 20).

Häufig fehlt die Zeit, über das absolut Notwendige und Angeordnete hinaus individuelle Lösungen für einzelne Patientinnen und Patienten zu finden und dabei Probleme mit vielleicht nur wenig Aufwand beheben zu können. Dies ist kritisch zu beurteilen, da sich in meiner Untersuchung ja gerade die zwei hier angesprochenen Aspekte der Krankenhaussituation als zentrale „heilsame Ressourcen" (Antonovsky, 1993, 10; Höfer, 2000, 76) herausgestellt haben: das *als Person wahrgenommen werden* (und in Folge dessen individuelle Behandlung erfahren) und der Faktor *Zeit*. So wird durch Einsparungsmaßnahmen, die die Patientinnen und Patienten am meisten beim Pflegepersonal, aber auch zum Teil bei der Ärzteschaft beobachten, die Passung der Behandlung und Betreuung mit den subjektiven Erwartungen erschwert. Gerade die Hilfen, die von den meisten der hier interviewten Betroffenen als die wirksamsten empfunden wurden, werden durch die radikalen Personaleinsparungen behindert.

5.1.3.8 Zusammenfassung: Spezifisch wirkende Widerstandsressourcen und -defizite

Da ich nur einen Teil der von meinen Interviewpartnerinnen und -partnern erwähnten Aspekte der Behandlung und Betreuung im Krankenhaus in die Liste generalisierter Widerstandsressourcen nach Antonovsky (1981, 184) einordnen konnte, habe ich die übrig gebliebenen genauer betrachtet und erkannt, dass es sich dabei wohl um spezifisch auf die Krankenhaussituation wirkende Widerstandsressourcen handelt.

Es waren zum Teil psychosoziale Hilfen, die das Krankenhaus anbieten oder verwehren konnte. Am häufigsten erwähnt und von den meisten der Befragten als zentral beschrieben, waren die beiden Widerstandsressourcen/ -defizite *als Person wahrgenommen werden* und *Zeit*. Aber auch das gewährte Ausmaß an Autonomie und der Umgang mit Schock und Angst stellten sich als entscheidende Faktoren dafür heraus, wie unterstützend das Krankenhaus von den Betroffenen für die eigene Gesundung erlebt werden konnte.

Neben den psychosozialen Hilfen und Hindernissen für die Gesundung haben die Interviewten noch andere Aspekte des Krankenhaussettings erwähnt und als mehr oder weniger unterstützend beschrieben. Die Bewertung der medizinischen Behandlungsqualität ist für medizinische Laien oft schwer vorzunehmen, so dass es unterschiedlichste Faktoren waren, an denen die Interviewpartnerinnen und -partner die subjektive Bewertung ihrer medizinischen Behandlung festmachten. Generell wirkt sich natürlich das Gefühl, fachlich gut oder unzureichend behandelt worden zu sein, signifikant auf die Gesamtbewertung der Krankenhaussituation aus. Auch die Räumlichkeiten des Krankenhauses stellen in ihrer Wirkung auf die Patientinnen und Patienten einen Faktor dar, der sich unterstützend oder behindernd auf die Gesundung auswirken kann. Vor allem diejenigen Interviewpartnerinnen und -partner, die über mehrere und zum Teil länger zurückliegende Erfahrungen mit der Institution Krankenhaus verfügen, haben Auswirkungen der aktuellen gesundheitspolitischen Entwicklungen auf das Krankenhaus festgestellt. Positiv wurden dabei meist die verbesserten Hotelleistungen des Krankenhauses beschrieben, der erhöhte Finanzdruck wurde durch eine verminderte Verfügbarkeit des Personals schmerzlich wahrgenommen. Dies wiegt besonders schwer, da dadurch die beiden von den meisten Befragten als besonders zentral erlebten Widerstandsressourcen (*als Person wahrgenommen werden* und *Zeit*) beschnitten werden.

Es hat sich auch hier gezeigt, dass das Entscheidende an diesen Faktoren, ihre tatsächliche Wirkung auf die einzelne Person betreffend, wiederum nicht im Ausmaß der angebotenen Ressourcen liegt, sondern in einem Wahrnehmen der individuellen Situation der einzelnen Person mit ihren situationsspezifischen Bedürfnissen und ein weitestgehend mögliches Ausrichten der Behandlung und Betreuung darauf.

5.2 Stärkung des Kohärenzgefühls durch das Krankenhaus

Bis zu dieser Stelle habe ich die Auswertung der Interviews an den Gedankengang Antonovskys angelehnt, der besagt, dass über die Stärkung der Widerstandsressourcen einer Person ihre Gesundheit gefördert werden kann, da das Ausmaß an Widerstandsressourcen, über das die Person verfügt, beziehungsweise, das sie zur Verfügung gestellt bekommt, über eine verbesserte/ verschlechterte Stressbewältigung und demzufolge über verbesserte/ verschlechterte Gesundheit entscheidet.

So habe ich mich bei der Auswertung der Interviews zunächst darauf konzentriert, die Aussagen der Interviewten, die in deren Augen Auswirkungen auf die Gesundung hatten, Widerstandsressourcen und -defiziten zuzuordnen.

An dieser Stelle möchte ich noch einen weiteren Versuch meinerseits vorstellen, die Aussagen meiner Interviewpartnerinnen und -partner auf die gesundheitsförderliche beziehungsweise gesundheitshemmende Wirkung des Krankenhauses zu beziehen. Auch hier habe ich mich an Antonovskys Modell orientiert, jedoch die direkte Stärkung des Kohärenzgefühls fokussiert. Nach Antonovsky ergibt sich das Ausmaß des Kohärenzgefühls aus den drei Komponenten Verstehbarkeit, Handhabbarkeit und Bedeutsamkeit (vgl. Kap. 2.1.6.2.4) und wirkt sich direkt auf die Gesundheit der Person aus.

Ich habe in diesem Sinne Interaktionen aus den Interviews herausgesucht, die als positiv, also hilfreich für die Gesundung beschrieben wurden, und sie daraufhin untersucht, ob eine Stärkung einer oder mehrerer Komponenten des Kohärenzgefühls zu finden sind – mit dem Ergebnis, dass ich diesen Zusammenhang in allen untersuchten Interaktionen finden konnte. Die Ergebnisse dieses Auswertungsversuches überlappen größtenteils mit den Kategorien, die ich anhand der Widerstandsressourcen/ -defizite gefunden habe, so dass ich diesen Weg, die Daten auszuwerten hier nur exemplarisch an einer Situation zeigen möchte, die Frau E. erzählt und positiv bewertet.

> *„Da war eine Ärztin, die hat immer gesagt, und wenn Sie <u>noch</u> eine Frage haben, ich bin in dem und dem Zimmer, <u>jederzeit</u> nehm ich mir Zeit, und es war wirklich so, die kam dann auch oft abends noch rein, hat sich auf den Bettrand gesetzt und eben Fragen beantwortet. Aber es war eben so, es waren <u>so</u> viele Fragen, die hat mir vieles gesagt, und komischerweise, manches ging da rein und da wieder raus, weil scheinbar der Kopf gar nichts mehr aufnehmen konnte, der war überfordert. Und die war zur Tür raus, und da hätte ich sie schon wieder fragen können, über das was sie mir erzählt hat, ne. Und es waren wirklich tausend Fragen, und eigentlich ist es das. Da haben sich alle sehr viel Mühe gegeben, aber .. ich glaub, dass das bestimmt jeden Patienten betrifft. Informieren, informieren, informieren. Und das würde einem jede Menge Ängste nehmen" (Frau E., S. 12).*

5.2.1 Stärkung der Verstehbarkeit[61]

Das *Rauschen*, wie Antonovsky es nennt, beschreibt hervorragend die Situation, wie sich Frau E. wohl kurz nach der Diagnosestellung gefühlt hat. Sie sagt zuvor: Ich hatte keine Ahnung von Krebs, wusste nicht einmal, was ein Onkologe ist. Sie hat mit viel Kraft und Energie versucht, die Situation für sich wieder konsistent, strukturiert und geordnet erscheinen zu lassen. Durch die Panik und ihre Ängste konnte sie die Situation zunächst nicht mehr als Herausforderung sehen, erst später und mit Hilfe anderer. Ein Beispiel dafür ist diese Ärztin, die ihr hilft, zunächst Informationen zu sammeln und dann zu ordnen (*„und wenn Sie noch eine Frage haben, ich bin jederzeit da und da für Sie erreichbar"*). Sie kann mit Hilfe von Situationen wie dieser die Herausforderung annehmen und versucht alles wieder zu ordnen. Ohne diese Fähigkeit von Frau E. hätte vielleicht die Ärztin auch nicht viel ausrichten können. Hier hat das Zusammenspiel in Bezug auf die Verstehbarkeit gut funktioniert. Verstehbarkeit hängt eng mit den generalisierten Widerstandsressourcen *Wissen* und *Copingstrategie* zusammen.

5.2.2 Stärkung der Handhabbarkeit[62]

Zunächst frage ich mich, welche Ressourcen Frau E. braucht, um den Anforderungen zu begegnen. Sie beschreibt *Informationen, Unterstützung* und *Zeit* (um Informationen bekommen zu können). Diese Ressourcen hat sie selber nicht, kann

---

[61] Der Aspekt der Verstehbarkeit (comprehensibility) bezeichnet den eher kognitiven Anteil des Kohärenzgefühls. Er bezeichnet das *„Ausmaß, in welchem man interne und externe Stimuli als kognitiv sinnhaft wahrnimmt, als geordnete, konsistente, strukturierte und klare Information und nicht als ein Rauschen – chaotisch, ungeordnet, willkürlich, zufällig und unerklärlich"* (Antonovsky, 1997, 34). Ereignisse, die das Leben bringt, werden als Herausforderung gesehen, die angenommen werden können und mit denen man umgehen kann (vgl. Kap. 2.1.6.2.4).

[62] Der Aspekt der Handhabbarkeit (manageability) bezeichnet das *„Ausmaß, in dem man wahrnimmt, dass man geeignete Ressourcen zur Verfügung hat, um den Anforderungen zu begegnen, die von den Stimuli ausgehen, mit denen man konfrontiert wird"* (Antonovsky, 1997, 35). Die Ressourcen müssen nicht unbedingt im eigenen Besitz sein. Ressourcen zur Verfügung zu haben, kann auch die Gewissheit bedeuten, sie sich bei anderen „holen" zu können; z.B. bei dem Arzt/ der Ärztin, dem Partner/ der Partnerin, bei Verwandten, Freunden, Gott... Ein hohes Maß an Handhabbarkeit bringt das Gefühl mit sich, nicht in die Opferrolle gedrängt zu sein oder vom Leben ungerecht behandelt zu werden (vgl. Kap. 2.1.6.2.4).

sie aber von anderen erhalten, vor allem von ihrem Mann und ihrer Frauenärztin, aber auch von der hier beschriebenen Krankenhausärztin. Meines Erachtens liegt die positive Wirkung dieser Interaktion neben den Informationen, die sie erhält (sie sagt, vieles ist *„da rein und da raus"*), auch in der Sicherheit, *dass* sie Informationen erhalten kann. Diese Sicherheit ist ihr wichtig, um alles ordnen zu können, um das Rauschen zu bekämpfen, also das Gefühl zu haben, die Situation sei handhabbar. Hier sind die Worte, die sie betont von zentraler Bedeutung: *„noch eine Frage"*, *„jederzeit erreichbar"*, *„in dem und dem Zimmer"*. Es geht hier vielleicht mehr um das Gefühl, dass Ressourcen generell erreichbar sind. Dies hilft gegen das Gefühl, ausgeliefert zu sein.

5.2.3   Stärkung der Bedeutsamkeit[63]

Hervorzuheben ist hier vielleicht gerade das Hinsetzen auf die Bettkante und die Tatsache, dass die Ärztin abends noch nach dem eigentlichen Dienst zu Frau E. kommt. Die Ärztin gibt Frau E. das Gefühl, es wert zu sein, dass sie sich um sie kümmert. Wenn die Arbeitszeit eigentlich schon vorbei ist, bleibt sie noch und kommt an ihr Bett. Sie kommt Frau E. nahe und bleibt nicht auf Distanz (stehen – liegen). Vergleiche ich hiermit einen Arzt, von dem Frau C. erzählt, der immer mit den Händen in den Manteltaschen oder mit verschränkten Armen vor ihr stand, dann vermittelt die hier beschriebene Ärztin wesentlich mehr Zugewandtheit und damit für Frau E. das Gefühl, wichtig genommen zu werden. Die Ärztin signalisiert Frau E. zudem dauerhafte Erreichbarkeit. Auch hier ziehe ich einen Vergleich: Frau B. versucht in einer sehr ähnlichen Situation die ihr genannte Ärztin zu erreichen, was ihr einen ganzen Tag lang nicht glückt. Die Situation, die Frau E. beschreibt, drückt aus: „Sie sind es wert, dass ich mich um Sie bemühe, Ihren Bedürfnissen nach Information nachkomme". Hinzu kommt, dass das Bild, das man im Allgemeinen von einer Krankenhausärztin hat, das einer sehr beschäftigten Frau ist (*„immer am Rennen"*). Trotzdem scheint diese Ärztin mit dem abendlichen Kom-

---

[63] Der Aspekt der Bedeutsamkeit oder auch Sinnhaftigkeit (meaningfulness) stellt das motivationale Element des Kohärenzgefühls dar. Die Komponente Bedeutsamkeit bezieht sich auf das *„Ausmaß, in dem man das Leben emotional als sinnvoll empfindet"* (Antonovsky, 1997, 35). Vom Leben gestellte Anforderungen erscheinen es wert zu sein, dass die Person in sie investiert, sich ihnen verpflichtet. Diese Anforderungen erscheinen eher als willkommene Herausforderungen denn als Lasten, auch wenn man nicht glücklich über sie sein muss (vgl. Kap. 2.1.6.2.4).

men zu sagen: „Ihre Gesundung ist es mir wert, trotz eines langen Arbeitstages länger zu bleiben".

Die Depressionen und die Löcher, in die sie, wie sie sagt, *„hineinpurzelt"*, zeugen von verlorener Bedeutsamkeit. Hier stellt die Ärztin eine wichtige Ressource dar, das Ausmaß an Bedeutsamkeit, das Frau E. empfindet, wieder zu erhöhen. Suche ich nach Parallelen zu den oben aufgeführten Widerstandsressourcen, dann ist es wohl das *als Person wahrgenommen werden*, das vorrangig die Bedeutsamkeit stärken kann.

5.2.4   Zusammenfassung

Der Versuch, die Stärkung des Kohärenzgefühls mit seinen positiven Auswirkungen auf Gesundheit zu betrachten, bestätigt die obigen Ergebnisse, dass das Verhalten der im Krankenhaus Tätigen eine heilsame Ressource für Patientinnen und Patienten darstellen kann. Folge ich der salutogenetischen Argumentation von Antonovsky, dann kann auf diesem Weg – und zwar über das Gefühl, nett behandelt zu werden hinaus – die Gesundheit einer Person nachhaltig gefördert werden. Im Gegenzug bedeutet es aber auch, dass eine Behandlung und Betreuung, die an der Individualität der kranken Person vorbei geht, nicht nur für die Betroffene/ den Betroffenen unangenehm, sondern der Gesundung abträglich ist. Dieser Wirkzusammenhang muss sich nicht auf das Verhalten der im Krankenhaus Tätigen beschränken, wie es die Bearbeitung des exemplarischen Beispiels vermuten lässt. Auch die Gestaltung des Krankenhausgebäudes vermittelt beispielsweise Botschaften, die die Verstehbarkeit, Handhabbarkeit und Bedeutsamkeit stärken/ schwächen können. Ebenso kann hier im Krankenhaus zur Verfügung stehendes Informationsmaterial (Verstehbarkeit) oder ähnliches aufgeführt werden.

Ich erachte diesen Ansatz für die Förderung von Gesundheit im Krankenhaus als sehr produktiv, zeigt er doch plausibel, wie ausschlaggebend es für die Gesundung eines kranken Menschen sein kann, welche Erfahrungen sie/ er im Kontakt mit dem Gesundheitssystem macht. Es ist nicht nur angenehmer, wenn man freundlich behandelt wird, es tröstet nicht nur über die Strapazen der Krankheit und der Behandlung hinweg (obwohl damit auch schon viel geholfen wäre!), sondern eine das Kohärenzgefühl erhöhende Behandlung kann selber zu einer heilsamen Ressource werden, indem sie Erfahrungen schafft, die sich positiv auf das Selbstgefühl und das Kohärenzgefühl der Person auswirken. Über eine Stärkung der Verstehbarkeit,

Handhabbarkeit und Bedeutsamkeit kann somit eine Bewegung auf dem Gesundheits-Krankheits-Kontinuum bewirkt werden, die, unabhängig von ihrer tatsächlichen Position, in Richtung des positiven Pols geht. Es hat sich jedoch, wie bereits erwähnt, auch gezeigt, dass sich auf diese Weise keine neuen Kategorien finden lassen, die über die Betrachtung der Widerstandsressourcen hinaus aufzeigen, welche Aspekte des Krankenhauses Gesundheit unterstützend wirken. Es handelt sich bei der „Stärkung des Kohärenzgefühls durch das Krankenhaus" um einen weiteren Blickwinkel auf das Datenmaterial, eine Beschreibungsvariante, die die vorherigen Ergebnisse (Kap. 5.1) untermauert.

5.3 Zusammenfassung der Auswertung

Im Zuge der Interviewauswertung hat es sich herausgestellt, dass durch die große Unterschiedlichkeit der Erzählungen – bezüglich einzelner Themen/ Perspektiven aber auch deren Gewichtung – es hier nicht sinnvoll erscheint, Aussagen auf der Ebene der allgemeinen Relevanz eines Themas in den Fokus zu stellen. Ich konnte keine Kategorie finden, von der ich mit gutem Gewissen behaupten konnte, sie wäre im Erleben aller meiner Interviewpartnerinnen und -partner der allgemein wichtigste oder zentralste Aspekt der stationären Behandlung und Betreuung.

Und so bietet sich als Antwort auf meine Forschungsfrage dieser Untersuchung – *Wie kann das Krankenhausmilieu eine unterstützende Ressource für die Gesundung sein?* – folgendes an: *Es ist neben einer Stärkung des Kohärenzgefühls der Patientinnen und Patienten vor allem eine Frage der Passung zwischen den subjektiven Erwartungen der von Krankheit Betroffenen und den vom Krankenhaus angebotenen, heilsamen Widerstandsressourcen.*

Als konstituierende Faktoren der subjektiven Erwartungen habe ich dabei die subjektiven Gesundheits- und Krankheitsvorstellungen, bisherige Erfahrungen mit der Institution Krankenhaus, Aspekte der Erkrankung(sphase) und die individuellen Bedürfnisse der betroffenen Person beschrieben. Aber auch die Persönlichkeit, die Biographie, der Bildungsstand etc. spielen hier eine Rolle. Die Rahmenbedingungen der Behandlung und Betreuung im Krankenhaus waren bereits in Kap. 2.2 beschrieben worden. Es galt nun, die in den Interviews beschriebenen Aspekte der stationären Behandlung und Betreuung auf ihre Gesundheit unterstützende beziehungsweise hemmende Wirkung hin zu untersuchen.

An dieser Stelle habe ich festgestellt, dass sich ein Teil der Hilfen und Hindernisse, von denen die Interviewten berichteten, unter vier generalisierte Widerstandsressourcen von Antonovsky eingliedern ließen: *Wissen – Ich-Identität – Copingstrategien – soziale Unterstützung.* Dies hatte den Vorteil, dass Antonovsky diese Widerstandsressourcen auf einem Kontinuum mit Widerstandsdefiziten entworfen hat. Den Standpunkt darauf verknüpft er mit Gesundheit, da die Widerstandsressourcen/ -defizite, die einer Person zur Verfügung stehen, Auswirkungen auf das Ausmaß ihres Kohärenzgefühls haben. Das Kohärenzgefühl wiederum ist eng mit der Gesundheit der Person verknüpft.

Beziehe ich in diese Überlegungen die Erweiterung des Salutogenesemodells durch das Konzept der alltäglichen Identitätsarbeit (Straus, Höfer, 1997; Keupp et al., 2006) ein, das Höfer (2000) entwickelt hat – die hier zentrale Neuerung ist die Konzeptualisierung des Kohärenzgefühls als dauerhaft veränderliche Größe – so zeigt sich, dass es auf dem Weg über die Widerstandsressourcen eine Möglichkeit gibt, das Kohärenzgefühl einer Person zu stärken und somit Gesundheit zu fördern. Diese Zusammenhänge können auch in die Gegenrichtung wirken. Stehen weniger generalisierte Widerstandsressourcen zur Verfügung, und existieren mehr Widerstandsdefizite, wird das Ausmaß an Kohärenz, das die betroffene Person erlebt, verringert. Dies hat dann negative Auswirkungen auf die Gesundheit.

Die Erfahrungen, die eine kranke Person im Krankenhaus macht – betrachte ich sie unter dem Aspekt von generalisierten Widerstandsressourcen und -defiziten – können also das erlebte Ausmaß an Kohärenz beeinflussen und so auf die Gesundheit der betroffenen Person positiv wie auch negativ einwirken.

Antonovsky nannte seine Widerstandsressourcen *generalisiert*, da er der Meinung war, dass sie allgemein sind und auf alle Situationen Auswirkungen haben. Ich konnte nur einen Teil der in den Interviews erwähnten Hilfen und Hindernisse für die Gesundung in seine Liste von generalisierten Widerstandsressourcen eingliedern. Daraus schloss ich, dass es auch spezifisch wirkende Widerstandsressourcen gibt, die speziell auf eine Situation – hier das Krankenhaussetting, dasselbe lässt sich aber auch für andere Settings denken – Auswirkungen haben. Aus den Interviews habe ich in diesem Zusammenhang die Aspekte *als Person wahrgenommen werden, Zeit, Autonomie, Umgang mit Schock und Angst, die Qualität der medizinischen Behandlung, die Räumlichkeiten* und *Auswirkungen der aktuellen Entwicklungen im Gesundheitswesen* herausgearbeitet.

Ich habe noch auf einem zweiten Weg gezeigt, wie sich die Stärkung des Kohärenzgefühls auf den Gesundheitszustand einer Person im Krankenhaus auswirken kann. In Kap. 5.2 habe ich eine Interaktion im Krankenhaus aus einem Interview exemplarisch beschrieben und dabei herausgearbeitet, dass eine Stärkung der Verstehbarkeit, der Handhabbarkeit und der Bedeutsamkeit, und somit eine Stärkung des Kohärenzgefühls positiv im Sinne einer Hilfe für die Gesundung bewertet wurde. Welches Verhalten oder welche Maßnahmen jedoch die drei Komponenten des Kohärenzgefühls stärken können, kann auch hier nur aus der Beachtung der subjektiven Erwartungen der einzelnen Person entschieden werden.

Dieser Gedanke der Passung kommt so nicht bei Antonovsky vor. Seine Konsequenzen für die Stärkung[64] des Kohärenzgefühls lauten:

> „The more the patient is perceived as a total person, the better. The more the focus is on the needs of the patient, the better. The more decision-making power rests in the hands of the patient, the better" (Antonovsky, 1981, 208).

Auch wenn das Fokussieren auf die Bedürfnisse der Patientin/ des Patienten nahelegt, dass Antonovsky das individuelle Wahrnehmen der Person als wichtig erachtet, so können sich hier all die Patientinnen und Patienten nicht wiederfinden, die *nicht* beachtet werden wollen, *nicht* entscheiden wollen. Er geht davon aus, dass ein Mehr an Zuwendung auch immer ein Mehr an Widerstandsressourcen ist. In diesem Sinne erachte ich es, auf der Grundlage der in dieser Untersuchung herausgearbeiteten Ergebnisse, als Erfolg versprechend, das Salutogenesemodell zu erweitern: neben der Erweiterung um Aspekte des Modelles der alltäglichen Identitätsarbeit durch Höfer (2000) und um das Gesundheitshandeln und Gesundheitsbewusstsein nach Faltermaier (1994a) auch um den Aspekt der Passung zwischen den subjektiven Erwartungen und den Ressourcen, die das Krankenhaus anbieten kann. Auf diese Weise entsteht ein Modell, das die subjektiven Erwartungen der Patientinnen und Patienten ernst nimmt, und sie als wichtigen Faktor bei der Gestaltung der individuellen Behandlung und Betreuung nutzt.

Nur wenn die subjektiven Sichtweisen, und daraus resultierend die Bedürfnisse und Erwartungen der einzelnen Patientinnen und Patienten, einen Platz im Krankenhaussetting bekommen – das heißt, dass sie erfragt und ernst genommen werden, also den Betroffenen der Raum gelassen wird, sie auszudrücken – entsteht überhaupt die Möglichkeit, auf die subjektiven Erwartungen der Einzelnen einzugehen. Ist dies nicht gewährleistet, kann die hier angesprochene Passung keine

---

[64] Wie bereits beschrieben, geht Antonovsky in seiner ersten größeren Veröffentlichung zur Salutogenese, dem Buch *„Health Stress and Coping"* (1979/ 1981) noch davon aus, dass es auch im Erwachsenenalter Einflussmöglichkeiten auf das Kohärenzgefühl gibt.

systematische, sondern immer nur eine zufällige sein. Es geht also um eine personen- und nicht nur um eine diagnoseorientierte Behandlung.

Die Wahrnehmung der Individualität und das Abstimmen der Behandlung und Betreuung hierauf darf nicht als Störgröße im Stationsalltag gesehen werden, sondern als Schlüssel für die Gesundung.

6 Implikationen für das Krankenhaus

Die Auswertung meiner Interviews zusammenfassend, habe ich festgestellt, dass es von großer Relevanz ist, dass die subjektiven Sichtweisen von Patientinnen und Patienten ihre Krankheit und deren Behandlung betreffend Raum im Krankenhaus bedürfen, und dass das Krankenhaus diese Sichtweisen ernst nehmen und in die Behandlung und Betreuung einbeziehen muss. Was bedeutet dies nun konkret für das Krankenhaus?

An dieser Stelle, an der der Fokus auf den Konsequenzen der Untersuchung für das untersuchte Feld liegt, bedarf es zunächst einer Klärung der Rolle, die qualitative Forschung innehat, wenn es darum geht, Ergebnisse auf das beforschte Feld anzuwenden. Ich schließe mich Breuer an, der die Rolle der qualitativen Forschung wie folgt expliziert:

> „Unser Forschungsstil bringt typischerweise nicht Resultate in Form rezepthafter Interventionsmaßnahmen hervor. Er ist vielmehr in stärkerem Maße dazu angetan, neuartige bzw. veränderte Seh- und Blickweisen, Beschreibungsvarianten, Herangehensformen, Problematisierungs-Modalitäten u.ä. zu bahnen bzw. zu evozieren" (Breuer, 1996, 36).

Bei der Bearbeitung meiner Forschungsfrage habe ich es (im Sinne einer „Dezentrierung", ebd., 34) als Vorteil gesehen, dass meine Perspektive auf das Feld eine von außen blickende ist. Bei der *Formulierung von Konsequenzen* sehe ich mich nicht in der Rolle, konkrete Handlungsanweisungen von meiner außenstehenden Perspektive aus zu formulieren. Die von mir vorgelegte „Beschreibungsvariante" der Behandlung und Betreuung im Krankenhaus ermöglicht es mir jedoch, in diesem abschließenden Abschnitt eine Richtung zu benennen, in die die Ergebnisse dieser Untersuchung weisen. Konkrete Ausarbeitungen, wie es zum Beispiel ein ausformulierter Fragebogen zur Sozialanamnese wäre, den Pflegekräfte am Tag der Aufnahme mit der Patientin/ dem Patienten beantworten, kann in meinen Augen erst der nächste Schritt sein, den die im Feld Arbeitenden, nach einer von mir favorisierten Sensibilisierung in Bezug auf die subjektiven Sichtweisen, Bedürfnisse und Erwartungen der Patientinnen und Patienten, der speziellen Situation auf ihrer Station und den vorhandenen dortigen Ressourcen entsprechend, entwerfen könnten. Ich bin der Meinung, dass zuvor auch die Erfahrungen und Meinungen der im Krankenhaus Tätigen im Rahmen einer ähnlichen Studie wie dieser erfragt und ausgewertet werden müssten – zu einer Passung gehören immer zwei Seiten. Auch kann es nicht im Sinne einer Untersuchung sein, deren Ansatz die Fokussierung auf die individuellen Sichtweisen und Situationen ist, pauschale Verbesserungsvorschläge für das Krankenhaus im Allgemeinen zu formulieren. Wohl zeichnen sich aber Themenkomplexe ab, die zentral für die Umsetzung meiner Ergebnisse sind und die im Folgenden genauer beleuchtet werden sollen.

Zuvor geht es mir an dieser Stelle wiederum um die Sichtweise der Betroffenen. Ich habe meine Interviewpartnerinnen und -partner in ihrer Expertenrolle nach ihren Verbesserungsvorschlägen für das Krankenhaus gefragt. Und, wie sollte es anders sein, auch hier gibt es neben einigen Ähnlichkeiten viele individuelle Unterschiede. Zum Teil beziehen sich die genannten Verbesserungsvorschläge speziell auf die eigenen Erlebnisse, zum Teil zielen sie auf strukturelle Verbesserungen ab:

Frau M. wünscht sich mehr Vernetzung zwischen den einzelnen Stationen und eine koordinierende Person, die während des Krankenhausaufenthaltes, den ambulanten Therapien und auch danach Ansprechperson für verschiedenste Fragen ist.

Frau B. wünscht sich auch eine konstante behandelnde Person, die sie kennt, bei der sie nicht jedes Mal wieder alles von vorne erzählen muss, und die auch weiß, wie die Patientin „psychisch drauf" ist. Des Weiteren sieht sie große Verbesserungsmöglichkeiten bei der Mitteilung der Therapieentscheidung – in Bezug auf Einfühlsamkeit, Informationen und Mitbestimmung.

Frau F. wünscht sich mehr Gesprächsangebote, „dass mal wer nur durchginge" und fragen würde, ob man ein Gespräch wünscht. Außerdem sieht sie Verbesserungspotentiale bei der Verteilung der finanziellen Ressourcen zwischen Hotelleistungen und Pflege.

Frau A. wünscht sich eine einfühlsamere Mitteilung der Diagnose und eine umfassendere Information zu Beginn der Behandlung.

Frau C. möchte Dreibettzimmer abschaffen, um Patientinnen und Patienten mehr Möglichkeiten zur Ruhe im Krankenhaus zu geben.

Frau E. fordert rauchfreie Krankenhäuser. Sie ist der Meinung, dass das die behandelnden Ärztinnen und Ärzte doch frustrieren muss, wenn sie sich für die Gesundheit von onkologischen Patientinnen/ Patienten einsetzen, diese aber ein paar Zimmer weiter stehen und rauchen. Auch sie möchte Zimmer mit weniger Betten und mehr Mitbestimmung bei Therapieentscheidungen, was in ihren Augen wiederum mehr Informationen voraussetzt.

Frau W. wäre gerne mehr über die Risiken des Brustaufbaus aufgeklärt worden.

Herr N. argumentiert aus seiner Innenperspektive als Krankenpfleger. Das Krankenhaus soll die jungen, engagierten Mitarbeiter, deren Arbeit er während seines

Krankenhausaufenthaltes so geschätzt hat, nicht behindern sondern fördern (er sieht das Problem u.a. in befristeten Verträgen ohne Zukunftsaussichten).

Herr H. fordert rauchfreie Krankenhäuser, da für ihn der Kampf gegen Krebs nicht mit Rauchen zusammenpasst. Zudem sieht er auf organisatorischer Ebene Verbesserungsbedarf. Die Aufnahmemodalitäten bei Ankunft im Krankenhaus benötigen unheimlich viel Zeit. Zum Teil dauerte es bei ihm bis zu vier Stunden, bis alle Eingangsuntersuchungen durchgeführt und alle bürokratischen Fragen geklärt waren. Das ist für Betroffene sehr belastend. Auch wünscht er sich ein individuelleres Vorgehen, zum Beispiel die Zusammenstellung des Essens betreffend.

Herr K. bezieht seine Verbesserungsvorschläge auf bauliche Veränderungen und die Gestaltung der Krankenzimmer: er wünscht sich Bilder an den Wänden, weniger Weiß, aber auch behindertengerechte Eingänge.

Diese vielfältigen Verbesserungsvorschläge zielen allesamt in ihrer Konsequenz auf eine Verbesserung der Widerstandsressourcen ab. Versorgt werden, gekannt werden, Bescheid wissen, individuelle Bedürfnisse befriedigt wissen, wohlfühlen: in verschiedener Ausprägung und Gewichtung verbessern die Vorschläge der befragten Menschen eine auf sie persönlich zugeschnittene Behandlung und Betreuung im Krankenhaus.

Bei der Auswertung der Interviews bin ich zu dem Schluss gekommen, dass der Zugang zur Frage nach der die Gesundung unterstützenden Wirkung des Krankenhauses über die Passung zwischen subjektiven Erwartungen der Patientinnen und Patienten und den vom Krankenhaus angebotenen heilsamen Ressourcen Erfolg versprechend ist. Ich sehe verschiedene Voraussetzungen, die erfüllt sein müssen, um dies im Krankenhaus realisieren zu können.

Das Konzept der subjektiven Vorstellungen von Gesundheit und Krankheit ist derzeit nicht im biomedizinischen Denken, das die deutsche Krankenhauslandschaft beherrscht, verankert. Ebenso ist der salutogenetische Ansatz, über Gesundheit und Krankheit nachzudenken, und so auch die Widerstandsressourcen und -defizite einer Person zu betrachten, nicht der krankenhausübliche Weg. An dieser Stelle sei nochmals erwähnt, dass es derzeit viele Projekte auf einzelnen Stationen oder auch in Krankenhäusern überhaupt gibt, die mehr Patientenorientiertheit und mehr Einbeziehung der Sichtweisen und Bedürfnisse der Betroffenen bezwecken[65].

---

[65] Auch finden schon lange Veranstaltungen statt, die im Sinne eines Forums als Potential für das Gesundheitswesen gelten wollen, das in den subjektiven Sichtweisen der Patientinnen und Patienten

Diese Bemühungen möchte ich keineswegs herabwürdigen, wenn ich von „dem Krankenhaus", in dem Veränderungsbedarf besteht, schreibe; die Mehrzahl der stationär behandelten Patientinnen und Patienten in Deutschland erlebt jedoch derzeit eine vergleichbare Situation, wie sie die von mir interviewten Menschen beschreiben. Sie erfahren eine nicht systematisierte Einbeziehung der Patientensicht und eine nicht systematisierte Beachtung der personalen Ressourcen und Defizite für die Gesundung der Person und eine nicht systematisch darauf abgestimmte Behandlung.

Und noch eine Anmerkung möchte ich an dieser Stelle machen. Es ist eine Utopie zu glauben, in einer derart komplexen Institution wie dem Krankenhaus könne es eine uneingeschränkte Berücksichtigung der individuellen Sichtweisen und Bedürfnisse geben. Dies ist aber auch nicht das Ziel meiner Ausführungen. Es geht darum, die Gewichtung zu verschieben – weniger institutions- und mehr individuumszentrierte Behandlung und Betreuung. Aus den Interviews wurde deutlich, dass die Interviewten die Situation durchaus realistisch einschätzten. Die meisten waren dankbar und zufrieden, wenn sie das Gefühl haben konnten, in den eigenen Bedürfnissen, die sie in dieser Situation hatten, nur ein Stück weit wahrgenommen zu werden. Alle waren sich darüber im Klaren, dass gewisse Abstriche an Individualität und Selbstbestimmung zu einem Krankenhausaufenthalt unausweichlich dazu gehören.

Es ist also ein interessierter, unvoreingenommener Blick auf die einzelne Person, der letztlich zu mehr Gesundung führen kann. Dem muss jedoch zuerst eine Sensibilisierung der im Krankenhaus Tätigen für Konzepte wie subjektive Krankheits- und Gesundheitsvorstellungen und die Salutogenese vorausgehen. Das Gesundheitssystem muss zudem dem Krankenhaus Raum geben, einerseits den Blick auf den Einzelnen richten und andererseits auch auf die Situation der Einzelnen reagieren zu können. Dies bedeutet, dass eine zunehmende Orientierung der Behandlung und Betreuung im Krankenhaus an der Sichtweise und der persönlichen Situation der einzelnen Betroffenen letztlich nur durch strukturelle Veränderungen systematisiert werden kann.

Dazu gehört als wichtiger Faktor, die Theorien zu subjektiven Sichtweisen und das Ressourcenmodell nach Antonovsky in die Ausbildung der im Krankenhaus Tätigen einzubeziehen. Allem voraus sollten das Medizinstudium und die Krankenpflegeausbildung ein multidimensionales Bild von Gesundheit und Krankheit,

---

liegt. Als Beispiel sei die internationale Tagung über „Patientenrechte und Patientenunterstützung in Europa" (Hamburg, 1997) genannt (Ruprecht, 1998, 7).

wie es in Kap. 2.1.8 beschrieben ist, vermitteln. Es ist die Basis für das Verständnis, warum subjektive Konzepte und Widerstandsressourcen in den Behandlungsprozess mit einbezogen werden sollen. Auch geht es darum (wie schon oft gefordert, doch nur zögerlich in die Realität umgesetzt), in den verschiedenen Ausbildungswegen für Tätigkeiten im Krankenhaus vermehrt kommunikative Fähigkeiten zu fördern.

Damit eine Ressourcenverteilung stattfinden kann, die Individuumszentriertheit nicht verhindert sondern fördert, ist die Einsicht, dass Gesundung durch eine auf die einzelne Person abgestimmte Behandlung und Betreuung unterstützt werden kann, auch auf politischer Ebene notwendig. Ich bezweifle, vor allem mit dem Blick auf die Ergebnisse dieser Studie, dass die derzeit herrschende Praxis, das Gesundheitswesen mit weniger finanziellen, personellen etc. Ressourcen zu versehen, das Resultat hat, dass Gesundheit dann auch weniger kostet. Vor allem bei chronisch Kranken geht diese Rechnung gewiss nicht auf. Die meisten Menschen, die längerfristig mit einer Krankheit leben müssen, brauchen – selbst aus ökonomischer Sicht! – Hilfen bei der Bewältigung ihrer Situation. Und in Zeiten einer immer älter werdenden Gesellschaft, in der es mehr und mehr chronisch erkrankte Menschen geben wird, ist ein Investieren in Gesundheit ja vielleicht sogar rentabler als strikte Kürzungen...

Eine Krankenhausorganisation, die Raum und Möglichkeiten schafft, nicht nur den medizinischen Blick auf einen kranken Menschen zu richten, benötigt Mitarbeiterinnen und Mitarbeiter, die fragen und zuhören – die darin einen Sinn für die Behandlung/ Betreuung sehen und Zeit dafür haben. Erst wenn diese Voraussetzungen geschaffen worden sind, kann über einzelne Maßnahmen nachgedacht werden.

Diese könnten zum Beispiel in die Richtung gehen, wie sie einige meiner Interviewpartnerinnen und -partner angesprochen haben. Sie wünschten sich eine zentrale Ansprechperson im Krankenhaus, die die Patientin/ den Patienten persönlich kennt, und die auch über die stationäre Phase hinaus ansprechbar bleibt, da für die Betroffenen die Auseinandersetzung mit der Krankheit nicht mit der Krankenhausentlassung endet. Die Elemente der Behandlung/ Betreuung, die sich in der Auswertung als zentrale Ressourcen für die Gesundung herauskristallisiert haben, zum Beispiel als Person wahrgenommen werden, soziale Unterstützung, Information, etc., könnten auf diesem Weg in größerem Maße durch das Krankenhaus zur Verfügung gestellt werden.

Auch eine ausführliche Sozialanamnese, die dem Krankenhaus die Möglichkeit bietet, etwas über die vorhandenen Widerstandsressourcen und -defizite zu erfahren, aber auch subjektiven Sichtweisen auf die Krankheit und ihre Behandlung Raum gibt, kann eine wichtige Voraussetzung dafür sein, dass eine Passung zwischen den individuellen Erwartungen und der Behandlung/ Betreuung im Krankenhaus entstehen und somit Gesundheit gefördert werden kann. Erfahren die im Krankenhaus Tätigen etwas über die Widerstandsressourcen, die eine Patientin/ ein Patient ins Krankenhaus „mitbringt", kann dies auch zu einer Entlastung für die Betreuenden werden, da sie dann wissen, was sie alles *nicht* leisten müssen.

Auch eine Stärkung des Expertenstatus von Patientinnen und Patienten möchte ich hier als Konsequenz aus meinen Ergebnissen befürworten. Das hier gewählte Forschungsdesign (Betroffene werden zu ihren Erfahrungen mit der Institution Krankenhaus befragt), aber auch die vielfältigen und aussagekräftigen Ergebnisse dieser Studie sollen dem Wert des Wissens der Betroffenen Ausdruck verleihen. Was in Großbritannien bereits praktiziert wird, könnte auch hier zu mehr Patientenorientierung und letztlich mehr Qualität der Behandlung und Betreuung im Krankenhaus beitragen: Clubs ehemaliger Patientinnen und Patienten beraten Krankenhäuser in Bezug auf eine Verbesserung der Behandlung und Betreuung. Wer könnte denn besser beurteilen, wie unterstützend oder behindernd sich ein Krankenhausaufenthalt auf die Gesundung ausgewirkt hat?

Nachdem ich mich im Zuge dieser Untersuchung sehr lange und sehr intensiv – zunächst theoretisch, später vor allem durch die Erzählungen meiner Interviewpartnerinnen und -partner – mit der derzeitigen Situation im Krankenhaus beschäftigt habe, spüre ich eigentlich das Bedürfnis, ein konkretes „Ergebnis" präsentieren zu wollen. Ein Rezept gegen die Missstände, die ich gesehen habe und ein Rezept, das die positiven Erfahrungen, von denen mir berichtet wurde, auf alle Patientinnen und Patienten übertragen kann – eine einfache Lösung.

Die Gründe, warum dies nicht möglich ist, habe ich bereits beschrieben. Zunächst können von außen kommende Rezepte nicht das Ziel qualitativer Forschung sein. Weiter ist die Situation zu komplex, und die Antwort auf meine Forschungsfrage habe ich durch eine jeweils individuelle Passung beschrieben. Doch ich denke, der schwerwiegendste Grund, warum an dieser Stelle keine wirklichen Lösungen/ Lösungsansätze stehen können, keine konkreten Konsequenzen formuliert werden können, und auch warum dieses Thema in verschiedenen Variationen schon lange beschrieben wird (sich im Vergleich dazu aber noch wenig verändert hat), liegt in den immer noch vorherrschenden biomedizinischen Vorstellungen, die zu Gesundheit und Krankheit existieren. Damit schließt sich der Kreis dieser Studie, der mit den theoretischen Rahmenbedingungen begonnen und ein mehrdimensionales, prozesshaftes, subjektive Sichtweisen einbeziehendes Bild von Gesundheit formuliert hatte. An dieser Stelle liegt der Schlüssel für die sich in dieser Studie herauskristallisierten Verbesserungsmöglichkeiten.

Zu Beginn meiner Forschungsarbeit stand die Beobachtung, dass kleine Dinge große Wirkung für schwer kranke Patientinnen und Patienten haben können – die Hand gehalten bekommen, eine Ärztin/ ein Arzt setzt sich auf die Bettkante und hört zu, oder ein beruhigendes Wort. Im Laufe meiner Untersuchung habe ich jedoch festgestellt, dass diese kleinen Dinge im Sinne von Widerstandsressourcen nur helfen können, wenn sie mit den Erwartungen und so auch den Bedürfnissen der Patientinnen und Patienten übereinstimmen. Damit diese Übereinstimmung jedoch nicht nur zufällig, sondern systematisch stattfinden kann, bin ich nun, am Ende meiner Untersuchung, bei Forderungen an das Gesundheitssystem angelangt. Es bedarf, um diesen Erfolg versprechenden Weg zu gehen, einerseits auf der Ebene der im Krankenhaus Tätigen einer Sensibilisierung für subjektive Sichtweisen und für die Widerstandsressourcen der einzelnen kranken Person. Andererseits müssen auch strukturelle Rahmenbedingungen geschaffen werden, die es ermöglichen, dass die Individualität der erkrankten Menschen gesehen und ernst genommen werden kann, und die den im Krankenhaus Tätigen Freiräume bietet, auf die Individualität der Patientinnen und Patienten zu reagieren.

Literaturverzeichnis

Alvarez, L. (2004). The Healing Begins with a Design. The New York Times/ Süddeutsche Zeitung, 20.9.2004, 12.

Antonovsky, A. (1981). Health, Stress and Coping. New Perspectives in Mental and Physical Well-Being. 3rd ed. San Francisco: Jossey-Bass.

Antonovsky, A. (1993). Gesundheitsforschung versus Krankheitsforschung. In: Franke, A.; Broda, M. (Hrsg.). Psychosomatische Gesundheit. Versuch einer Abkehr vom Pathogenese-Konzept. Tübingen: dgvt, 3-14.

Antonovsky, A. (1997). Salutogenese: Zur Entmystifizierung der Gesundheit. Tübingen: dgvt.

Aust, B. (1994). Zufriedene Patienten? Eine kritische Diskussion von Zufriedenheitsuntersuchungen in der gesundheitlichen Versorgung. Veröffentlichungsreihe der Forschungsgruppe Gesundheitsrisiken und Präventionspolitik. Berlin: Wissenschaftszentrum für Sozialforschung, Nr. P94-201.

Bahrdt, H. P. (1975). Erzählte Lebensgeschichten von Arbeitern. In: Osterland, M. (Hrsg.). Arbeitssituation, Lebenslage und Konfliktpotential. Frankfurt: Europäische Verlagsanstalt.

Bandura, A. (1977). Self-efficacy. Toward a unifying theory of behavioral change. Psychological Review, 84, 191-215.

Bandura, A. (1982). Self-efficacy mechanism in human agency. American Psychologist, 37, 122-147.

Bartholomeyczik, S. (1993). Arbeitssituation und Arbeitsbelastung beim Pflegepersonal im Krankenhaus. In: Badura, B.; Feuerstein, G.; Schott, Th. (Hrsg.). System Krankenhaus. Arbeit, Technik und Patientenorientierung. Weinheim, München: Juventa, 83-99.

Becker, H. (1984). Die Bedeutung der subjektiven Krankheitstheorie für die Arzt-Patient-Beziehung. Psychotherapie, Psychosomatik, Med. Psychologie (34), 313-321.

Becker, P. (1992). Seelische Gesundheit als protektive Persönlichkeitseigenschaft. Zeitschrift für Klinische Psychologie, Band 21 (1), 64-75.

Begemann, H. (1986). Der Krebs als Herausforderung der medizinischen Wissenschaft. Ergebnisse und Perspektiven humanmedizinischer Krebsforschung. In:

Schmidt, W. (Hrsg.). Jenseits der Normalität: Leben mit Krebs. München: Kaiser, 62-77.

Bengel, J.; Belz-Merk, M. (1996). Subjektive Gesundheitsvorstellungen. In: Schwarzer, R. (Hrsg.). Gesundheitspsychologie. Ein Lehrbuch. 2. Aufl. Göttingen: Hogrefe, 23-41.

Bengel, J.; Strittmatter, R.; Willmann, H. (2001). Was erhält Menschen gesund? Antonovskys Modell der Salutogenese – Diskussionstand und Stellenwert. Eine Expertise. Erw. Neuauflage. Köln: Bundeszentrale für gesundheitliche Aufklärung (BzgA).

Bergold, J.; Breuer, F. (1992). Zum Verhältnis von Gegenstand und Forschungsmethoden in der Psychologie. Journal für Psychologie, 1 (1), 24-35.

Berr, C. (2005). Das Krankenhauswesen in Vergangenheit, Gegenwart und Zukunft. Eine kritische Analyse unter besonderer Beachtung der bayerischen Regierungsbezirke Mittelfranken und Oberpfalz. Schriften zur Sozialpolitik, Bd. 17. Weiden; Regensburg: eurotrans.

Bettex, M. C. (1986). Die Selbstbegegnung in der Krebserkrankung. Ergebnisse der Psychoonkologie. In: Schmidt, W. (Hrsg.). Jenseits der Normalität: Leben mit Krebs. München, Kaiser, 80-97.

Beutel, M. (1989). Was schützt Gesundheit? Zum Forschungsstand und der Bedeutung von personalen Ressourcen in der Bewältigung von Alltagsbelastungen und Lebensereignissen. Psychotherapie, medizinische Psychologie, 39, 452-462.

Bircher, J.; Wehkamp, K.-H. (2006). Das ungenutzte Potential der Medizin. Analyse von Gesundheit und Krankheit zu Beginn des 21. Jahrhunderts. Zürich: rüffer und rub.

Bischoff, C. (1992). Frauen in der Krankenpflege. Zur Entwicklung der Frauenrolle und Frauenberufstätigkeit im 19. und 20. Jahrhundert. Frankfurt/ M.; New York: Campus.

Bischoff, C.; Zenz, H. (Hrsg.) (1989). Patientenkonzepte von Körper und Krankheit. Bern; Göttingen: Hans Huber.

Blech, J. (2007). Wundermittel im Kopf. In: Spiegel Special 6, Gesund und glücklich. Hamburg: Spiegel-Verlag, 7-17.

Bleker, J. (1996). Die medizinische Funktion des frühmodernen Krankenhauses. In: Labisch, A.; Spress, R. (Hrsg.). „Einem jeden Kranken in einem Hospitale sein eigenes Bett". Zur Sozialgeschichte des Allgemeinen Krankenhauses in Deutschland im 19. Jahrhundert. Frankfurt/ M.; New York: Campus, 123-144.

Blumer, H. (1954). What is wrong with Social Theory. In: American Sociological Review, 19, 3-10.

Böhm, A. (1993). Patienten im Krankenhaus: Zur psychischen Bewältigung von operativen Eingriffen. Wiesbaden: Deutscher Universitätsverlag.

Bohleber, W. (1997). Zur Bedeutung der neueren Säuglingsforschung für die psychoanalytische Theorie der Identität. In: Keupp, H.; Höfer, R. (Hrsg.). Identitätsarbeit heute. Klassische und aktuelle Perspektiven der Identitätsforschung. Frankfurt/M.: Suhrkamp, 93-119.

Braun, B.; Kühn, H.; Reiners, H. (1998). Das Märchen von der Kostenexplosion. Populäre Irrtümer zur Gesundheitspolitik. 2. Aufl. Frankfurt/ M.: Fischer.

Braun, O. (1994). Menschen im Krankenhaus. Ein Beitrag zur Humanität in der Heilkunde. Hagen: Brigitte Kunz.

Breuer, F. (1996). Theoretische und methodologische Grundlinien unseres Forschungsstils. In: Breuer, F. (Hrsg.). Qualitative Psychologie. Grundlagen, Methoden und Anwendungen eines Forschungsstils. Opladen: Westdeutscher Verlag, 14-40.

Bruckenberger, E. (2006). Versorgungsanalyse der deutschen Krankenhäuser. In: Bruckenberger, E.; Klaue, S.; Schwintowski, H. P. (Hrsg.). Krankenhausmärkte zwischen Regulierung und Wettbewerb. Berlin: Springer, 25-103.

Brucks, U. (1998). Salutogenese – der nächstmögliche Schritt in der Entwicklung medizinischen Denkens? In: Schüffel, W. et al. (Hrsg.). Handbuch der Salutogenese. Wiesbaden: Ullstein Medical, 23-36.

Bundesärztekammer (2008). Deutsches Ärzteblatt, Jg. 105, Heft 38, 19.9.2008.

Bundesministerium für Gesundheit und Soziales (BMGS) (2002). Patientencharta. http://www.bmgs.bund.de/publikationen/gesundheit, Zugriff: 14.7.2008

Caspari, C. (2007). Perspektiven des Konstrukts Shared Decision Making – Möglichkeiten und Grenzen der Umsetzung einer gemeinsamen Entscheidungsfindung bei Brustkrebs im Spannungsfeld zwischen Vermittlung von Unsicherheit und Wunsch nach Sicherheit. Berlin: Freie Univ., Diss., http://www.diss.fu-berlin.de/2007/375. Zugriff: 30.6.2007.

Coser, R. L. (1956). A home away from home. Social Problems, 4, 3-12.

Deutsche Krankenhausgesellschaft (2008). Eckdaten Krankenhausstatistik. 2005/ 2006. http://www.dkgev.de/dkg.php/cat/5/title/Statistik, Zugriff: 21.9.2008.

Deutsches Netz Gesundheitsfördernder Krankenhäuser. Offizielle Homepage des Deutschen Netzes Gesundheitsfördernder Krankenhäuser gem. e.V. http://www.dngfk.de, Zugriff: 11.9.08.

Devereux, G. (1967). Angst und Methode in den Verhaltenswissenschaften. München: Hauser.

219

Dornheim, J. (1986). Bilder und Deutungsmuster schwerer Krankheit. Aspekte des Umgangs mit Krebs aus der Sicht der empirischen Kulturwissenschaft. In: Schmidt, W. (Hrsg.). Jenseits der Normalität: Leben mit Krebs. München: Kaiser, 35-59.

Dorsch, F., Häcker, H., Stapf, K. (Hrsg.) (1994). Dorsch Psychologisches Wörterbuch. 12. überarbeitete und erweiterte Aufl., Bern; Göttingen: Hans Huber.

Elsbernd, A.; Glane, A. (1996). Ich bin doch nicht aus Holz. Wie Patienten verletzende und schädigende Pflege erleben. Berlin; Wiesbaden: Ullstein Mosby.

Engel, G. L. (1979). Die Notwendigkeit eines neuen medizinischen Modells: Eine Herausforderung der Biomedizin. In: Keupp, H. (Hrsg). Normalität und Abweichung. Fortsetzung einer notwendigen Kontroverse. München; Wien; Baltimore: Urban und Schwarzenberg, 63-86.

Engelhardt, K.; Wirth, A.; Kindermann, L. (1973). Kranke im Krankenhaus. Grenzen und Ergänzungsbedürftigkeit naturwissenschaftlich-technischer Medizin. Stuttgart: Ferdinand Enke.

Erikson, E. H. (1973). Identität und Lebenszyklus. Frankfurt/ M.: Suhrkamp.

Faller, H.; Schilling, S.; Lang, H. (1991). Die Bedeutung subjektiver Krankheitstheorien für die Krankheitsverarbeitung – im Spiegel der methodischen Zugänge. In: Flick, U. (Hrsg). Alltagswissen über Gesundheit und Krankheit. Subjektive Theorien und soziale Repräsentationen. Heidelberg: Asanger, 28-42.

Faller, H. et al. (1996). Kausalattribution „Krebspersönlichkeit" – ein Ausdruck maladaptiver Krankheitsverarbeitung? In: Zeitschrift für Klinische Psychologie, Psychiatrie und Psychotherapie, 44, 104-116.

Faltermaier, T. (1982). Belastende Lebensereignisse und ihre Bewältigung. In: Keupp, H.; Rerrich, D. (Hrsg.). Psychosoziale Praxis – gemeindepsychologische Perspektiven: ein Handbuch in Schlüsselbegriffen. München; Wien; Baltimore: Urban und Schwarzenberg, 33-42.

Faltermaier, T. (1991). Subjektive Theorien von Gesundheit: Stand der Forschung und Bedeutung für die Praxis. In: Flick, U. (Hrsg). Alltagswissen über Gesundheit und Krankheit. Subjektive Theorien und soziale Repräsentationen. Heidelberg: Asanger, 45-58.

Faltermaier, T. (1994a). Gesundheitsbewußtsein und Gesundheitshandeln. Weinheim: Beltz.

Faltermaier, T. (1994b). Subjektive Konzepte von Gesundheit in einer salutogenetischen Perspektive. In: Kolip, P. (Hrsg.). Lebenslust und Wohlbefinden. Beiträge zur geschlechtsspezifischen Jugendgesundheitsforschung. Weinheim: Juventa, 103-120.

Faltermaier, T. (1995). Alltägliche Krisen und Belastungen. In: Flick, U. et al. (Hrsg.). Handbuch qualitativer Sozialforschung. Weinheim: Psychologie Verlags Union, 305-308.

Faltermaier, T. (1998). Subjektive Konzepte und Theorien von Gesundheit. Begründung, Stand und Praxisrelevanz eines gesundheitswissenschaftlichen Forschungsfeldes. In: Flick, U. (Hrsg.). Wann fühlen wir uns gesund? Subjektive Vorstellungen von Gesundheit und Krankheit. München: Juventa, 70-86.

Faltermaier, T. (2005). Gesundheitspsychologie. Grundriss der Psychologie, Bd. 21. Stuttgart: Kohlhammer.

Ferring, D.; Filipp, S. H. (1995). Kontrollüberzeugungen und subjektives Wohlbefinden: Ein Vergleich von 4 Stichproben mit unterschiedlicher Betroffenheit durch die Krebserkrankung. In: Lasar, M. (Hrsg.). Wille und Kognition bei chronischer Erkrankung. Ein interdisziplinärer Austausch. Würzburg: Könighausen und Neumann, 26-41.

Filipp, S. H. (1992). Could it be worse? The Diagnosis of Cancer as a Prototype of Traumatic Life Events. In: Montada, L.; Filipp, S. H.; Lerner, M. J. (eds.). Life Crises and Eperiences of Loss in Adulthood. Hillsdale, NJ: Lawrence Erlbaum.

Filipp, S. H. (Hrsg.) (1995). Kritische Lebensereignisse. 3. Aufl., Weinheim: Psychologie Verlags Union.

Filipp, S. H.; Aymanns, P. (1996). Subjektive Krankheitstheorien. In: Schwarzer, R. (Hrsg.). Gesundheitspsychologie. Ein Lehrbuch. 2. Aufl., Göttingen: Hogrefe, 3-21.

Flick, U. (1991). Alltagswissen über Gesundheit und Krankheit. Subjektive Theorien und soziale Repräsentationen. Heidelberg: Asanger.

Flick, U. (Hrsg.) (1998). Wann fühlen wir uns gesund? Subjektive Vorstellungen von Gesundheit und Krankheit. München: Juventa.

Flick, U. (2002). Qualitative Sozialforschung. Eine Einführung. Reinbek: Rowohlts Enzyklopädie.

Flintrop, J. (2006). Die ökonomische Logik wird zum Maß der Dinge. Auswirkungen der DRG-Einführung. In: Deutsches Ärzteblatt, 103 (46), B 2683-2688.

Foucault, M. (1999). Die Geburt der Klinik. Eine Archäologie des ärztlichen Blickes. Reihe Hauser Anthropologie, 5. Aufl., München: Carl Hauser.

Frampton, S. (2008). Putting Patients First. Best Practices in Patient-Centered Care. San Fransisco, CA: Jossey Bass.

Frischenschlager, O. et al. (Hrsg.) (1995). Lehrbuch der psychosozialen Medizin. Grundlagen der medizinischen Psychologie, Psychosomatik, Psychotherapie und Medizinischen Soziologie. Wien; New York: Springer.

Fromm, E. (1969). Der moderne Mensch und seine Zukunft. Eine sozialpsychologische Untersuchung. 3. Aufl., Frankfurt/ M.: Europäische Verlagsanstalt.

Gasiet, S. (1981). Menschliche Bedürfnisse. Eine theoretische Synthese. Frankfurt/ M.; New York: Campus.

Geisler, L. S. (2004). Patientenautonomie – eine kritische Begriffsbestimmung. Deutsche Medizinische Wochenschrift, 129, 453-456.

Gerdes, N. (1986). Der Sturz aus der normalen Wirklichkeit und die Suche nach Sinn. Ein wissenssoziologischer Beitrag zu den Fragen der Krankheitsverarbeitung bei Krebskranken. In: Schmidt, W. (Hrsg.). Jenseits der Normalität: Leben mit Krebs. München, Kaiser, 10-34.

Gerhardt, U. (1993). Gesundheit: Was hat sie mit Medizin zu tun? In: Gawatz, R.; Novak, P. (Hrsg.). Soziale Konstruktionen von Gesundheit. Wissenschaftliche und alltagspraktische Gesundheitskonzepte. Ulm: Universitätsverlag, 33-46.

Gesunde Städte-Netzwerk. Offizielle Homepage des Gesunde Städte-Netzwerkes der Bundesrepublik. http://www.gesunde-staedte-netzwerk.de, Zugriff: 11.9.08.

Gimmler, A. (1998). Institution und Individuum. Zur Institutionentheorie von Max Weber und Jürgen Habermas. Frankfurt/ M.; New York: Campus.

Glaser, B. (1978). Theoretical Sensitivity. Advances in the Methodology of Grounded Theory. Mill Valley, CA: Sociology Press.

Glaser, B.; Strauss, A. (1967). The Discovery of the Grounded Theory. Strategies for Qualitative Research. Chicago: Aldine Publ. Company.

Goffman, E. (1961). Asyle. Über die soziale Situation psychiatrischer Patienten und anderer Insassen. Frankfurt/ M.: Suhrkamp.

Gordon, T.; Sterling. E. W. (1999). Die Patientenkonferenz. Ärzte und Kranke als Partner. München: Wilhelm Heyne.

Gotay, C. C. (1985). Why me? Attributions and Adjustment by Cancer patients and their Mates at two Stages in the Disease Process. Social Science and Medicine, 20 (8), 825-831.

Groeben, N. et al. (1988). Das Forschungsprogramm subjektive Theorien. Eine Einführung in die Psychologie des reflexiven Selbst. Tübingen: Franke.

Haart, D. (2007). Seelsorge im Wirtschaftsunternehmen Krankenhaus. Studien zur Theologie und Praxis der Seelsorge 68, Würzburg: Echter.

Harrer, M. (1995). Krankheitsverarbeitung (Coping). In: Frischenschlager, O. et al. (Hrsg.). Lehrbuch der psychosozialen Medizin. Grundlagen der medizinischen Psychologie, Psychosomatik, Psychotherapie und Medizinischen Soziologie. Wien; New York: Springer, 409-426.

Hartmann, F. (1984). Patient, Arzt und Medizin. Beiträge zur ärztlichen Anthropologie. Göttingen: Vandenhoeck und Ruprecht.

Heim, E.; Augustiny, K.; Blaser, A. (1983). Krankheitsbewältigung (Coping) – ein integriertes Modell. Zeitschrift für Psychotherapie, Psychosomatik, Medizinische Psychologie, 33, 35-40.

Helfferich, C. (1993). Das unterschiedliche „Schweigen der Organe" bei Frauen und Männern – subjektive Gesundheitskonzepte und „objektive" Gesundheitsdefinitionen. In: Franke, A.; Broda, M. (Hrsg.). Psychosomatische Gesundheit. Versuch einer Abkehr vom Pathogenese-Konzept. Tübingen: dgvt, 35-65.

Herzlich, C. (1969). Santé et maladie. D'une représentation sociale. Paris: Mouton & Co.

Herzlich, C.; Pierret, J. (1991). Kranke gestern, Kranke heute. Die Gesellschaft und das Leiden. München: Beck.

Hofer, M. (1987). Patientenbezogene Krankenhausorganisation. Berlin; Heidelberg; New York: Springer.

Höfer, R. (2000). Jugend, Gesundheit und Identität. Studien zum Kohärenzgefühl. Forschung Soziologie, Bd. 86, Opladen: Leske und Budrich.

Hontschik, B. (2006). Körper, Seele, Mensch. Versuch über die Kunst des Heilens. medizinHuman Band I. Frankfurt/ M.: suhrkamp

House, J. S. (1981). Work Stress and Social Support. Reading, Mass.: Addison-Wesley.

HumorCare Deutschland. Offizielle Homepage. http://www.humorcare.com; Zugriff: 12.8.08.

Hurrelmann, K. (1988). Sozialisation und Gesundheit. Somatische, psychische und soziale Risikofaktoren im Lebenslauf. Weinheim: Juventa.

Jaeggi, E.; Faas, A.; Mruck, K. (1998). Denkverbote gibt es nicht! Vorschlag zur interpretativen Auswertung kommunikativ gewonnener Daten (2. überarb. Fassung). Forschungsbericht aus der Abteilung Psychologie im Institut für Sozialwissenschaften der Technischen Universität Berlin, Nr. 98-2. http://www.gp.tu-berlin.de/psy7/pub/reports.htm, Zugriff: 25.6.2006.

Jandl-Jager, E. (1995). Einführung in die Medizinsoziologie. In: Frischenschlager, O. et al. (Hrsg.). Lehrbuch der psychosozialen Medizin. Grundlagen der medizinischen Psychologie, Psychosomatik, Psychotherapie und Medizinischen Soziologie. Wien; New York: Springer, 865-875.

Jedrzejczak, K. (2006). Organisationskultur im Krankenhaus. Schriften zur Sozialpolitik, Bd. 18. Weiden; Regensburg: eurotrans.

Jensen, O. (2000). Zur gemeinsamen Verfertigung von Text in der Forschungssituation. Forum Qualitative Sozialforschung 1 (2), Art. 11. http://www.nbn-resolving.de:0114-fqs0002112. Zugriff: 25.8.2008.

Jensen, O.; Welzer, H. (2003). Ein Wort gibt das andere, oder: Selbstreflexivität als Methode. Forum Qualitative Sozialforschung, Online-Journal 4 (2). http://www.qualitative-research.net/fqs-texte/2-03/2-03jensenwelzer-d.htm. Zugriff: 26.6.2006.

Jetter, D. (1973). Grundzüge der Hospitalgeschichte. Darmstadt: Wissenschaftliche Buchgesellschaft.

Jetter, D. (1986). Das europäische Hospital. Von der Spätantike bis 1800. Köln: DuMont Verlag.

Jütte, R. (1996). Vom Hospital zum Krankenhaus: 16. – 19. Jahrhundert. In: Labisch, A.; Spress, R. (Hrsg.). „Einem jeden Kranken in einem Hospitale sein eigenes Bett". Zur Sozialgeschichte des Allgemeinen Krankenhauses in Deutschland im 19. Jahrhundert. Frankfurt/ M.; New York: Campus, 31-50.

Kanter, R. M. (1968). Commitment and Social Organization. American Sociological Review, 33, 499-517.

Keupp, H. (1997). Ermutigung zum aufrechten Gang. Tübingen: dgvt.

Keupp, H. (2000). Gemeindepsychologische Einmischungen. In: Teuber, K.; Stiemert-Strecker, S.; Seckinger, M. (Hrsg). Qualität durch Partizipation und Empowerment. Tübingen: dgvt, 17-26.

Keupp, H.; Höfer, R. (Hrsg.) (1997). Identitätsarbeit heute. Klassische und aktuelle Perspektiven der Identitätsforschung. Frankfurt/ M.: Suhrkamp.

Keupp, H. et al. (2006). Identitätskonstruktionen. Das Patchwork der Identitäten in der Spätmoderne. 3. Aufl., Reinbek: Rowohlt.

Kickbusch, I. (2006). Die Gesundheitsgesellschaft. Megatrends der Gesundheit und deren Konsequenzen für Politik und Gesellschaft. Bamberg: Verlag für Gesundheitsförderung.

Kiefl, W.; Lamnek, S. (1984). Qualitative Methoden in der Marktforschung. In: Planung und Analyse, 11/ 12, 474-480.

Kirschning, S. (2001). Brustkrebs. Der Diagnoseprozeß und die laute Sprachlosigkeit der Medizin. Eine soziologische Untersuchung. Opladen, Leske und Budrich.

Kleiber, D. (1989). Gesundheitsförderung: Hintergründe, Grundauffassungen, Konzepte und Probleme. psychomed 4, 220-230.

Kobasa, S. C. (1979). Stressful Life Events, Personality, and Health. Journal of Personality and Social Psychology, 37, 1-11.

Kobasa, S. C.; Maddi, S. R.; Kahn, S. (1982). Hardiness and Health: A prospective study. Journal of Personality and Social Psychology, 34, 168-177.

Kocher, G. (1980). Dix attentes au patient à l'égard de l'infirmière. Krankenpflege/ Soins infirmiers, 2, 89.

Köferl, P. (1988). Invulnerabilität und Stressresistenz. Theoretische und empirische Befunde zur effektiven Bewältigung von psychosozialen Stressoren. Psychologische Dissertation: Universität Bielefeld.

Kommission der Europäischen Gemeinschaften (2007). Weißbuch. Gemeinsam für die Gesundheit: Ein strategischer Ansatz der EU für 2008-2013. http://ec.europa.eu/health/ph_overview/Documents/strategy_wp_de.pdf, Zugriff: 26.2.08.

Kuhn, T. (1962). The Structure of Scientific Revolutions. Chicago: University of Chicago Press.

Labisch, A.; Spress, R. (Hrsg.) (1996). „Einem jeden Kranken in einem Hospitale sein eigenes Bett". Zur Sozialgeschichte des Allgemeinen Krankenhauses in Deutschland im 19. Jahrhundert. Frankfurt/ M.; New York: Campus.

Lalouschek, J.; Menz, F.; Wodak, R. (1990). Alltag in der Ambulanz. Kommunikation und Institution, Tübingen: Gunter Narr.

Lamnek, S. (2005). Qualitative Sozialforschung. Lehrbuch. 4., vollst. überarb. Aufl., Weinheim; Basel: Beltz.

Lazarus, R. S.; Folkman, S. (1984). Stress, Appraisal, and Coping. New York: Springer.

Lazarus, R. S. (1995). Streß und Streßbewältigung – ein Paradigma. In: Filipp, S. H. (Hrsg.). Kritische Lebensereignisse. 3. Aufl., Weinheim: Psychologie-Verlags-Union, 198-232.

Lecher S. (2002). Patientenbefragung im Krankenhaus. Der Hamburger Fragebogen zum Krankenhausaufenthalt (HFK) als Instrument zur Defizitanalyse aus Patientensicht. Regensburg: Roderer.

Lohfert, Ch. (2006). Steuerung medizinischer Prozesse zur Optimierung des medizinischen Sachbedarfs. In: Thiede, A.; Gassel, H. J. (Hrsg.). Krankenhaus der Zukunft. Heidelberg: Kaden, 325-330.

Lown, B. (2002). Die verlorene Kunst des Heilens. Anleitung zum Umdenken. Stuttgart; New York: Schattauer.

Lustig, D. (2002). The relationship between sense of coherence and career thoughts – Articles. Career Development Quarterly, Sept. 2002. http://www.FindArticles.com/p/articles/mi_m0JAX/is_/ai_92036442, Zugriff: 4.1.2008

Mahlzahn, P. (1994). Krankenrolle. In: Wilker, F.; Bischoff, C.; Novak, P. (Hrsg.). Medizinische Psychologie und Medizinische Soziologie. München; Wien: Urban und Schwarzenberg, 213-217.

Marcia, J. E. (1966). Development and validation of ego identity status. Journal of Personality and Social Psychology, 3, 551-558.

Maslow, A. (1977). Motivation und Persönlichkeit. Olten: Walter.

Mead, G. H. (1934). Mind, Self, and Society. Chicago: University Press.

Meier, Ch. (Hrsg.) (1995). Sorge um den kranken Menschen. Erwartungen - Hoffnungen - Realitäten. Unterlagen zu der gleichnamigen Tagung vom 4. - 6.10.1994 in Tutzing. München: Süddeutscher Verlag GmbH.

Moore, N.; Komras, H. (1993). Patient-focussed Healing: Integrating Caring and Curing in Health Care. San Francisco: Jossey-Bass Inc.

Mruck, K.; Mey, G. (1998). Selbstreflexivität und Subjektivität im Auswertungsprozess biographischer Materialien. Zum Konzept einer „Projektwerkstatt qualitativen Arbeitens zwischen Colloquium, Supervision und Interpretationsgemeinschaft". In: Jüttemann, G.; Thomae, H. (Hrsg.). Biographische Methoden in den Humanwissenschaften. Weinheim: Psychologie Verlags Union; 284-306.

Murken, A. H. (1988). Vom Armenhospital zum Großkrankenhaus. Die Geschichte des Krankenhauses vom 18. Jahrhundert bis zur Gegenwart. Köln: DuMont.

Nezu, A.; Nezu, C.; Freidman, S.; Faddis, S.; Houts, P. (1998). Helping Cancer Patients Cope. A Problem-Solving Approach. Washington, D.C.: American Psychological Association.

Oevermann, U.; Allert, T.; Konau, E.; Krambeck, J. (1979). Die Methodologie einer objektiven Hermeneutik und ihre allgemeine forschungslogische Bedeutung in den Sozialwissenschaften. In: Soeffner, H. G. (Hrsg.). Interpretative Verfahren in den Sozial- und Textwissenschaften. Stuttgart: Metzler, 352-434.

Parsons, T. (1951). The Social System. London: Routledge & Kegan Paul Ltd.

Parsons, T. (1953). Illness and the role of the physician: A sociological perspective. In: Kluckhohn, C.; Murray, H. A. (Hrsg.). Personality in nature, society and culture. London: Jonathan Cape, 609-617.

Parsons, T. (1958). Struktur und Funktion der modernen Medizin. In: König, R.; Tönnesmann, M. (Hrsg.). Probleme der Medizinsoziologie. Kölner Zeitschrift für Soziologie und Sozialpsychologie. Sonderheft 3. Köln: Westdeutscher Verlag, 10-57.

Parsons, T. (1970). Definition von Gesundheit und Krankheit im Lichte der Wertbegriffe und der sozialen Struktur Amerikas. In: Mitscherlich, A. (Hrsg.). Der

Kranke in der modernen Gesellschaft. 3. Aufl. Köln; Berlin: Kiepenheuer & Witsch, 57-87.

Paul, N. (1996). Zum Zwecke der Verpflegung dürftiger Kranker, Erziehung geschickter Ärzte und Beförderung und Erweiterung der Heilwissenschaft. Arztinitiativen bei der Gestaltung des Krankenhauses in der Zeit des Aufgeklärten Absolutismus. In: Labisch, A.; Spress, R. (Hrsg.). „Einem jeden Kranken in einem Hospitale sein eigenes Bett". Zur Sozialgeschichte des Allgemeinen Krankenhauses in Deutschland im 19. Jahrhundert. Frankfurt/ M.; New York: Campus, 91-122.

Penninx, B. W.; Kriegsman, D. M. W. et al. (1996). Differential Effect of Social Support on the Course of Chronic Disease: A Criteria-Based Literature Study. In: Family, Systems and Health, 14 (2), 223-244.

Pichler, E. (1994). Onkologie. In: Pritz, A.; Dellisch, H. (Hrsg.). Psychotherapie im Krankenhaus. Erfahrungen – Modelle – Erfolge. Wien: Orac, 127-138.

Quednau, K. (2001). Die Kontaktpunktanalyse. In: Satzinger, W.; Trojan, A.; Kellermann-Mühlhoff, P. (Hrsg.). Patientenbefragungen in Krankenhäusern. Konzepte, Methoden, Erfahrungen. Schriftenreihe Forum Sozial- und Gesundheitspolitik Bd. 15, Sankt Augustin: Asgard, 291-299.

Raspe, H. H. (1976). Institutionalisierte Zumutungen an Krankenhauspatienten. In: Begemann, H. (Hrsg.). Patient und Krankenhaus. München; Berlin; Wien: Urban und Schwarzenberg, 1-24.

Raspe, H. H. (1983). Aufklärung und Information im Krankenhaus. Medizinsoziologische Untersuchung. Göttingen: Verlag für Medizinische Psychologie.

Reimann, S. (2006). Das Salutogenesekonzept von Antonovsky. In: Renneberg, B.; Hammelstein, P. (Hrsg.). Gesundheits-Psychologie. Heidelberg: Springer Medizin, 13-17.

Riegl, G. (1995). Marketing für das Ideale Erlebniskrankenhaus. In: Führen und Wirtschaften im Krankenhaus, 12 (4), 359-363.

Richter, H. (2008). Das Krankenhaus in der Postmoderne. Deutsches Ärzteblatt, 105 (24), B1145-1149.

Röhrle, B. (1994). Soziale Netzwerke und soziale Unterstützung. Weinheim: Psychologie Verlags Union.

Rößbach, P. (2002). Patientenzufriedenheit und Kundenorientierung als Kernelemente gelebter Marketingphilosophie in Krankenhäusern. Dissertation. Berlin: Universität der Künste.

Rogler, G. (2006). Zum Spannungsfeld zwischen Patientenorientierung und evidenzbasierter Medizin. Vortrag am 26.10.2006, Universität Regensburg.

Rohde, J. J. (1975). Der Patient im sozialen System Krankehaus. In: Ritter-Röhr, D. (Hrsg.). Der Arzt, sein Patient und die Gesellschaft. Frankfurt/ M.: Suhrkamp, 167-210.

Rohde, J. J.; Rohde-Dachser, Ch. (1970). Soziologie und Sozialpsychologie des klinischen Bereichs. In: Schraml, W. (Hrsg.). Klinische Psychologie. 2. Aufl., Stuttgart: Hans Huber, 46-71.

Ruprecht, T. (Hrsg.) (1998). Experten fragen – Patienten antworten. Patientenzentrierte Qualitätsbewertung von Gesundheitsdienstleistungen – Konzepte, Methoden, praktische Beispiele. Sankt Augustin: Asgard.

Satzinger, W.; Raspe, H. (2001). Weder Kinderspiel noch Quadratur des Kreises. Eine Übersicht über methodische Grundprobleme bei Befragungen von Krankenhauspatienten. In: Satzinger, W.; Trojan, A.; Kellermann-Mühlhoff, P. (Hrsg.). Patientenbefragungen in Krankenhäusern. Konzepte, Methoden, Erfahrungen. Schriftenreihe Forum Sozial- und Gesundheitspolitik Bd. 15, Sankt Augustin: Asgard, 41-80.

Satzinger, W.; Trojan, A.; Kellermann-Mühlhoff, P. (2001). Patientenbefragungen in Krankenhäusern. Konzepte, Methoden, Erfahrungen. St. Augustin: Asgard.

Schachtner, C. (1999). Ärztliche Praxis. Die gestaltende Kraft der Metapher. Frankfurt/ M.: suhrkamp taschenbuch wissenschaft.

Scheer, J. W. (1994). Psychische Verarbeitung von Krankenhausaufenthalten. In: Wilker, F. W. et al. (Hrsg.). Medizinische Psychologie, Medizinische Soziologie. 2. Aufl. München; Berlin; Wien: Urban und Schwarzenberg, 220-228.

Scheier, M. F.; Carver, C. S. (1985). Optimism, coping, and health. Assessment and implications of generalized outcome expectancies. Health Psychology, 4, 219-247.

Scheier, M. F.; Carver, C. S. (1990). Origins and functions of positive and negative affect. A control-process view. Psychological Review, 97, 19-35.

Schernus, R. (1997). Abschied von der Kunst des Indirekten. In: Blume, J.; Bremer, F.; Meier, J. (Hrsg.). Ökonomie ohne Menschen? Zur Verteidigung der Kultur des Sozialen. Neumünster: Paranus, 85-109.

Schernus, R. (2000). Die Kunst des Indirekten. Plädoyer gegen den Machbarkeitswahn in Psychiatrie und Gesellschaft. Neumünster: Paranus.

Schmidt, B. (2008). Eigenverantwortung haben immer die Anderen. Der Verantwortungsdiskurs im Gesundheitswesen. Bern: Huber.

Schütz, A. (1971). Gesammelte Aufsätze I. Das Problem der sozialen Wirklichkeit. Den Haag: Nijhoff.

Schumm, C. (2004). Feng Shui im Krankenhaus. Wien: Springer.

Seeberger, B. (1998) Heilen, lindern, helfen. Selbst- und Aufgabenverständnis der Krankenpflege. Vortrag im Rahmen der Tagung „Krankenpflege. Heilen, lindern, helfen" in der evangelischen Akademie Tutzing, 25.-26.5.1998.

Seewald, P. (2007). Die Homöopathie Gottes. In: Spiegel Special 6, Gesund und glücklich. Hamburg: Spiegel-Verlag, 24-27.

Seidl, E.; Walter, I. (1979). Angst oder Information im Krankenhaus. Interaktionsprobleme zwischen Patienten, Ärzten und Pflegepersonal. Wien; München; Bern: Wilhelm Maudrich.

Shorter, E. (2005). The history of the biopsychosocial approach in medicine: before and after Engel. In: White, P. (eds.). Biopsychosocial medicine. An integrated approach to understanding illness. Oxford: Oxford Univ. Press, 1-20.

Siegrist, J. (1972). Erfahrungsstruktur und Konflikt bei stationären Patienten. In: Zeitschrift für Soziologie, Jahrgang 1 (3), 271-280.

Siegrist, J. (1976). Der Doppelaspekt der Patientenrolle im Krankenhaus: Empirische Befunde und theoretische Überlegungen. In: Begemann, H. (Hrsg.). Patient und Krankenhaus. München; Berlin; Wien: Urban und Schwarzenberg, 25-48.

Siegrist, J. (1977). Lehrbuch der Medizinischen Soziologie. München; Berlin; Wien: Urban und Schwarzenberg.

Siegrist, J. (1978). Arbeit und Interaktion im Krankenhaus. Vergleichende medizinsoziologische Untersuchungen in Akutkrankenhäusern. Stuttgart: Enke.

Siegrist, J. (1995). Medizinische Soziologie. 5. Aufl., München; Wien; Baltimore: Urban und Schwarzenberg.

Siegrist, J. (2004). Wie gesund ist das Krankenhaus von morgen? In: Das Krankenhaus, 1, 28-34.

Siegrist, J. (2005). Medizinische Soziologie. 6. erw. Aufl., München; Jena: Urban & Fischer.

Singer, S.; Brähler, E. (2007). Die „Sense of Coherence Scale". Testhandbuch zur deutschen Version. Göttingen: Vandenhoeck & Ruprecht.

Sontag, S. (2005). Krankheit als Metapher. 2. Aufl., Frankfurt/ M.: Fischer.

Spiegel Special 6. (2007). Gesund und glücklich. Hamburg: Spiegel-Verlag, 24-27.

Stewart, M.; Tudiver, F. et al. (eds.) (1992). Tools for Primary Care Research. Research Methods for Primary Care Vol. 2. Newbury Park: Sage Publications.

Straus, F.; Höfer, R. (1997). Entwicklungslinien alltäglicher Identitätsarbeit. In: Keupp, H.; Höfer, R. (Hrsg.). Identitätsarbeit heute. Klassische und aktuelle Perspektiven der Identitätsforschung. Frankfurt/ M.: Suhrkamp, 270-307.

Strauss, A. (1987). Qualitative analysis for social scientists. Cambridge: Cambridge University Press.

Strauss, A. (1998). Grundlagen qualitativer Sozialforschung: Datenanalyse und Theoriebildung in der empirischen soziologischen Forschung. 2. Aufl., München: Fink.

Strauss, A.; Corbin, J. (1996). Grounded Theory: Grundlagen Qualitativer Sozialforschung. Weinheim: Psychologie Verlags Union.

Strauss, A.; Fagerhaugh, S. et al. (1985). Social Organization of Medical Work. Chicago; London: University of Chicago Press.

Taylor, S. E.; Helgeson, V. S.; Reed, G. M.; Skokan, L. A. (1991). Self-generated feelings of control and adjustment to physical illness. Journal of Social Issues, 47, 91-109.

Teuber, K.; Stiemert-Strecker, S.; Seckinger, M. (2000). Widersprüche, Utopien, Realitäten – Anmerkungen zur Qualitätsdiskussion. In: Teuber, K.; Stiemert-Strecker, S.; Seckinger, M. (Hrsg). Qualität durch Partizipation und Empowerment. Tübingen: dgvt, 131-138.

Thiede, M. (2006). Bedeutung des internen Finanzcontrollings für die Strukturentwicklung von Krankenhäusern. In: Thiede, A.; Gassel, H. J. (Hrsg.). Krankenhaus der Zukunft. Heidelberg: Kaden, 277-284.

Thoits, P. (1991). On merging identity theory and stress research. Social Psychology Quarterly, 54 (2), 101-112.

Thomann, K. D. (1996). Die Entwicklung der Chirurgie im 19. Jahrhundert und ihre Auswirkungen auf Organisation und Funktion des Krankenhauses. In: Labisch, A.; Spress, R. (Hrsg.). „Einem jeden Kranken in einem Hospitale sein eigenes Bett". Zur Sozialgeschichte des Allgemeinen Krankenhauses in Deutschland im 19. Jahrhundert. Frankfurt/ M.; New York: Campus, 145-166.

Trojan, A. (1998). Warum sollen Patienten befragt werden? Zu Legitimation, Nutzen und Grenzen patientenzentrierter Evaluation von Gesundheitsdienstleistungen. In: Ruprecht, T. (Hrsg.). Experten fragen – Patienten antworten. Patientenzentrierte Qualitätsbewertung von Gesundheitsdienstleistungen – Konzepte, Methoden, praktische Beispiele. Sankt Augustin: Asgard, 15-30.

Tschuschke, V. (2002). Psychoonkologie. Psychologische Aspekte der Entstehung und Bewältigung von Krebs. Stuttgart; New York: Schattauer.

Uexküll, Th. v.; Adler, R. (Hrsg.) (1996). Psychosomatische Medizin. 5., neu bearb. und erw. Ausgabe. München; Wien; Baltimore: Urban und Schwarzenberg.

Verres, R. (1986). Krebs und Angst. Subjektive Theorien von Laien über Entstehung, Vorsorge, Früherkennung, Behandlung und die psychosozialen Folgen von Krebserkrankungen. Berlin; Heidelberg: Springer.

Verres, R. (1989). Zur Kontextabhängigkeit subjektiver Krankheitstheorien. In: Bischoff, C.; Zenz, H. (Hrsg.). Patientenkonzepte von Körper und Krankheit. Bern; Wien: Huber, 18-24.

Viciano, A. (2007). Guter Arzt, kranker Arzt. Mediziner sollen helfen, trösten und Leben retten. Dabei ruinieren sie oft ihren eigenen Körper – und ihre Psyche. In: Die Zeit, 5. http://www.zeit.de/2007/05/M-Aerztegesundheit. Zugriff: 29.7.08.

Vogel, S. (2006). Patientenpfade – heute und morgen. In: Thiede, A.; Gassel, H. J. (Hrsg.). Krankenhaus der Zukunft. Heidelberg: Kaden, 347-358.

Wallston, B. S.; Wallston, K. A. (1978). Locus of control and health: A review of the literature. Health Education Monographs, 6, 107-117.

Wasner, A. (2008). Was hilft lange leben? In: Medical Tribune Gesundheit & Medizin, Sept. 2008. Wiesbaden: Medical Tribune Verlagsgesellschaft mbH.

Watzlawik, P.; Beavin, J.; Jackson, D. (1972). Menschliche Kommunikation. Formen, Störungen, Paradoxien. 3. Aufl., Bern; Stuttgart; Wien: Huber.

Wehkamp, K. H. (2004). Die Ethik der Heilberufe und die Herausforderung der Ökonomie. Berliner Medizinethische Schriften, 49, Dortmund: Humanitas.

Weis, J. (1997). Das Konzept der Salutogenese in der Psychoonkologie. In: Bartsch, H. H.; Bengel, J. (Hrsg.). Salutogenese in der Onkologie. Tumortherapie und Rehabilitation. Freiburger Beiträge. Basel; Freiburg: Karger, 106-116.

Weizsäcker, V. v. (1951). Der kranke Mensch. Eine Einführung in die Medizinische Anthropologie. Stuttgart: K. F. Koehler.

Werner, S. (2006). Selbsthilfefreundliches Krankenhaus: Vorstudien, Entwicklungsstand und Beispiele der Kooperation zwischen Selbsthilfegruppen und Krankenhäusern. Bundesverband der Betriebskrankenkassen. Bremerhaven: Wirtschaftsverlag NW.

Weschke, B. (1982). Selbsthilfegruppen. Institutionalisierungstendenzen und Auseinandersetzungen mit Professionellen. In: Keupp, H.; Rerrich, D. (Hrsg.). Psychosoziale Praxis – gemeindepsychologische Perspektiven: ein Handbuch in Schlüsselbegriffen. München, Wien, Baltimore: Urban und Schwarzenberg, 222-228.

WHO (1986). Ottawa-Charta zur Gesundheitsförderung. http://www.euro.who.int/AboutWHO/Policy. Zugriff: 17.10.2006.

Wilker, F. W.; Bischoff, C.; Novak, P. (Hrsg.) (1994). Medizinische Psychologie und medizinische Soziologie. 2. Aufl., München; Baltimore: Urban und Schwarzenberg.

Witzel, A. (1985). Das problemzentrierte Interview. In: Jüttemann, G. (Hrsg.). Qualitative Forschung in der Psychologie. Grundlagen, Verfahrensweisen, Anwendungsfelder. Weinheim; Basel: Beltz, 227-255.

Wolters, W.H.G. (Hrsg.) (1986). Psychosoziale Methoden im Krankenhaus. Klinische Psychologie und Psychopathologie, Bd. 38, Stuttgart: Enke.

Zacher, A. (1978). Der Krankheitsbegriff bei Viktor von Weizsäcker. Anthropologie des kranken Menschen. Universität Würzburg: Dissertation.

Zaider, T.; Kissane, D. (2007). Resilient families. In: Monroe, B.; Oliviere, D. (eds.). Resilience in Palliative Care. Achievement in Adversity. Oxford: University Press, 67-82.

Zimmerli, Ch. (1997). Gesundheit als offenes System. In: Bartsch, H. H.; Bengel, J. (Hrsg.). Salutogenese in der Onkologie. Tumortherapie und Rehabilitation. Freiburger Beiträge. Basel; Freiburg: Karger, 5-19.

Anhang

Leitfaden für problemzentrierte Interviews

persönliche Daten
Alter
Beruf/ Berufstätigkeit
Familienstand/ Kinder
Diagnose
„Krankheits-Geschichte": wann Diagnose, welche Krankenhausaufenthalte, wie
lange, welche Behandlungen?

Mich interessiert was im Krankenhaus gesund macht
Damit meine ich jetzt nicht die rein medizinische Behandlung oder Medikamente
sondern das Wieder-gesünder-werden, das als ganzer Mensch Wieder-gesünder-
werden, dass es wieder bergauf geht, ein Stück weit Heilung.

Sie haben ja aufgrund Ihrer Krebserkrankung Zeit im Krankenhaus verbracht. Ich
stelle mir vor, dass das eventuell eine schwierige Zeit sein kann, schwer krank zu
sein, mit allem drum herum, was die Krankheit mit sich bringt - vielleicht erst
gerade eine schwerwiegende Diagnose bekommen zu haben - und sich dann
gleichzeitig mit der Einrichtung Krankenhaus arrangieren zu müssen. Man ist nicht
zu Hause, man muss sich anpassen.

Ich weiß, dass im Krankenhaus aus dem Blickwinkel der persönlichen Bedürfnisse
nicht immer alles optimal läuft, aber an dieser Situation interessiert mich trotzdem,
was es ist, das im Krankenhaus (neben dem rein Medizinischen) gesund macht!
Gut funktioniert.

Was hat Ihnen in dieser Zeit dort geholfen? Was hat Ihnen in der Zeit im Krankenhaus gut getan und gut gefallen, so dass Sie sagen, das wünsche ich anderen
kranken Menschen im Krankenhaus auch, damit sie wieder gesünder werden können. Eine Situation, eine Begegnung, ein Gespräch oder eine Begebenheit Ihrer
Krankenhausaufenthalte? Fällt Ihnen da spontan was ein?

233

Eventuelle Detailfragen, je nachdem, was bereits erzählt wurde:

Gab es zum Beispiel im Kontakt mit den Ärztinnen und Ärzten Momente, die Ihnen besonders gut gefallen haben, die Ihnen gut getan haben? Wo Sie sagen, das hat mir auf dem Weg gesund zu werden ein Stück weitergeholfen?

Und im Kontakt mit dem Pflegepersonal?

Welche anderen Menschen sind Ihnen im Krankenhaus begegnet, die Ihnen geholfen haben, gesünder zu werden?

Welche Aspekte des <u>Alltags/ des Tagesablaufs</u> im Krankenhaus waren für Ihre Gesundheit förderlich? Gab es Arrangements, die Ihnen gut getan haben, die Sie besonders angenehm fanden?

Gab es, wenn Sie Probleme mit etwas hatten, Möglichkeiten, diese positiv, konstruktiv zu lösen? (eventuell Beschwerdemanagement?)

Wie haben Sie das Gebäude in Erinnerung?

Fällt Ihnen noch etwas ein, das Sie positiv bewerten, das Ihnen besonders gut getan hat, das Sie positiv in Erinnerung haben aus Ihrer Zeit im Krankenhaus?

Schlussfrage:
Wenn Sie die Möglichkeit dazu hätten, was würden Sie am Krankenhaus verändern?

Münchner Studien zur Kultur- und Sozialpsychologie

⇨ *Tretzel, Annette*
Wege zum „rechten" Leben. Selbst- und Weltdeutungen
in Lebenshilferatgebern
Bd. 1, 1993, 209 S., ISBN 978-3-89085-662-9, 19,43 €

⇨ *Kahlenberg, Eva*
Die Zeit allein heilt keine Wunden. Der Einfluß sozialer
Unterstützung auf den Prozeß der Trennungsbewältigung bei Frauen
Bd. 2, 1993, 246 S., ISBN 978-3-89085-679-7, 19,43 €

⇨ *Seitz, Rita*
Mein Bauch gehört mir? Schwangerschaftsabbruch als
Möglichkeit weiblicher Autonomie
Bd. 3, 1993, 174 S., ISBN 978-3-89085-484-7, 19,43 €

⇨ *Atabay, Ilhami*
Ist das mein Land? Die Identitätsentwicklung türkischer
Migrantenkinder und -jugendlicher in der Bundesrepublik
Bd. 4, 2. Aufl. 2001, 108 S., ISBN 978-3-89085-816-6, 14,80 €

⇨ *Büchner, Britta R.*
Rechte Frauen, Frauenrechte und Klischees der Normalität.
Gespräche mit „Republikanerinnen"
Bd. 5, 1995, 194 S., ISBN 978-3-89085-886-9, 24,45 €

⇨ *Weber, Klaus*
„Was ein rechter Mann ist ...".
Subjektive Konstruktionen rechter Männer
Bd. 6, 1997, 160 S., ISBN 978-3-8255-0083-2, 20,35 € (vergriffen)

⇨ *Treiber, Diana*
„Lech Lecha". Jüdische Identität der zweiten und
dritten Generation im heutigen Deutschland
Bd. 7, 1998, 152 + IV S., ISBN 978-3-8255-0096-2, 20,35 €

⇨ *Kraus, Wolfgang*
Das erzählte Selbst. Die narrative Konstruktion von Identität
in der Spätmoderne
Bd. 8, 2. Aufl. 2000, 264 + XIII S., ISBN 978-3-8255-0121-1, 24,54 €

⇨ *Mitzscherlich, Beate*
„Heimat ist etwas, was ich mache". Eine psychologische
Untersuchung zum individuellen Prozeß von Beheimatung.
Bd. 9, 2. Aufl. 2000, 252 S., ISBN 978-3-8522-0127-3, 25,46 €

Münchner Studien zur Kultur- und Sozialpsychologie

⇨ *Teuber, Kristin*
„Ich blute, also bin ich". Eine sozialpsychologische Analyse
des Hautritzens bei Mädchen und jungen Frauen.
Bd. 10, 3. Aufl. 2000, 176 S., ISBN 978-3-8255-0090-0, 20,35 €

⇨ *Kiss, Kathrin*
Abschied und Neubeginn. Die Funktion christlicher
Schwellenrituale aus psychologischer Sicht
Bd. 11, 1998, 270 S., ISBN 978-3-8255-0223-2, 24,95 €

⇨ *Holzer, Alexandra*
"Anders als normal." Illegale Drogen als Medium der
biographischen und psychosozialen Entwicklung junger Frauen
Bd. 12, 2001, 300 S., ISBN 978-3-8255-0357-4, 25,80 €

⇨ *Zuehlke, Ramona*
Nichts an mir ist anders, eigentlich ... Becoming-out –
Die Verwirklichung lesbischer Selbst- und Lebenskonzepte im post-
modernen Spannungsfeld von Individuum, Subkultur und Gesellschaft
Bd. 13, 2004, 316 S., ISBN 978-3-8255-0487-8, 24,90 €

⇨ *Karnbaum, Silvia*
Die Kinder der Entwurzelung ... kehren sie zurück?
Beweggründe der jüdischen Nachkommengeneration für
eine Re-Migration nach Deutschland
Bd. 14, 2004, 98 S., ISBN 978-3-8255-0491-5, 14,90 €

⇨ *Wouters, Gerlinde*
**Die Identitätsrelevanz von freiwilligem Engagement
im dritten Lebensalter.** Anzeichen einer Tätigkeitsgesellschaft?
Bd. 15, 2005, 342 S., ISBN 978-3-8255-0525-7, 26,50 €

⇨ *Zundel, Ingrid*
Kommunitarismus in einer alternden Gesellschaft.
Neue Lebensentwürfe Älterer in Tauschsystemen
Bd. 16, 2006, 290 S., ISBN 978-3-8255-0602-5, 24,90 €

⇨ *Schmid-Höhne, Florian*
Die Meere in uns
Eine psychologische Untersuchung über das
Meer als Bedeutungsraum
Bd. 17, 2006, 167 S., ISBN 978-3-8255-0628-5, 19,50 €

www.centaurus-verlag.de

Printed in the United States
By Bookmasters

Printed in the United States
By Bookmasters